EL SENTIDO
DE LA
Vida

AUGUSTO CURY

Una novela sobre el Holocausto que nos recuerda
que el pueblo que no conoce su historia está condenado a repetirla

EL SENTIDO DE LA

Vida

El autor
que ha cautivado
a más de
veinte millones
de lectores

 Planeta

Obra editada en colaboración con Editorial Planeta – España

Diseño e ilustración de la portada: © Marcilio Godoi

Título original: *Em busca do sentido da vida*

© 2013, Augusto Cury
© 2014, Rosa Corgatelli, de la traducción
© 2014, Editorial Planeta, S.A. – Barcelona, España

Derechos reservados

© 2015, Editorial Planeta Mexicana, S.A. de C.V.
Bajo el sello editorial PLANETA M.R.
Avenida Presidente Masarik núm. 111, Piso 2
Colonia Polanco V Sección
Deleg. Miguel Hidalgo
C.P. 11560, México, D.F.
www.planetadelibros.com.mx

Primera edición impresa en España: noviembre de 2014
ISBN: 978-84-08-13327-8

Primera edición impresa en México: enero de 2016
ISBN: 978-607-07-3218-8

Impreso en los talleres de Litográfica Ingramex, S.A. de C.V.
Centeno núm. 162-1, colonia Granjas Esmeralda, México, D.F.
Impreso en México – *Printed in Mexico*

ÍNDICE

PREFACIO

Tal vez cuando cierre los ojos a la vida y mis libros se utilicen en universidades más que hoy, sean objeto de interés de Hollywood. No es algo que me alegre. En Hollywood les encanta filmar las heridas del pasado, mientras que yo escribo sobre el pasado con la mirada puesta en el futuro de la humanidad, para contribuir a prevenir algunos errores graves.

Nací en Brasil, un país de mentes brillantes, pero todavía poco valoradas en el teatro de las naciones. Nuestra educación no se cuenta entre las mejores del mundo. Sin embargo, la educación que propongo —que contempla las funciones más complejas de la inteligencia, como educar la emoción, gestionar los pensamientos, pensar como especie, ponerse en el lugar de los otros, pensar antes de reaccionar o desarrollar la resiliencia— coloca en pésimos lugares a todas las grandes naciones, incluso a los países más ricos y desarrollados. Estudiar durante décadas para obtener un diploma de graduación o de posgrado, incluso másteres y doctorados, y, en consecuencia, tener un cerebro abarrotado de informaciones técnicas y no estar mínimamente equipado para contar con un Yo gestor de su mente, ser autor de su propia historia y filtrar estímulos estresantes, es casi un crimen educacional.

Según estudios internacionales, una de cada dos personas presentará un trastorno psiquiátrico tarde o temprano en algún momento de la vida. Hablamos de más de tres mil millones de personas. El ochenta por ciento de la juventud mundial sufre de inseguridad y timidez. Más de mil cuatrocientos millones de seres humanos desarrollarán algún tipo de depresión. ¿Hacia dónde se encamina la humanidad? ¿Esto no los asombra, estimados lectores?

Y si consideramos dos síndromes que tuve el privilegio de descubrir —el síndrome del circuito cerrado de la memoria y el síndrome del pensamiento acelerado (SPA), que implican dificultades de filtrar los estímulos estresantes, cansancio excesivo, dolores de cabeza y musculares, irritabilidad, bajo umbral para soportar la frustración, sufrimiento por anticipación y déficit de memoria u olvidos—, rara vez no encontraremos a alguien afectado en las sociedades modernas, tanto niños como adultos.

No estamos formando colectivamente pensadores altruistas que posean una mente libre y una emoción saludable. La educación está formando personas enfermas para una sociedad enferma...

El protagonista de este libro, el profesor Julio Verne, comprende ese defecto educacional y se desespera. Era un intelectual famoso, aplaudido y celebrado «en el futuro», en la época en que vivía, pero se sentía molesto y aburrido, asfixiado por su fama y sus comodidades. Vivía en la cárcel de la rutina. Su vida no tenía un sentido existencial noble. Hasta que comenzó a descubrir una «ley vital de la psiquiatría/psicología»: una persona sólo es de verdad feliz cuando procura nutrir la felicidad de los demás, cuando promueve su bienestar. Los individualistas y los egocéntricos son dignos de compasión, pues hicieron de sus emociones un páramo desierto.

Después de experimentar fenómenos mentales que parecían enloquecerlo, aceptó participar en el increíble proyecto tecnológico de viajar en el tiempo con el fin de corregir uno de los peores errores de la humanidad: Adolf Hitler. Eliminándolo, se borraría de las páginas de la Historia la Segunda Guerra Mundial.

Millones de personas me leen en muchos países, pero pocas oyen los gritos de mis palabras cuando insisto en que la humanidad está gravemente enferma. Si todos los seres humanos siguieran hoy el patrón de consumo de la clase media estadounidense, necesitaríamos tres planetas Tierra. Cuando la escasez de recursos llegue a las mesas, el calentamiento global alcance los suelos y los individuos anónimos que usan las redes sociales consigan que todo el mundo salga a la calle a protestar, tal vez la humanidad despierte. Pero el precio será carísimo, porque entre las protestas y la organización del caos pueden pasar décadas, un tiempo que no tendremos.

Lo ideal sería que hoy la educación de la emoción estuviera presente desde la educación infantil hasta los másteres y los doctorados. Lo ideal sería que la educación llevara a cabo la más pacifista y sólida revolución social formando pensadores, y no repetidores de ideas. Tal vez así dejemos de ser coleccionistas de lágrimas y nos transformemos en coleccionistas de esperanzas. Ése es el sentido existencial de este libro.

Mientras bebo el cáliz de los días en una vida brevísima que se desarrolla en el teatro del tiempo y pronto se despide en el último acto, intento también dar un sentido a mi vida. La rutina encierra múltiples trampas, y quizá la peor sea encarcelarnos en la monotonía, no pensar en otras posibilidades, vivir porque estamos vivos...

Que este libro pueda contribuir a dar sentido a tu vida.

Augusto Cury
Médico psiquiatra y psicoterapeuta

1

EN EL REFUGIO DE LOS ENFERMOS MENTALES

Alemania, invierno de 1941

Mientras que Europa vivía un infierno, un hombre se encontraba postrado en la densa nieve, atónito, cansado, carente de energía física y mental para ponerse en pie. No lo perseguían los nazis, al menos por el momento. Otros monstruos lo aterraban, más sutiles, pero no menos agresivos, dentro de su mente... Había perdido los parámetros de tiempo y espacio. No sabía dónde estaba ni en qué época se hallaba. Manos heladas, labios trémulos, ojos asustados. La blancura del hielo por todas partes le invadía la retina y le confundía la razón. «Ayer estaba en primavera, pero ahora es invierno...», pensó, perturbado. La nieve caía como plumas sobre su cuerpo tumbado en el suelo.

Su uniforme militar no constituía abrigo suficiente; nueve grados bajo cero, con una sensación térmica de menos quince. El corazón le fallaría. Tenía que ponerse en movimiento sin demora o se moriría de frío. Y pronto tuvo motivos para moverse. Ladridos de unos pastores alemanes hambrientos avanzaban en dirección a él. Confuso, giró el cuello, y luego la columna y los miembros inferiores. Sentía terror por los perros feroces.

Tenía una pistola. Sin embargo, no se llevó la mano a la cintura para desenfundarla. Nunca había usado un arma de fuego. Su arma eran las palabras, pero éstas no servían de nada ante depredadores voraces. ¿Su nombre? Julio Verne. ¿Su profesión? Profesor, el más destacado profesor de historia de su tiempo. Especialista en acontecimientos que desencadenaron la Segunda Guerra Mundial. Como muchos intelectuales, estaba por completo desprotegido en una Europa en llamas. Siempre había buscado dar un sentido digno a su vida; no obstante, estaba a punto de morir en vano y serviría de carne fresca a animales que ladraban por los campos yermos, desesperados por sobrevivir un día más.

Los perros se aproximaban con rapidez. El instinto del profesor le gritaba: «¡Echa a correr!», pero, obnubilada la razón, atascado en el barro y paralizado por el miedo, no conseguía ponerse en pie. Pésimo atleta, en aquel instante se arrepintió de haber despreciado los deportes para dedicarse sólo a los libros. Se movía con enorme dificultad. Al levantarse perdió el equilibrio y cayó de nuevo al suelo. Los animales lo rodearon gruñendo, para asestar el golpe final. Recordó aliviado que llevaba la pistola, pero parecía pegada a la funda. Cuando logró sacarla, ya era tarde: los perros lo atacaron.

Uno le mordió la mano izquierda; otro, el brazo derecho, y un tercero, la pierna derecha. Eran tiempos de guerra. Tiempos de hambre: a los hombres les correspondía una ración para animales; a los perros, sobras, cuando las había. Tiempos en que los instintos prevalecían sobre la sensibilidad. Los perros abandonados a su propia suerte comenzaron a alimentarse de los cuerpos humanos caídos en la tierra. Un cuarto perro se disponía a morder la yugular del moribundo Julio Verne. Era su fin...

De repente apareció a lo lejos un extraño, que gritaba furioso:

—*Heil*, Hitler! *Heil*, Hitler! ¡Muerte a los perros!

Y enseguida empezó a disparar.

Dos perros murieron, otros dos se alejaron hambrientos, ladrando de insatisfacción.

El hombre se aproximó lentamente al profesor y lo apuntó con el arma al pecho. Julio Verne sentía que su corazón iba a explotar antes de que lo alcanzara el proyectil. Vio que su verdugo llevaba un uniforme de las SS, la más temible policía alemana, responsable de cazar judíos en toda Europa,[1] dirigida por uno de los peores asesinos que haya conocido la humanidad: Himmler. El símbolo de las SS lo hizo gritar:

—¡Yo también soy de las SS! ¡Soy un oficial! —Y se apresuró a limpiar las inscripciones de su uniforme, ocultas bajo la nieve.

—¡Mejor todavía! Hace rato que quiero atrapar a un miserable nazi.

«¡Que locura!», pensó el profesor. Cuando el sujeto hizo ademán de apretar el gatillo, Julio Verne gritó otra vez:

—¡Espere! ¡Soy judío! ¡Soy judío!

El soldado dijo:

—*Heil*, Hitler! —Y disparó, pero a quince centímetros de la cabeza del profesor. Luego soltó una carcajada satisfecha.

Julio Verne bajó la cabeza sobre la almohada de nieve y respiró aliviado. Entonces, para su espanto, oyó que el soldado exclamaba:

—*Heil*, Hitler, ¡muerte a los perros! ¡Vivan los judíos!

Julio Verne sintió que se hallaba en los laberintos de una película de ficción. Le parecía que ya había vivido esa escena. Experimentó flashes mentales, como si aquello le resultara conocido. Era un hombre soñador; bien podía estar en una cama confortable imaginando un caos inexistente. Abrió y cerró los ojos para ver si se trataba de una pesadilla. Se llevó las manos a los ojos y vio sangre. La cruda realidad gritaba que se hallaba despierto.

—Estaba poniendo a prueba tu corazón, judío —dijo el extraño.

Apoyó el rifle sobre su hombro izquierdo y tendió la mano derecha hacia el profesor, que, absorto por el miedo, se había vuelto insensible al frío y a las heridas infligidas por los perros. Julio Verne comenzó a entender que *viajar en el tiempo era una invitación a la locura*. Intentó observar con atención el rostro del sujeto sobre el que se apoyaba, pero la noche le turbaba la visión, aunque la luna llena iluminara el lugar. Por un instante tuvo la sensación de conocerlo.

—¡Vamos a casa! —ordenó el desconocido al profesor, que no sabía qué responder. El hombre que brillaba en las aulas estaba mudo, cerrado el circuito de su memoria, perdida su fluidez.

Los extraños gestos del soldado no cesaron. Se golpeaba la cabeza con la mano derecha de manera compulsiva, como si quisiera espantar fantasmas mentales, y hacía muecas y movimientos raros. Después se puso a cantar alegremente: «Uno más, uno más».

«¿Acaso soy un trofeo de este loco?», pensó el profesor. En menos de diez minutos había estado dos veces a punto de morir; era recomendable seguirlo en silencio. Herido y estresado por el largo viaje, caminaba abrazado al extraño personaje, un alemán de metro noventa, pelo muy rubio, delgado, rostro alargado, y de unos treinta y cinco años. En el camino el soldado tuvo que disparar a tres perros más que los atacaron. También los asaltaron dos ladrones que vagabundeaban en la noche en busca de algo que comer o robar. Blandían cuchillos, pero el soldado no recurrió a las armas, sino a los puños. Abandonó un momento a Julio Verne sobre la nieve y peleó a puñetazos con sus agresores. Con su fuerza, en menos de un minuto les hizo perder la conciencia.

Tras esos episodios avanzaron despacio unos doscientos metros, hasta que llegaron a un pequeño pueblo. Los habitantes conocían al soldado. Algunos individuos, bajo la débil luz de los faroles de queroseno, gritaban:

—*Heil*, Hitler, Rodolfo! ¡Muerte a los enemigos!

—*Heil*, Hitler! —respondía a gritos el soldado que lo llevaba, como saludando a los habitantes de la localidad.

—¡Larga vida al *Führer*, Rodolfo! —gritaban otros, exaltando al gran líder de Alemania.

—¡Larguísima vida al *Führer*, como un chorro de orina! —dijo irreverente el soldado en voz baja. Daba la impresión de que se burlaba de los adeptos a Hitler que vivían en el pueblo. El profesor lo seguía sin entender sus gestos.

A continuación, el intrépido soldado empezó a cantar una tonada alemana que él mismo había compuesto, exaltando la cerveza. En el estribillo, decía con descaro que la revolución nazi había comenzado en una cervecería, un episodio histórico conocido como el *Putsch* de la Cervecería de Múnich.[2] Los intelectuales nazis tenían tanta competencia como los alcohólicos en las tabernas. Rodolfo cantaba mirando las estrellas. Soltó de nuevo al profesor y se puso a bailar. Hizo de la nieve un escenario. Algunos adolescentes que todavía no se habían alistado en las fuerzas alemanas salieron de sus casas y empezaron a bailar y cantar con el irreverente soldado. El profesor, una vez más, tensaba los músculos para comprobar si todo aquello era real. Pero la fiesta terminó pronto.

—¡Basta, sinvergüenzas! ¡Respeten al gran *Führer*! —bramó un hombre canoso, apoyado en un bastón, que avanzó furioso hacia ellos.

El viejo los espantó como si fueran pájaros. Al parecer se trataba de alguien temido por todos los habitantes del pueblo. En realidad era un veterano de la Primera Guerra Mundial, un hombre amargo, incapaz de sonreír, que jamás había admitido la derrota de Alemania ni aceptado que su país pagara indemnizaciones a los vencedores y sufriera las sanciones impuestas por el Tratado de Versalles.[3] Lucía dos medallas al valor en la parte superior derecha de la chaqueta que vestía.

Era un coronel; por tanto, tenía una jerarquía muy superior a la de Hitler, que en la Primera Guerra Mundial había sido un simple soldado que corría desesperado llevando mensajes del cuartel general al frente de batalla. El mayor golpe de Hitler no fue invadir países como Polonia y Francia con ataques relámpago militares, sino infligir ataques relámpago emocionales que lo llevaron a invadir el inconsciente colectivo de la sociedad alemana. Nunca el marketing personal y los discursos ensayados dominaron tanto a un público. El austriaco inculto, tosco, radical, pero tremendamente carismático, había asfixiado el pensamiento crítico de la nación más culta de su tiempo, un fenómeno social que el profesor Julio Verne temía que se repitiera en el futuro.

Paso a paso, el veterano de guerra, fascinado por Hitler —a quien había conocido en persona—, se acercó a Rodolfo y el profesor. Cuando la luna iluminó el uniforme de las SS de Julio Verne, el viejo se entusiasmó. Y gritó para que lo oyeran todos los que lo rodeaban:

—¡Un oficial del *Führer*! ¡Un oficial del *Führer*! *Heil*, Hitler!

Varias personas abrieron las puertas y las ventanas de ambos lados de la callecita y gritaron a coro:

—¡Larga vida al *Führer*! *Heil*, Hitler!

Incómodo, Julio Verne saludó con las manos, pero sin entusiasmo. Pronunció un débil:

—*Heil!*

—¡Vida larga como un chorro de...!

El viejo tomó su bastón, rodeó con la empuñadura el cuello de Rodolfo y lo apuntó con su vieja pistola. Rodolfo se dio cuenta de que no era el momento para bromas, ni siquiera en presencia de su tío Allen. Se corrigió:

—Vida larga como un prolongado chorro de agua...

Poco después el coronel de la reserva se acercó a Julio Verne. Su entusiasmo comenzó a desvanecerse. Lo observó un largo instante. Golpeó con la mano derecha la mejilla izquierda del profesor, con una especie de delicada brutalidad, típica de los oficiales experimentados ante los jóvenes inmaduros que aspiraban a defender la gran Alemania. Se mostró intrigado.

—Qué extraño. No pareces ser un... buen ejemplar ario. Esa nariz, esa cara... Esa ropa... Hum... ¿De dónde la has sacado?

Titubeando, casi sin aliento, el profesor se limitó a responder:

—Me las dio Himmler en persona...

Mientras se daba repetidos golpes en la cabeza, lo cual expresaba intenso nerviosismo, Rodolfo comentó:

—Él es poderoso. ¡Respétalo, tío Allen...!

—Cállate, Rodolfo. ¡Yo soy más poderoso que él! Tengo acceso directo al *Führer* —afirmó con convicción. Y agregó—: ¿Cómo te llamas?

—Otto Hamburger. Es amigo mío de la infancia —se apresuró a contestar el sobrino.

—¡No te he preguntado a ti, Rodolfo! Muéstrame tus documentos.

El profesor tragó saliva, miró a Rodolfo y dijo:

—Los perdí cuando me atacaron. Rodolfo me salvó. —Mostró sus heridas.

—Luchó como un león contra unos ladrones y después contra unos judíos fugitivos. Mira las heridas.

Tras observarlas y ver que el profesor temblaba de frío —aunque más bien era de miedo—, el veterano Allen pronunció las tranquilizadoras palabras:

—Vete ya, Rodolfo. Si no, Otto no resistirá el frío.

—¡Adiós, tío Allen! ¡Eres muy bondadoso!

—Cuídate, Rodolfo. —El coronel escupió en la nieve y añadió—: Tus antecedentes de hacerte amigo de enfermos mentales y de judíos me avergüenza y provocará la muerte de tu familia. *Heil*, Hitler!

—Pero ¡si sólo ando con gente de sangre pura…! *Heil*, Hitler! *Bye*, Hitler!

—*Bye*, Hitler?

Rodolfo, astuto, supo salir bien parado.

—Sí, *bye*, Hitler, tío Allen. El *Führer* debe partir para dominar Europa, Asia, las Américas, el mundo, la Luna, el Sol. *Bye*, Hitler!

Allen se marchó rascándose la cabeza; no sabía si su sobrino alababa al gran líder o se burlaba de él. Rodolfo era imprevisible, dotado de un sentido del humor poco común para los alemanes, en especial en aquellos áridos tiempos. En cuanto perdió de vista a su tío, Rodolfo soltó otra carcajada. Parecía no tener conciencia de que Alemania ya estaba en llamas.

2

¿HÉROE O PSICÓTICO?

El comportamiento de Rodolfo y el hecho de que fuera amigo de enfermos mentales indujeron al profesor a sospechar que el pueblo podía ser un hospicio rural. Su diagnóstico no distaba mucho de la realidad. Cuando llegaron a su casa, el joven aporreó la puerta a puñetazos, como si fuera a derribarla.

—¡Tranquilo! Ya va... —gritó una señora desde adentro, y se apresuró a abrir, temerosa de quedarse sin puerta. Los recibieron los padres de Rodolfo. El hombre observó a la visita y avanzó unos pasos.

—¿Uno más, hijo...? —preguntó, tenso, con aire de contrariedad.

—Uno más... Iban a comérselo los perros, papá —fue la respuesta valiente y breve del hijo.

Pero el padre, que había reparado en el uniforme del profesor, sacó una pistola del interior de la camisa y con rapidez apuntó a Julio Verne, que una vez más se vio amenazado.

—Y ¿ese uniforme? —vociferó.

—No tiene las expresiones bien definidas de... de... —observó la madre, que se interrumpió antes de pronunciar la palabra prohibida «judío».

El profesor arrugó la frente. Rodolfo intercedió.

—No tendrá la cara, pero sí tiene actitud y olor de judío, mamá...

—Pero ¡aquí hay algo raro! —exclamó el padre, tenso, consciente de que, si era un nazi que había engañado a Rodolfo, los fusilarían a todos.

—Papá, un nazi preferiría morir antes que hacerse pasar por judío. ¡Él lo confesó! —afirmó Rodolfo en tono exasperado.

—¡Tranquilo, hijo! No te irrites; sólo digo que no lo parece. —Temeroso, el padre se acercó al profesor y, apuntándole con el arma a la cabeza, le preguntó:

—¿Quién fue el profeta que consagró a David como rey de Israel? Cinco segundos para acertar y vivir, o errar e irte al infierno. Cinco, cuatro, tres, dos...

—¿Qué...? ¡Samueeeel...!

—¿Quién construyó el primer templo en Jerusalén? Cinco, cuatro, tres...

—Salomón.

—Ésa ha sido fácil. ¿Cuántos capítulos tiene el libro del Éxodo? Cinco, cuatro, tres, dos, uno...

—¡No me acuerdo! Pero sé que el Éxodo viene después del Génesis...

—Hum... No parece un judío inteligente, pero creo que es legítimo —confirmó el padre.

Julio Verne respiró aliviado, pero rara vez se había sentido tan desorientado. En el pueblo lo habían exaltado al reconocerlo como un oficial de las SS. Y ahora se había salvado gracias a que sabía unos datos sobre la historia de Israel. ¿Qué locura era aquélla? ¿Dónde estaba? ¿Quiénes serían esas personas?, se preguntaba, agitado. Lo más extraño era que sus salvadores parecían arios, no judíos.

—Mucho gusto, hijo mío. Yo soy Anna, y mi marido es Günter Merkel.

—Yo, Rodolfo Merkel —apuntó el hijo, y soltó otra risotada exorbitante, señal de que padecía un problema mental. Además, continuaba con su comportamiento extraño. A veces hablaba solo.

—Y ¿usted? —indagó la madre, siempre en tono suave.

—Julio Verne.

—¿De dónde viene?

El profesor tragó saliva.

—De otro mundo... —confesó.

La delicada señora, pensativa, meneó la cabeza y se solidarizó con él.

—Entiendo... Muchos judíos lo perdieron todo. Quedaron tan alterados que se sienten como si estuvieran en otro universo... Pero ¡acérquese! Siéntese junto al hogar, así entra en calor. Voy a buscar una manta y traerle unas ricas galletas.

De repente, Rodolfo se puso a bailar con pasos torpes y a continuación se arriesgó otra vez a cantar:

—¡Soy una fiera! ¡Soy un cazador de judíos!

De pronto se mostró ansioso. Echó una mirada rápida hacia el techo de madera y gritó:

—¡Unos aviones van a bombardearnos! Escondeos. —Empuñó su rifle, apuntó hacia lo alto y disparó dos veces.

Julio Verne, asustado, miró hacia arriba, pero no vio nada, ni oyó el sonido angustiador de aviones en campaña militar.

—¡Quieto! No dispares, hijo. ¡Los aviones ya se fueron! —gritó Günter, el padre. Lo agarró por el cuello de la camisa y dijo furioso—: ¿Quieres matarnos? ¡Vamos, dispara!

La madre entró en pánico. Con voz llorosa le pidió que no le pegara una paliza, aunque era más frágil que el hijo.

—No, Günter, no le pegues. Tengo unos ahorros que nos servirán para arreglar el techo.

Julio Verne volvió a sentarse, cerca de la chimenea, pero estaba exhausto. En menos de dos horas había sufrido más sobresaltos de los que nunca hubiera podido imaginar. Acto seguido se le acercó la madre para explicarle el comportamiento de Rodolfo.

—No le haga caso, judío. Mi hijo es un buen hombre, pero, desde que Hitler asumió el poder, se le han confundido las ideas.

Cuando todo se había calmado, un nuevo sobresalto. De pronto se oyeron golpes rápidos y fuertes en la puerta. Todos se inquietaron. La pareja de ancianos intercambió miradas de aflicción. El hombre, ansioso, fue a atender. Con un gesto ordenó a Rodolfo que se quedara quieto.

—Hola, Allen.

Era el hermano de Günter, el veterano que había desconfiado de Julio Verne: vivía a treinta metros del lugar.

—¿Qué ha sido ese ruido?

—Mi arma se ha disparado mientras la limpiaba —explicó Rodolfo.

—¡Ahhh! Günter, ¿no invitas a un hermano a entrar en tu casa?

—Lo lamento mucho, pero estoy muy ocupado.

—¿Ocupado? ¿Protegiendo a enfermos mentales?

—Estoy con mi familia.

—¿Tu familia? Espero que no estés cometiendo la locura de proteger judíos.

Günter vaciló. Intentó disimular su ansiedad, pero le resultaba imposible.

—Locura, Allen, es que tú desconfíes de tu propio hermano. Si papá viviera, te reprendería. *Heil*, Hitler! —Tras este saludo hizo ademán de cerrar la puerta.

Allen se lo impidió con el bastón.

—No traiciones a tu patria.

—No traiciones a tu familia.

Y así se despidieron. Günter se aproximó al hogar y se sentó en una silla de brazos de madera torneados. El precio de hacer el bien era muy alto.

Günter Merkel y su esposa, Anna, eran de una generosidad envidiable. Estaban a cargo de una institución para enfermos mentales desde hacía años. Lamentablemente, no sabían que Hitler, en su afán de purificar la raza aria, había iniciado una de las mayores atrocidades del mundo contra las personas indefensas de su propio pueblo, una «eutanasia racial».

El 1 de septiembre de 1939, el día en que comenzó la guerra con Polonia, Hitler, que rara vez firmaba órdenes de muerte para no debilitar la opinión pública alemana, estampó su firma en un decreto que concedía a los afectados de enfermedades incurables «el derecho a una muerte sin dolor». Una concesión falsa, ya que era impuesta por el partido gobernante, el partido nazi. El programa de eutanasia se denominó Aktion T4. No se trataba de eutanasia en el sentido clásico, consentida por personas enfermas en fase terminal, presas de dramáticos sufrimientos.

Ese programa, por increíble que parezca, fue apoyado no sólo por los médicos fanáticos de la Liga de Médicos Nacionalsocialistas, sino por muchos otros. Fue incluso aceptado por psiquiatras, que, bajo la demente influencia nazi, también lo aprobaron y eligieron los pacientes enfermos mentales que serían eliminados.[4] Médicos clínicos y psiquiatras «enloquecieron». Niños especiales y pacientes psiquiátricos de origen ario fueron asesinados en función de la purificación racial. La humanidad lloró.

Antes de que Hitler fuera designado canciller, la sociedad alemana desaprobaba la eutanasia en la República de Weimar. Pero, tras el ascenso del nazismo, la utilización del marketing de masas para exaltar la supremacía racial en una sociedad que había perdido en la Primera Guerra Mundial, que padecía de baja autoestima, desempleo masivo, inestabilidad alimentaria y altísima inflación, todo ello asociado a la acción de los cuerpos policíacos —como las SS y las SA, tropas de asalto del movimiento nacionalsocialista, que imponían un terrorismo de Estado—, llevó a Adolf Hitler a fomentar los instintos más primitivos del cerebro humano, incluso de los intelectuales; por eso muchos anularon su conciencia crítica.

Entre tanto, numerosos alemanes, como los de la familia Merkel, estaban decepcionados con Hitler; algunos hasta le tenían asco. Pero el clima de terror dominaba tan poderoso que silenció sus voces. La violencia era tan sorprendente y avasalladora que amordazó, incluso, la capacidad de reacción de la gran mayoría de los judíos. Como ovejas mudas, fueron al matadero.

El profesor Julio Verne, un judío pacifista, amable, que nunca había sentido vocación de héroe, creía que había sido enviado del futuro para romper con la inercia judía. Creía tener la misión de eliminar al poderoso, paranoico y superprotegido Adolf Hitler y, así, cambiar la Historia. Parecía sufrir un acceso psicótico, cuyo síntoma más sobresaliente era un delirio de grandeza, ya que, en realidad, era incapaz de matar una mosca. Al parecer, no tenía fuerza ni siquiera para cambiar su propia historia, y mucho menos el rumbo de la Segunda Guerra Mundial.

3

VIAJES MENTALES

Una vez que se marchó el hermano de Günter, se hizo un prolongado silencio. Luego Julio Verne preguntó:

—¿Cómo que los alemanes protegen a los judíos?

—No somos los únicos —afirmó Anna, y le dio una hermosa explicación filosófica—. No protegemos a los judíos, sino a la familia humana, a nuestra especie, y los judíos forman parte de ella, aunque el *Führer* los considere enemigos del régimen. Además, los dos mejores amigos de Rodolfo durante la infancia y la adolescencia eran judíos: Víctor y Otto Hamburger.

El profesor recordó el nombre de Otto. Anna continuó:

—Los padres de esos jóvenes también eran queridos amigos nuestros.

—¿Qué fue de ellos?

Al escuchar la pregunta, Rodolfo dio un manotazo de furia contra la mesa.

—¡Arrestaron a toda la familia! ¡Están presos desde hace dos años!

—¡Tranquilízate, Rodolfo! —pidió el padre, que temía una nueva crisis.

—Tal vez estén en alguna cárcel. Pronto los soltarán y podrán volver a ser felices —comentó Anna, insegura, siempre dispuesta a mitigar la ansiedad de su hijo.

Tenía setenta años. Era una intelectual generosa, licenciada en Biología, investigadora de Genética y también profesora universitaria.

—¿Podrán volver a ser felices, mamá? ¡Bendita sea tu ingenuidad! Los han eliminado —opinó Rodolfo con tristeza. Pese a su trastorno psiquiátrico, no era tan romántico como Anna.

En ese instante pasaron por la mente del chico los momentos finales en que los soldados de las SS invadieron la casa de sus amigos. Mientras los arrastraban hacia fuera, Rodolfo se aferró a ellos, en un intento de impedir que se los llevaran. Los soldados le pegaron en la cabeza, él cayó y, en el suelo, lo molieron a patadas. Se desmayó y lo dieron por muerto. El episodio empeoró sus crisis. Se sentía perseguido y perseguidor de nazis.

Con la intención de calmar el ambiente, la madre le preguntó al visitante:

—¿Cuál es su nombre completo?

—Julio Verne Weisman.

—Y ¿a qué se dedica? —preguntó Günter.

—Soy profesor de Historia.

—Yo también... soy un intelectual —afirmó alegremente Rodolfo.

—¿De qué ciudad viene? —quiso saber Anna.

—Bueno, vengo de Londres... Soy un viajero del tiempo —respondió Julio con una leve sonrisa, pues sabía que no lo creerían, y menos aún Rodolfo, que reaccionó enseguida.

—¡Vaya! He encontrado a otro loco.

Günter y Anna se miraron.

—¿En qué año vivía? —indagó Anna, desconfiada.

—En el siglo XXI.

Rodolfo palmoteó y dijo:

—Papá, este tipo está más loco que yo y viaja más, también... ¡Caramba!

—Bonito disfraz —comentó Günter, y agregó—: ¡Comportarse como un loco tiene sus ventajas!

Julio Verne cambió de tema.

—¿Tienen judíos escondidos aquí?

—No. Pero los hemos tenido —contestó Anna.

—¿Adónde fueron? —quiso saber el profesor.

—Algunos se marcharon en plena noche... —contó Anna, pero luego omitió el resto de la historia.

—A dos los mataron a quinientos metros de aquí, y uno se convirtió en alimento de los perros hambrientos de los alrededores —relató Günter—. Esas muertes traumatizaron todavía más a Rodolfo.

Fueron tantos los acontecimientos en cadena que, aunque Julio Verne no había perdido su objetivo, no tuvo tiempo de hacer la pregunta fatal. Pero en el fondo parecía que estaba evitándola. Si no había logrado hacer frente a perros, míseros ladrones ni a un anciano veterano de guerra, ¿cómo podría cumplir su misión de eliminar a Hitler? Nunca se había sentido tan impotente. Mientras, en un intento de dominar por el momento el instinto de supervivencia, preguntó en tono brusco:

—¿En qué fecha estamos?

A todos les extrañó la pregunta. Günter contestó:

—¿No sabe que hoy es 10 de diciembre?

Agitado, el profesor indagó:

—Pero ¿de qué año?

—¡1941! —afirmó Anna, que consideraba que Julio Verne no simulaba ser un enfermo mental que había perdido los parámetros de tiempo y espacio. Estaba convencida de que él se hallaba de verdad mentalmente perturbado. Pensó que tal vez se debiera a la persecución implacable a que eran sometidos los judíos.

Julio Verne creía que sus pesadillas en el «siglo XXI» eran reproducciones fieles de las experiencias de otros viajes en el tiempo. Estaba seguro de que ya había visitado la vivienda de los Merkel. Los personajes, la casa, el ambiente externo... todo le resultaba conocido. Algunas dolencias neurológicas propiciaban esas falsas convicciones, pero él no creía que fueran tan ajenas a la realidad. Sentía que su percepción no había perdido solidez. Sin embargo, las fechas no coincidían, lo cual lo llevó a creer que sus pesadillas no eran retratos fieles de sus viajes al pasado. Había distorsiones. Entonces, al recordar los propósitos de su «misión», los ojos se le llenaron de lágrimas.

—¡No! ¡No es posible! En mis «viajes mentales» estuve aquí en 1939, no en 1941. Y, si no me equivoco, a final de año.

—¿Estuvo aquí? ¿Dónde? ¿En el pueblo? —preguntó Günter.

Rodolfo observaba a Julio Verne, con los codos sobre la mesa y la cara apoyada en las manos. Lo anormal no le era extraño.

—¡No! Estuve en su casa.

—¿Qué...? ¡Se ha vuelto loco, judío! No lo conocemos. ¡Nunca lo hemos visto! Jamás hemos hablado con usted —afirmó Günter, contrariado.

Al profesor no le impresionó el espanto de Günter y Anna. Estaba demasiado conmocionado con los sucesos de la Segunda Guerra Mundial que ya se habían iniciado y que él no lograría impedir.

—¿Seguro que estamos en diciembre de 1941?

—Por supuesto —confirmó Anna.

—Llegué cinco meses después —dijo él, muy alterado.

En ese momento Julio Verne tuvo una visión de los vagones de tren que llevaban niños, ancianos, mujeres y hombres judíos a los campos de concentración. Los transportaban en condiciones aún peores que los animales. Sin alimentos, agua ni camas. Y cuando llegaban a los campos los mataban en las cámaras de gas. Una minoría tenía el privilegio de trabajar como esclavos y vivir unos meses más. Se había transformado en un coleccionista de lágrimas...

La familia Merkel, confundida, contemplaba a aquel hombre deshecho en lágrimas. A continuación él les contó los motivos por los que lloraba. El mundo dormía mientras los judíos y otras minorías eran aplastados por atrocidades inimaginables. Del mismo modo como los principales líderes mundiales fueron espectadores pasivos del genocidio de Ruanda, a fines del siglo XX, y de las atrocidades cometidas contra el pueblo sirio a partir de 2012. *Las palabras tienen el peso del aire; las acciones, el peso del cuerpo; para los frágiles líderes es más fácil hablar que actuar...* Dichos líderes tendrán una deuda impagable con la humanidad.

Los detalles que comentaba el profesor Julio Verne eran tan ricos, contenían tantas informaciones sociales y geográficas, que a Anna y a Günter les costaba creer que todo aquello no fuera apenas fruto de su imaginación.

—A fines de 1939, meses después de la invasión de Polonia, empezaron las deportaciones de los judíos a los guetos polacos, pero la clara decisión de Hitler sobre el exterminio masivo sólo surgió en la campaña contra Rusia.[5] El discurso del 31 de marzo de 1941 sobre la «misión particular» de Himmler para los altos oficiales en la zona de retaguardia representó la primera indicación de un plan de exterminio en gran escala. ¡Dios mío, están mutilando a mi pueblo en los campos de concentración y yo no logro hacer nada! La mayor máquina de destrucción en masa de la Historia ya ha entrado en acción —dijo Julio Verne mientras golpeaba con fuerza la mesa varias veces, igual que Rodolfo.

—Alfred Rosenberg, el estúpido ideólogo del partido, escribió en su diario una frase que mostraba su estado de espanto ante semejante atrocidad: «Jamás olvidaré lo que no voy a anotar hoy».[6] El *Führer* ordenó el asesinato en masa —afirmó Rodolfo al tiempo que se daba golpes en la cabeza. Con voz entrecortada por el llanto, completó atónito—: Hitler, ¡desgraciado! ¡Libera a mis amigos!

—¿Cómo sabes todo eso, hijo mío? —preguntó Anna, conmocionada.

—Libros... de... historia, mamá.

—¿Qué libros, hijo? Estamos en el presente y tú hablas de historia.

—Estuve en el siglo XXI. Leí a varios autores, como Yan Kershaw y Joachim Fest.

Ahora no sólo Günter y Anna se quedaron asombrados, sino también el propio Julio Verne, pues conocía a esos brillantes autores y sabía que escribieron sobre la Segunda Guerra Mundial mucho tiempo después de terminada. En ese momento la mente de Julio Verne se abrió y retornó a un extraño episodio que había experimentado en el futuro. Cuando salía de un encuentro de psicología, en el cual participaba como conferenciante, un personaje raro, vestido con prendas gastadas, gritó su nombre. Tenía el rostro, el biotipo y las gesticulaciones de Rodolfo. ¿Cómo habría podido acceder a los libros de historia? ¿Cómo lo había hecho Rodolfo para ir al siglo XXI, si vivía en la primera mitad del siglo XX? ¿Cómo había regresado del siglo XXI a su época?

El profesor se llevó las manos a la cabeza. Una vez más sintió que todos esos sucesos parecían surrealistas. Pero antes de que llegara a soltar las preguntas que se le atascaban en la garganta, intervino Anna.

—¿Cómo es posible, hijo mío? ¿Qué máquina te transportó al siglo que viene? ¿Qué locuras dices?

Convencer al padre de Rodolfo no resultaba tan difícil, ya que era un hombre dado al misticismo, al igual que Hitler y algunos de sus discípulos. Lo complicado era vencer la mentalidad racional de la bióloga Anna.

—No sé cómo encontré a Rodolfo en el futuro, pero lo encontré —declaró Julio Verne—. Los autores que leyó son admirados en mi época y escribirán sus estudios históricos décadas después del año en que estamos ahora. Tal vez la misma máquina del tiempo que abrió una ventana cósmica para llevarme al pasado lo haya transportado al futuro...

—Pero ¿cómo lo trajo de vuelta? ¿Entraste en alguna máquina, hijo? —indagó Günter, atónito.

—No —respondió Rodolfo.

—Conjeturo que mi viaje en el tiempo distorsionó la cadena de sucesos sociales. Parece, además, que mis imágenes mentales accionaron el teletransporte de la máquina del tiempo. Según todo lo indica, ya estuve aquí antes, como lo estoy ahora, y ese hecho es lo que abrió la ventana cósmica para que Rodolfo hiciera el viaje al futuro. Y así él entró en contacto conmigo.

Anna se pasaba las manos por el pelo blanco. Todo era muy irracional. Sin embargo, trató de poner en orden sus ideas.

—¿Es decir que pasado y futuro se entrelazan como una cuerda cuyos extremos están atados?, ¿el comienzo y el fin están en el mismo círculo? —inquirió, en un intento de infundir una brisa de lucidez en aquellos datos incomprensibles.

—No sé... Quizás... Es posible que, una vez accionada, la máquina cree cuerdas cósmicas que teletransportan a algunas personas que tengan contacto en el pasado, como sucedió con Rodolfo —ponderó Julio Verne, algo aturdido. Enseguida agregó—: A no ser que todo esto sea una ilusión. ¿Ustedes son reales?

—Sí, claro —afirmó Günter, y dio unos golpes en la mesa para que se oyeran los ruidos.

—Yo no sé... A veces pienso que es sólo una ilusión, papá —comentó Rodolfo.

El padre lo pellizcó.

—¡Ay!

—La ilusión no siente dolor. No hagas todo esto más loco de lo que ya es, hijo.

La confusión era tanta que Julio Verne, aunque perplejo, tuvo que aludir a varios pormenores históricos ya ocurridos para convencerlos de que no eran un grupo de locos. Habló incluso de detalles de las reuniones del partido nazi, al cual Günter estaba afiliado. Tras varios razonamientos, Julio Verne, que no era sólo profesor de historia, sino también un inteligente psicólogo, analizó el carácter del *Führer*:

—Hitler acostumbraba a traducir todo lo que le preocupaba en largos y tediosos discursos. Como muchos dictadores, era un hombre incontrolable en cuanto a gestos y palabras. Tosco, radical, paranoico, ansioso, no era hábil para la diplomacia, decía lo que le acudía a la mente ante su banda de aduladores, que babeaban con una admiración irracional. No ocultaba su vulgaridad y su beligerancia. Entre tanto, la industria de destrucción sistemática de los judíos en los campos de concentración era tan horrenda y carente de toda justificación política, social y científica, que Hitler y sus colaboradores la ordenaron sigilosamente. La falta de registros elocuentes acerca de esa decisión alarmó a algunos historiadores. Hitler, a pesar de ser megalómano, alimentaba cierta preocupación por la opinión pública mundial.

El profesor dijo que había llegado con cinco meses de retraso porque el 31 de julio de 1941 el todopoderoso Göring había comunicado al jefe de Seguridad, Reinhard Heydrich, la orden de «proceder a la solución final de la cuestión judía».[7] Así como en el diario de Rosenberg el mensaje era subliminal, también en los discursos nazis se disimulaban las órdenes de exterminación masiva.

—Alemania, cuna de brillantes filósofos, como Kant, Hegel,

Schopenhauer y Nietzsche, transmisora de la mejor educación clásica, es vilipendiada en su identidad esencial. Comparar a los cazadores nazis con los cazadores de animales bien puede ilustrar la locura nazi —sentenció el profesor.

—¿Cómo? —indagó Anna, curiosa.

—Los jíbaros en Ecuador, los yanomamis en la selva amazónica y los kuka-kaku en Colombia[8] eran cazadores de animales. Y, cuando encontraban una tribu rival, guerreaban con el fin de raptar a sus mujeres o para tener mayor espacio para cazar. Eran implacables con los enemigos, pero con el objetivo de sobrevivir. Los nazis fueron incomparablemente más lejos: cazaron seres humanos. ¿El motivo? El simple placer de abatirlos. Destruían a sus pares por el simple hecho de encontrarlos en su camino. La higiene racial era una excusa. No eliminaban a los rivales, sino a los débiles. Ese fenómeno llevó a la humanidad al borde de la locura, al último estadio de demencia social —discurrió el profesor.

Al oír estas palabras, Anna echó a llorar. Momentos después, la brillante bióloga concluyó:

—El *Homo sapiens* deshonró por completo su capacidad de pensar, para convertirse en el *Homo bios*, un ser instintivo e irracional... —Y completó con tristeza—: Yo fui profesora universitaria. Lo que me duele es que la educación clásica en tiempos de estrés social intenso no fue suficiente para vacunarnos contra la irracionalidad de los nazis... ¿Adónde hemos llegado?

Tras una pausa, agregó:

—Si usted viene del futuro, profesor, si no está delirando, si sus ojos ven el pasado... ¿Tal vez en su época la educación cumple su papel de producir personas autónomas, que tengan una opinión propia?

Una gran pregunta. Como no era investigadora de psicología, Anna ignoraba que, si la educación no desarrollaba un Yo como autor de la propia historia, en tiempos de estrés social se cerraría el circuito de la memoria, con lo que le impediría acceder a millares de ventanas de la memoria con centenares de millares de datos para dar respuestas inteligentes.

La crisis económica, el desempleo masivo, la inflación en aumento, la inestabilidad alimentaria y el Tratado de Versalles cerraron el circuito de la memoria de millones de alemanes. Esos fenómenos psicosociales disminuyeron las defensas del inconsciente colectivo, y así propiciaron que el virus del hitlerismo se propagara rápida y descontroladamente en una sociedad que no le pertenecía. El austriaco tosco, rudo, radical e inculto se autoproclamó un semidiós para «salvar» la patria.

A Julio Verne le admiró la perspicacia de Anna y más aún la pregunta que le hizo. Honesto, dijo:

—Tengo mis dudas, Anna, de que en mi tiempo la educación sea más noble que la de tu época. Los profesores son profesionales de indiscutible valor, pero el sistema educacional está enfermo, y forma personas enfermas para una sociedad enferma. No ha cambiado...

Anna se quedó atónita. El profesor agregó:

—En mi época, el sistema educacional produce muchos más repetidores de informaciones que pensadores. Con raras excepciones, formamos jóvenes con diplomas en la mano. Jóvenes que conocen millones de datos sobre el mundo exterior, pero que no conocen el planeta psíquico.

—Eso me aterra, profesor Julio Verne. Yo pensaba que, en las décadas futuras, la educación sería cuna de formación de pensadores generosos. Creía, en mis noches de insomnio y reflexión, que la humanidad de los siglos siguientes jamás volvería a vivir las atrocidades que hoy hacen correr sangre por las calles y nos debilitan el alma: policía secreta, opositores del régimen considerados enemigos a los que hay que eliminar, exclusión de inmigrantes, enfermos mentales asesinados, judíos considerados escoria, supremacía racial y religiosa...

Para Julio Verne era necesario que la educación cambiara sus metas.

—Las funciones más complejas de la inteligencia para conquistar una mente libre y una emoción saludable no se cultivan en el suelo del psiquismo de los alumnos, como por ejemplo pensar como especie, ponerse en el lugar de los otros, pensar antes de reaccionar, proteger la emoción, gestionar el intelecto, la resiliencia, tener autonomía, opinión propia y encontrar placer en el altruismo, en promover el bienestar de los demás.

El profesor comentó también a los Merkel algo que no entendieron. Dijo que la juventud mundial de su tiempo, en la década de 2040, educada bajo el dominio de algo llamado Internet y embriagada por las redes sociales, atravesaba las llamaradas del calentamiento global, la inestabilidad alimentaria y la escasez de recursos naturales. Corría el riesgo de ser seducida por sociópatas carismáticos y teatrales, que presentaban soluciones mágicas e inhumanas, a semejanza de Adolf. No era posible decir «Holocausto nunca más».

4

EN EL CAMINO DE LA INCERTIDUMBRE

La madrugada llegó engañosa, calma por fuera, pero turbulenta en el territorio psíquico de los presentes. Anna y Günter se fueron a dormir, pero la cama dejó de ser un lugar de descanso, al menos en aquella noche cálida. Las noticias del forastero les arrebataron todo rastro de tranquilidad. Por momentos les parecía que Julio Verne era un enfermo mental; otras veces, un intelectual. No sabían definirlo. No sabían tampoco qué decir sobre la convicción de Rodolfo acerca de haber viajado en el tiempo; a fin cuentas, su hijo siempre había viajado sin salir de allí...

El profesor fue a acostarse en el mismo cuarto que Rodolfo. Pero al parecer el joven no quería dormir.

—¿Qué haría si atrapara a Hitler, Julio?

—No tienes ni idea —respondió el profesor.

—Yo le daría unos golpes en la cara, un gancho de derecha, una patada en las pelotas y un pase para el infierno.

El profesor pudo relajarse un momento. Esbozó una breve sonrisa. Rodolfo continuó con sus bravatas:

—Sujéteme, Julio, porque, si no, iré a Berlín a atrapar a ese canalla. Áteme a la cama. ¡Vamos!

Como se dio cuenta de que todo aquello era puro teatro, el profesor lo incentivó.

—Entonces, ¡ve! ¿Qué te lo impide? ¿Qué te hace falta?

—¡Un compañero valiente!

Julio Verne tragó saliva. Intentó dormir. No fue un sueño reparador, sino tenso, entrecortado. Tuvo pesadillas horribles, en las que no era un héroe, sino un cobarde: hábil con las palabras, pésimo para las acciones.

A las siete de la mañana estaban todos a la mesa. Café, un pastel de harina de trigo y panes ácimos, sin fermento, como les gustan a los judíos ortodoxos. Pero Julio Verne no era ortodoxo, apreciaba una buena comida, algo que en tiempos de guerra era una rareza.

Rodolfo comía sin modales. Se metía en la boca pedazos enormes de pastel, le caían migas por las comisuras de los labios... Era su manera de ser. Aunque fuera un genio, él, como muchos superdotados, carecía de habilidades sociales. Solía ser reservado, circunspecto, estudioso, amante de los libros. Después de manifestado su trastorno psiquiátrico, le había mejorado el humor. Tenía depresión bipolar, aunque en aquella época no se diagnosticaba así. Los individuos que padecían esa afección eran aislados; a algunos los ataban y los sometían a tratamientos de electrochoque.

El humor de Rodolfo fluctuaba; a veces, experimentaba depresión, desánimo, aislamiento, y otras, vivía períodos de exaltación, grandeza y locuacidad excesiva. Pero ni siquiera en esos lapsos perdía su buen humor. Decía: «Soy un general de Hitler. Muerte a las moscas, salven a los judíos». En Alemania no había nadie que se burlara tanto del poderoso *Führer*. Lo habrían matado, igual que a miles de enfermos mentales, pero como en el pueblo lo querían y sus padres eran muy conocidos, hasta el momento se hallaba protegido.

Rodolfo no se limitaba a fantasear, sino que creía en las fantasías como si fueran reales. Conversaba con los personajes que había creado, y ahora, además, podía dialogar con el profesor.

—Dígame, Julio Verne, ¿dónde aprendió a ser loco?

—Bueno, yo... ¿Crees que de verdad estoy chiflado?

—Chiflado no. Rechiflado.

—Eh... Aprendí mis locuras con... con unos científicos y unos militares de mi siglo.

Rodolfo, a su vez, comentó cómo había aprendido las suyas.

—Y yo... aprendí con los nazis. Mire...

Se levantó y, frente a sus padres y el profesor, imitó a un soldado nazi marchando: flexionaba las rodillas hacia arriba y hacia abajo y después dedicaba al *Führer* un saludo imaginario.

—*Bye, Führer! Bye, Führer!* —Marchaba y se despedía con gestos de las manos, sonriente.

—Tus tonterías son peligrosas —opinó Günter.

Anna lo calmó.

—Déjalo. En el pueblo nadie le presta atención. En este manicomio social hace falta divertirse un poco.

Julio Verne logró esbozar otra breve sonrisa, gesto bastante improbable para alguien que tenía una misión casi imposible. A continuación Rodolfo, aún más animado, tomó el palo de madera de una escoba y, como si fuera un micrófono de radio, impostó la voz e imitó a Goebbels, el ministro de Propaganda de Hitler:

—¡Ésta es su radio germana! La radio de las victorias del *Führer*. Somos privilegiados por tener un gran líder, el mayor de todos. ¡Esta mañana matamos todos los zorros y gavilanes, y conquistamos un gallinero más! ¡Bieeeeen, somos el mejor ejército del mundo! —Imitó el sonido de una ráfaga de ametralladora—: Rata, tá, tá, tá, tá, tá. ¡Nadie se impone en el mundo como nosotros! —Y siguió—: Pronto conquistaremos toda Europa, después las Américas, la Luna, Marte, el Sol, el universo. Somos nazis, somos arios. ¡¡¡Somos los dueños del mundo!!! ¡Ah! No apaguen la radio, estimados oyentes. En breve anunciaremos más victorias para embelesar sus oídos y embotar sus cerebros. *Bye*, Hitler! Tum, tum, tum. *Bye*, Hitler!

El profesor no pudo contenerse. Se relajó y esta vez soltó una carcajada de burla por la demencia de Hitler, el «loco» más persuasivo que el mundo hubiera conocido.

Entonces preguntó:

—¿Cómo aprendiste a hablar como un locutor de radio?

—¡Con Goebbels! Una vez me enseñó.

—¿Cómo...? ¿Conociste al genio del mal que promovió a Hitler?

—¡Soy amigo de su sobrino, Max! Pero ¡detesto a Goebbels! ¡Le dije con odio que era muy hábil para vendernos al *Führer*!

—¿Y él?

Rodolfo mostró las marcas que le había dejado en la cara una bofetada impulsiva y despiadada.

—Y ¿por qué Goebbels no te mató?

—Me apuntó con el arma, pero Max intervino. Le dijo que yo estaba loco.

—En esa época todavía mostraban compasión por los enfermos mentales —acotó Anna.

El profesor recordó su misión y, animado, indagó:

—Pero ¿dónde vive Goebbels?

—En Berlín, a quinientos kilómetros de aquí —respondió Günter.

Julio Verne mostró su decepción; su blanco estaba muy lejos. Había muchas barreras para llegar a Hitler, y más aún si tenía en cuenta el crudo invierno que atravesaban. Perdió el ánimo.

—Pero me enteré de que la semana próxima visitará la casa de los padres.

—¿Dónde viven?

—En la ciudad más cercana. A unos veinte kilómetros de aquí.

5

NAZIS CAZADORES

El asilo de enfermos mentales del que se encargaba el matrimonio Merkel tenía una puerta de acceso en la parte posterior de la casa. Allí se refugiaban más de treinta pacientes, la mayoría abandonados por sus familiares. Julio Verne fue a visitarlos y se quedó impresionado con el afecto que les prodigaba la pareja. Los abrazaban y besaban en la cara. Los ayudaban una cocinera y un enfermero mayor. No podía vivir escondido; tenía que dar un propósito a su vida. De modo que, junto con Rodolfo, empezó también a ayudar a los pacientes en el asilo. Les contaba chistes, jugaba, les daba de comer, los bañaba y trataba de hacer que se relajaran.

La eutanasia racial todavía no había golpeado a las puertas del asilo de los Merkel. Ingenuos, ni siquiera sabían que Hitler había ordenado eliminar a todos los enfermos mentales de Alemania.

Un día fatídico sucedió algo: durante una de las visitas de Julio Verne, se presentaron cinco policías de las SS. Tres llevaban metralletas. Después de analizar los documentos del asilo y controlar la lista de los pacientes, a la fuerza los transportaron a un hospital de mejor calidad. Los aguardaban tres furgones. Daba pena ver el desalojo de aquellos seres humanos inofensivos e indefensos. Algunos vivían en ese refugio desde hacía años y manifestaban rituales obsesivos, apenas caminaban y tenían el cuerpo encorvado e impedido.

Julio Verne temblaba, no sólo de miedo a que lo reconocieran, sino también porque sabía que iban a las cámaras de la muerte. No podía soportarlo e intentó oponerse.

Un policía lo apuntó con una pistola.

—Son órdenes del *Führer*, señor —le dijo.

Los Merkel no sabían adónde los llevaban ni el porqué de la intervención del profesor. «¿Tendría informaciones secretas?», pensaron. Se resistieron, pues querían mucho a aquellos desprotegidos.

—Nosotros los cuidamos bien. No necesitamos que se haga cargo el Estado —argumentó Günter.

—Usted no me ha entendido, señor. Son órdenes del *Führer*. Los llevamos a un lugar mejor —contestó con voz imponente otro policía, joven, de unos veinticinco años.

—Pero ¡para nosotros son como hijos! No queremos que se los lleven —intervino Anna.

Sin prestar atención a los ojos húmedos del matrimonio de ancianos, los policías agregaron:

—Tenemos que llevarnos también a su hijo. ¿Dónde está?

Rodolfo se hallaba en la sala, con ellos. En lugar de guardar silencio, una vez más mostró su inocencia.

—¿El *Führer* me busca? ¡Qué privilegio! —exclamó con descaro.

Los policías le indicaron con un gesto que los acompañara también, porque tenían información de que era un enfermo mental.

Previendo lo peor, Julio Verne volvió a intervenir:

—Será mejor que el doctor Rodolfo siga ayudando a los pacientes de la zona.

—¿Doctor Rodolfo? ¿Quién es? —indagó uno de los policías.

—El médico más brillante de esta zona —respondió Julio—. Médico como yo.

Aunque dubitativos, los policías lo dejaron. No podían asesinar a un médico de la categoría de Rodolfo.

Después, cuando ya habían cargado en los vehículos a todos los enfermos, Anna y Günter caminaron desolados por el edificio vacío. Entonces ella dirigió al profesor una pregunta fatal:

—¿Adónde los llevan?

Él no respondió. Se limitó a bajar la cabeza. Anna y Günter echaron a llorar, deprimidos. Ya no volverían a oír la voz de sus hijos...

—¿Quién sabe si no están en un lugar mejor, Anna? —dijo el profesor, como para consolarla.

Dos días después Julio Verne descubrió que había dos judíos más en el pueblo: Simeón y la hermosa Sarah, una pareja joven, que se había casado a escondidas hacía apenas cinco meses. Simeón era sobrino de una amiga de Anna, Miriam, cuyas raíces judías se ocultaban bajo siete llaves. Simeón y Sarah vivían en el sótano de la casa de Miriam.

Por la noche, a hurtadillas, la joven pareja fue, junto con la tía Miriam, hasta la casa de los Merkel, a conocer a Julio Verne y a Rodolfo. El riesgo era grande, pero Simeón y la esposa ya no podían soportar más la «cárcel» del sótano. Largas conversaciones, caros afectos; momentos emotivos marcaron la conversación de Julio Verne, Rodolfo y la pareja.

—A mis padres los arrestaron hace tres meses. Los llevaron a otra ciudad. Nosotros huimos hacia aquí —contó Simeón, apesadumbrado.

—A los míos los fusilaron porque se negaron a subir al vagón del tren —añadió Sarah. Enseguida, con los ojos llenos de lágrimas, completó—: A mis dos hermanos los capturaron y los mandaron a Polonia. Los nazis, llenos de odio y desprecio, se burlaban de los judíos deportados diciéndoles que iban a una tierra que mana leche y miel, una tierra donde podrían practicar deportes, escuchar música y trabajar libremente. Pero todos nosotros creíamos que iban al corredor de la muerte. Parece que convirtieron Polonia en el depósito de sus monstruosidades.

Anna, Günter, Miriam, el profesor y Rodolfo escuchaban conmocionados esos relatos. Rodolfo, en un intento de animarlos, hizo unas bromas. Pero resultaba difícil relajarse siquiera un poco en semejante ambiente. En ese ínterin, Simeón preguntó por la identidad de Julio Verne. El profesor no quiso enredarse en complicadas explicaciones sobre su misión. Si lo hacía, se reirían de él.

—Soy un simple profesor de Historia preocupado por el deseo de entender qué clase de especie elimina a sus propios hijos aunque no constituyan una amenaza.

Pasaron dos horas largas de conversación. Poco antes de que la pareja partiera con la tía y regresara al confinamiento del sótano, la supuesta tranquilidad se derritió como el hielo en la primavera. Un grupo de policías de las SS, muy tensos, apareció en el pequeño pueblo de una sola calle. Tres llevaban perros en una de las manos y metralletas en la otra. Cazaban judíos.

Habían recibido una denuncia de Allen, el tío de Rodolfo. Fueron directamente a la casa de Günter y Anna. Golpearon a la puerta con increíble violencia. Todos entraron en pánico, y su desesperación se intensificó aún más cuando oyeron los ladridos de los perros. Segundos después derribaron la puerta y sorprendieron a los judíos cuando intentaban salir de la casa para esconderse.

Apuntando sus ametralladoras, los policías ordenaron que nadie se moviera y que levantaran las manos. Los nazis echaron un vistazo al grupo reunido en la sala y separaron a empujones a la pareja de judíos. Dudaban si Julio Verne era judío o no. Como llevaba un uniforme de las SS, no lo molestaron.

A continuación preguntaron los nombres de los viejos y sujetaron a Miriam, la tía de la pareja. Les habían informado que era de origen judío. Günter imploraba compasión. De repente un soldado le contestó:

—¿Compasión? Ustedes avergüenzan a nuestra raza al proteger a judíos.

Günter trató de interceder en favor de Miriam, que estaba petrificada.

—¡Esta mujer contaminó la raza aria, viejo de mierda! —repuso uno de los policías, y lo apartó de un puñetazo.

Apuntaron a los tres con las armas. Iban a fusilarlos a quemarropa en la propia sala de los Merkel; querían que ellos se encargaran de limpiar. Julio Verne retrocedió, espantado. Le dio taquicardia, quería salir corriendo. Ese episodio no estaba en el *script* de sus «pesadillas». Cerró el circuito de la memoria, incapaz de pensar en nada más que en sobrevivir. Y, además, el miedo a los perros lo paralizaba.

Rodolfo, por el contrario, no sentía miedo. Tenía un bajo umbral de percepción del peligro. Desafiante, socorrió a su padre y se disponía a intervenir, pero de repente unas palabras estremecieron el corazón de todos, menos de los nazis. Simeón superó los valles escabrosos del miedo y habló con intrepidez a los soldados:

—Déjenme decir mis últimas palabras a mi esposa.

Ante su sólida determinación, los militares se lo permitieron.

—Sarah, ¡no pierdas nunca tu fe! ¡Piensa que, aunque nos arranquen los ojos, jamás nos impedirán ver! Aunque nos corten la lengua, ¡jamás nos impedirán hablar! Aunque me destrocen el corazón y me maten, ¡jamás dejaré de amarte!

Se desprendió de las garras de los soldados y la abrazó. Los perros empezaron a ladrar, como envidiosos de un amor inimaginable que sólo los humanos podían sentir.

—¡Te amo, Simeón! Agradezco a Dios por haberte conocido. Ni siquiera la muerte silenciará mi amor... —dijo Sarah entre sollozos.

Simeón elevó en silencio una oración al Dios de Israel y Sarah lo acompañó. La muerte inminente no destruía sus creencias, sino todo lo contrario. Julio Verne había presenciado muchos casos en que la vida corría un gravísimo riesgo, de forma atroz e injusta. En aquellas situaciones la espiritualidad, en lugar de quedar asfixiada por completo, florecía en pleno desierto. Ese fenómeno llevó al pensador Julio Verne a reflexionar que el ateísmo florece más en tiempos de abundancia.

El profesor se emocionó al ver el ferviente amor de la joven pareja. Recordó a la mujer de su vida, Katherine. Prometió en silencio a Kate que un día rompería la cárcel del tiempo, retornaría al siglo XXI y la encontraría de nuevo, costara lo que costase. Los soldados nazis, al contrario del profesor, se mofaron de ellos.

—¡Qué simpático! ¡Los judíos también saben querer!

Ávido de ver sangre, uno anunció:

—Ahora pasemos a nuestra propia declaración de amor. ¡Declaro que los parásitos deben ser eliminados de la Tierra! ¡Declaro, por tanto, que ustedes no merecen vivir!

Y, al son de los aplausos de los demás soldados, él y otros dos policías apuntaron las armas a las cabezas de Simeón, Sarah y Miriam. Cuando iban apretar el gatillo, alguien gritó:

—¡Espere! ¡Dejen que yo mismo acabe con estos judíos! —exclamó el tímido Julio Verne, para desesperación de los Merkel.

Rodolfo, astuto, entró de inmediato en sintonía con el profesor. Exaltándolo sobremanera, dijo:

—¡Es un general de Hitler! —Y le hizo la venia, en saludo militar.

El profesor, con un ademán, le indicó que disminuyera su euforia y le asignara un rango más bajo, ya que de lo contrario los soldados sospecharían que era todo puro teatro.

—General, no. ¡Es un coronel del *Führer*! Un hombre que no sólo caza judíos, sino también nazis estúpidos.

«¡Menos!», le dijo Julio Verne con los ojos; sólo quería que Rodolfo se callara.

—Sí, soy un coronel de las SS.

«¿Qué hace un coronel de las SS en esta aldea?», pensaron los policías. Seguro que no eran más que patrañas. A fin de cuentas, ellos, aunque de bajo rango, eran de la misma policía. A continuación, para mostrar autoridad, el profesor se puso a inspeccionar a los policías que iban a matar a los inocentes, como acostumbran a hacer los superiores con los subalternos. Los perros gruñeron como si quisieran atacarlo. Al tiempo que se esforzaba por superar el miedo a esos animales, ordenó a Rodolfo:

—Haga callar a esos perros, cabo.

—¿Cabo?

Rodolfo quería que lo ascendiera de rango.

—Sargento Rodolfo, ¡haga callar a esos perros ya mismo o irá a la corte marcial!

—¡Sí, señor! —bramó Rodolfo.

Y con audacia y rapidez le dio una palmada en la cabeza al perro más agresivo, que de miedo se comportó como un gato. Todos los perros se escondieron con timidez detrás de los soldados.

Los soldados quedaron confundidos ante esos dos locos. «¿De verdad el sujeto extraño era un oficial de las poderosas

SS? ¿Y ese fulano Rodolfo era en realidad un sargento?», pensaron. La actitud de ambos, aunque incoherente, dio sus frutos; al menos en aquel momento no estallaron los sesos de Simeón y su esposa. Otros tres de los seis policías apuntaron las armas a los dos, con cierto temor, pues los dos vestían uniformes de la élite militar. En la sala todos rogaban que los dos torpes «policías» tuvieran éxito.

—Sus documentos, señor —ordenó el cabo, que era jefe de los policías, a Julio Verne.

—¿No sabe distinguir a un superior, soldado? —exclamó con autoridad el profesor.

—¡Comunique el nombre de este hombre a Himmler, señor! *Bye*, Hitler! —gritó Rodolfo.

Himmler era el líder máximo de las SS, una de las policías más inhumanas y agresivas de la Historia, responsable incluso de la «higiene» racial y el exterminio masivo en los campos de concentración. Himmler, con su colosal aparato policial, era el perro guardián de Adolf Hitler.

—Sí, sargento, a Himmler le gustará saber de la insolencia de este agente —afirmó el profesor.

El cabo tragó saliva, sin aliento. A continuación, para no dejar dudas en cuanto a su identidad, el profesor extrajo del bolsillo unos documentos y los mostró. Eran falsos, pero muy bien elaborados por los que los habían enviado del futuro. De inmediato los policías le hicieron el saludo militar al «coronel». Rodolfo, ídem. Sin embargo, uno no se tragó el cuento.

—Pero, señor, ¿qué estaba haciendo aquí con estos judíos?

Sin titubear, el profesor pidió a Rodolfo:

—Anote el número del agente. Habla demasiado. No tiene la mínima noción de lo que significa el servicio de espionaje.

—Sí, señor —asintió Rodolfo una vez más, al tiempo que tomaba nota.

El cabo, astuto, decidió poner a prueba al «coronel».

—¡Discúlpeme, señor! En tiempos de guerra aflora nuestra inseguridad. Y como usted no es un traidor a la patria y solicitó matar a estos judíos… ¡por favor, tome mi pistola!

Miriam sintió vértigo. Sarah y Simeón entraron en pánico. Anna y Günter quedaron mudos.

Julio Verne tomó la pistola; sentía un sudor frío. Apuntó a la frente de Simeón. Éste bajó la cabeza; no podía pedir clemencia a su amigo. Había llegado el momento de probar el coraje del hombre que quería cambiar la Historia. Cuando estaba a punto de apretar el gatillo, el profesor bajó el arma y se puso a examinarla. Con voz impostada declaró:

—¡Usan armas rudimentarias, agentes! Yo tengo una más potente. —Sacó del bolsillo un pequeño aparato y pidió a los soldados que se aproximaran.

Curiosos, se acercaron. A continuación Julio Verne infligió un tremendo choque eléctrico a tres de ellos, que de inmediato cayeron semiconscientes. Rodolfo asestó un puntapié en los testículos al cuarto y, con un salto impresionante, Julio Verne aplicó una descarga al quinto, que lo apuntaba con un arma. Rodolfo pateó las manos del sexto y último policía, el cabo, para quitarle el arma. De lo más tenso, el hombre arrojó un puñetazo a la mandíbula de Rodolfo, que se quedó aturdido. Luego atacó a Julio Verne, pero el otrora tímido profesor eludió con habilidad el golpe y lo alcanzó con un gancho de derecha. Le dolió la mano, pero valió la pena. El cabo se desmayó.

De manera casi simultánea los atacaron los perros. Cuando el primero le saltó encima, el profesor lo alcanzó con su aparato. El animal lanzó un gruñido de dolor tan fuerte que los otros dos canes huyeron espantados.

—¡Éste es mi general! —exclamó Rodolfo con alegría, mientras intentaba cogerse del sofá. Ingenuo, no sabía que la valiente actitud de Julio Verne había puesto en peligro a toda su familia. Ya no podrían vivir allí.

Algunos agentes, incluido el cabo, comenzaban a volver en sí, pero el profesor les aplicó otra serie de choques eléctricos, con lo que logró desmayarlos por completo.

—Ha mandado al cabo a la tumba —declaró Rodolfo.

—¿Qué? ¿Lo he matado? —preguntó, desesperado, el profesor.

Todos entendieron que no se hallaban ante un militar, sino ante un simple civil espantado por haber matado con sus manos a un asesino profesional.

Rodolfo, para aliviarle la culpa, le dijo:

—No se preocupe, coronel. Yo le destrocé los testículos a ese otro.

Günter se apresuró a decir:

—O los eliminamos a todos y escondemos sus cuerpos, o tendremos que mudarnos inmediatamente de este pueblo. Como no somos asesinos, debemos mudarnos.

—Además, es imposible no dejar rastro —añadió Simeón.

El profesor sabía que deberían separarse.

—Sarah, Simeón, esto ha sido lo máximo que he podido hacer por ustedes. Huyan lo más lejos posible.

Lo miraron aprensivos, no sólo por ellos, sino por la tía que los había acogido. A partir de entonces los nazis la perseguirían.

—Vayan, queridos míos, les doy mi bendición. Busquen un lugar en el campo; es mejor que la ciudad. —Y Miriam les dio una dirección situada a quince kilómetros, en una región montañosa, donde tenía una amiga que podría darles refugio por un tiempo—: En cuanto a mí, volveré a casa.

Intervino Anna:

—No, Miriam, vendrás con nosotros a casa de unos parientes que viven en una ciudad lejos de aquí. Vamos, tomemos lo mínimo necesario y partamos.

Y así Simeón y Sarah los abrazaron y partieron. Sus probabilidades de supervivencia eran mínimas, pero la esperanza es el motor de la vida. *Sin esperanza, se muere, aun viviendo; con ella se vive, aun muriendo.* Julio Verne, que era coleccionista de lágrimas, había comenzado a transformarse en un pequeño coleccionista de esperanzas. Sacó del bolsillo un aparato minúsculo y lo apoyó contra la cabeza de los policías vivos. Emanaba una luz ultravioleta.

Al ver la actitud del profesor, Rodolfo preguntó:

—¿Está matando a esos desgraciados?

—No. Les borro la memoria.

El aparato borraba temporariamente la memoria, tal como ocurre cuando se sufre un accidente.

Anna y Günter se habían casado a fines del siglo anterior, en noviembre de 1899. Vivieron cuarenta y dos años de buen matrimonio. Tuvieron a su único hijo, Rodolfo, tras siete años de convivencia. Amaban Alemania, pero ahora tendrían que ser fugitivos en su propia patria. Anna estaba cansada. Cansada de la guerra, de saber que perseguían y asesinaban a inocentes, de ver que su pueblo seguía los caprichos de un sociópata. Tendría que caminar sobre la nieve y buscar abrigo en aquel invierno riguroso, pero nada le abrigaría el alma. Aunque era una mujer fuerte, tuvo una crisis de llanto. Temía más por el hijo que por sí misma.

—¿Qué tecnología es? —quiso saber Günter sobre el arma que había usado el profesor.

—¡Una tecnología de otra era! —Pero Julio Verne no quería entrar de nuevo en el tema del «viaje en el tiempo». No resultaba comprensible ni disponían de tiempo para eso.

Anna miró a Günter y se acordó de los datos que le había

dado sobre Göring y la solución final. Se convenció de que aquel misterioso hombre conocía informaciones crueles, pero concretas. Julio Verne dijo que debía seguir con su misión. Trataría de concertar el encuentro con Himmler. Rodolfo insistió en acompañarlo, pero Julio no se lo permitió.

—Respete a su coronel. Usted debe proteger a sus padres, sargento. En breve nos encontraremos.

Rodolfo se cuadró en señal de obediencia, pese a que no era lo que deseaba. Tras afectuosos abrazos, el profesor les dio las gracias a todos. Nunca había imaginado que se haría amigo de alemanes en plena Segunda Guerra Mundial.

—Gracias, Rodolfo. Nos veremos pronto.

—Ganaremos esta guerra, coronel.

—En una guerra nunca hay ganadores; sólo perdedores —afirmó el profesor.

Así se despidieron, y cada grupo siguió su propio destino. Agotado, Julio Verne descansó en un establo situado a cinco kilómetros de la casa de los Merkel.

Dormía, cuando un rayo de luz alcanzó sus ojos y lo despertó. Se encontró bajo la mira de varios soldados de las SS.

—Éste es el falso líder de las SS que señaló el veterano Allen.

El tío de Rodolfo había pedido que averiguaran quién era Otto Hamburger, nombre con el que se identificaba Julio Verne cuando se conocieron. Otto Hamburger era un amigo de Rodolfo ya fallecido. Un judío, hijo de padre alemán. Allen, buen fisonomista y excelente dibujante, había esbozado la imagen del rostro de Julio Verne, que entregó a otro grupo de nazis, que no eran los que habían ido a la casa de los Merkel la madrugada anterior. No pretendían convertirlo en blanco de sus proyectiles; querían hacerlo sufrir por haber engañado a las SS.

—¡Estás temblando, canalla! Los judíos se están espabilando.

Y, antes de que Julio pudiera dar alguna explicación, comenzaron a pegarle. No había manera de escapar de la muerte. Tras los primeros golpes y patadas, el dolor fue tal que la mente de Julio Verne se abrió. Surgió una luz intensa y se abrió una grieta cósmica. Sucedió algo inimaginable.

6

PRIMAVERA DE 2045

Neil Armstrong, el primer hombre que pisó la Luna, dijo: «Éste es un pequeño paso para un hombre, pero un gran paso para la humanidad». El viaje a la Luna era un paso rumbo al futuro. Ahora, otro hombre, Julio Verne, daría un paso increíblemente más osado y muchísimo más peligroso: un paso rumbo al pasado.

Julio Verne, un profesor de Historia culto, determinado, brillante orador, capaz de asombrar a sus alumnos con sus clases intrépidas y teatrales, resolvió aceptar la invitación a realizar la travesía más fascinante que pueda emprender un ser humano en esta brevísima trayectoria existencial: un viaje en el tiempo. Un viaje hacia el período más dramático y vergonzoso de la historia de la humanidad: los tiempos de Adolf Hitler.

Su misión: cambiar la Historia. Una misión apasionante y saturada de trampas y consecuencias imprevisibles. Locura o no, ese plan se llevó a cabo...

Notables científicos y militares alemanes gastaron miles de millones de euros en ese proyecto ultrasecreto y, más aún, depositaron en él su salud física y mental, y consumieron noches interminables de sueño. Rehicieron el proyecto 87 veces, y celebraron 1.342 reuniones y debates acalorados. Fueron catorce años, siete meses y dieciséis días de experiencias, pruebas y ajustes. Todo para combinar los parámetros de la teoría de la relatividad de Einstein y de la teoría cuántica de Rosenberg con el fin de construir la magnífica, única y fascinante máquina del tiempo: una esfera de alrededor de veinte metros de diámetro.

Los miembros del equipo, llevados por una euforia incontrolable, observaban con atención y en 3D, mediante múltiples cámaras, mientras el profesor entraba en la máquina. Parecían niños que se mordían los labios de ansiedad en los últimos instantes de la gran partida de su equipo deportivo.

Poseídos por la emoción, se olvidaron por unos segundos de que estaban compitiendo con el tiempo. Se olvidaron de que el tiempo es un dictador implacable, que transforma generales en muchachos tímidos, celebridades en meros seres anónimos, ricos en pordioseros. No se acordaron de las trampas en que podrían caer.

Parecía que se hubieran inyectado dosis elevadas de adrenalina en las venas. Todos se sentían superhumanos. Pero dos personas seguían aprensivas. Representaban la parte más altruista e inteligente de la humanidad: las mujeres. En el territorio de las emociones, Angela Feder y Kate, la esposa de Julio Verne, alternaban generosos accesos de excitabilidad con penetrantes accesos de aprensión. A fin de cuentas, ¿la Historia podría sufrir rupturas con el envío de personajes, como Julio Verne, al pasado?

Mientras Julio Verne hacía una larga caminata por los túneles y ascensores que llevaban a la máquina del tiempo, Angela compartió una vez más su inseguridad con sus pares del proyecto:

—Y si Julio Verne altera sucesos pasados, ¿cuáles serán las consecuencias para la cadena de sucesos futuros, incluso para sucesos banales? ¿Hasta dónde nos afectará, a él, a nosotros, a los miembros del Proyecto Túnel del Tiempo, así como a Europa y toda la humanidad?

—Temo que al alterar la Historia estemos actuando como dioses. Tal vez el viaje en el tiempo pueda provocar que, aquí, algunos cometan un suicidio existencial —insistió Kate, por completo insegura. Y tenía motivos incuestionables para ello.

Catherine, especialista en el área de la psicología social, era una intrusa en el proyecto. Sólo estaba allí porque habían elegido a su marido de entre miles de intelectuales y militares de todo el mundo para que fuera el protagonista del increíble viaje. Y Julio Verne fue seleccionado porque la máquina del tiempo adolecía de un grave problema: no había tecnología extraída de la teoría de la relatividad o de la física cuántica capaz de realizar con seguridad la teletransportación a un pasado específico, es decir, a un día, mes y año específicos, ni tampoco a un espacio predeterminado. Tal vez nunca fuera posible desarrollar tal tecnología.

Entre tanto, de acuerdo con pruebas incansables realizadas durante años, los notables científicos del proyecto llegaron a la conclusión de que el botón de «parar» de la compleja máquina del tiempo debía ser accionado por la más poderosa y poco dominable de todas las energías: la energía mental del usuario. Según su cultura, el pensamiento predominante y su motivación, el viajero lograría modular su viaje hacia un determinado tiempo-espacio. Puesto que era uno de los mayores especialistas en la Segunda Guerra Mundial y uno de los más destacados peritos en la personalidad de Hitler y en las técnicas de marketing de masas del *Führer* y de Goebbels, eligieron al profesor Julio Verne. Aunque no figuraba entre los requisitos esenciales, el hecho de tener ascendencia judía también influyó a favor de tal elección.

El profesor, que en la década de 2040 daba en las universidades brillantes clases sobre las atrocidades nazis, ahora pondría a prueba su heroísmo en un viaje en el tiempo. Pero nunca había sido héroe. Además, su mente, como la de cualquier persona, no era del todo lógica y «gerenciable». Lo traicionaba con frecuencia. Lo llevaba a lugares y a tiempos indeseables.

Por tanto, viajar en la máquina del tiempo era por demás arriesgado. El protagonista podía perderse en el tiempo-espacio. Podía, por ejemplo, ir a los confines del universo o vagar por la era de los dinosaurios. Ésa era una de las preocupaciones de Kate. Los miembros del proyecto, incluidos los científicos y los militares, pese a ser brillantes especialistas en física, química y matemáticas, se sentían igualmente inseguros. Sólo que no lo confesaban.

—¿Qué quiere decir cuando afirma que, al cambiar los sucesos de la Historia, podemos causar un suicidio existencial? —preguntó Kate al líder de los científicos. El notable especialista en física cuántica tenía raros conocimientos sobre el principio de la incertidumbre, pero las incertidumbres sobre la vida lo perturbaban.

—Estudio en detalle la teoría de las relaciones sociales. Supongo que alterar los sucesos del pasado puede cambiar la trama de las relaciones y la cadena de los hechos subsiguientes: el encuentro de los amantes, la unión de los pares, la concepción y, en consecuencia, la existencia de nuestras vidas. Algunos podríamos no llegar a existir. ¿Esa posibilidad no los estremece?

Los científicos y militares de alto rango ya habían discutido ese fenómeno, pero no en profundidad, de modo que no llegaron a conclusiones importantes. Estaban tan ciegos por la determinación de eliminar a Hitler y borrar su influencia de las páginas de la Historia, que consideraron que el riesgo valía la pena. Pero la esposa de Julio Verne fue tan directa e inteligente que los hizo suspirar. Entre tanto, el general Hermann, el líder máximo del proyecto, que también era un científico brillante, conocedor íntimo de la teoría de la relatividad, consideraba que la posibilidad planteada por la «intrusa» carecía de fundamento.

—Eso es imposible, señora Kate. Estamos aquí, vivos, en el presente; somos concretos, reales, no un delirio existencial. Si somos concretos en el tiempo presente, ninguna alteración en la cadena de sucesos del pasado puede abortarnos.

—¿Usted cree? —contestó Kate, todavía dubitativa.

—Tengo la convicción física y filosófica de que, si Julio Verne alcanza el éxito, de alguna forma los acontecimientos pasados se reorganizarán para que nuestros padres se encuentren, conciban, gesten y eduquen a esas lindas criaturas que forman parte del más increíble proyecto de la humanidad —afirmó el general.

Todos los notables miembros del Proyecto Túnel del Tiempo echaron a reír. Pero en el fondo nadie se sentía seguro de nada. Theodor comentó:

—El ser humano siempre ha temido las nuevas tecnologías, y en la gran mayoría de los casos ese miedo era una tecnofobia infundada. Los científicos deben ser osados, deben avanzar por senderos nunca antes recorridos y llegar a metas jamás alcanzadas. Desde luego, deben hacerlo dentro de los límites de la ética.

—Pero ¿es ético tratar de cambiar la Historia? —indagó Kate. Mientras, Julio Verne se preparaba para el primer viaje en el tiempo.

—¿Es ético ver que un paciente está muriendo y no socorrerlo? —replicó Hermann, alterado.

—No —respondió Kate.

—¿Cuál es la diferencia entre socorrer a un paciente del tiempo presente o del tiempo pasado? Si hemos desarrollado esta tecnología, aunque sea ultrasecreta, al no utilizarla no estaríamos, en hipótesis alguna, siendo éticos. Yo creo en Dios, y, si él nos dotó de tal capacidad, ¿no deberíamos dar todo lo que tenemos por la humanidad y por servir al prójimo, aun cuando ese prójimo esté en un pasado distante? —ponderó Theodor.

Angela Feder acalló su aprensión. Convino en que opinaba de igual manera e intentó aliviar la ansiedad de la esposa de Julio Verne:

—Kate, ¡si se pudiera rescatar a un solo niño de la cámara de la muerte de Auschwitz, la existencia del proyecto valdría la pena!

Elegido como protagonista de la misión, convencido de que el proyecto no era fruto de científicos psicóticos, sino de la más sofisticada ingeniería moderna, y ya superada su gigantesca resistencia inicial, Julio Verne, apoyado por Kate, había planteado algunas cuestiones filosóficas a los miembros del equipo, algunas de las cuales Kate volvía a proponer. Pese a que se hallaba allí hacía ya un tiempo, incluso para que Julio Verne se preparara para la misión, todavía todo le resultaba muy nuevo. No obstante, después de oír los argumentos del general Hermann y los científicos Theodor y Angela Feder, Kate calló. Aunque era siempre generosa, percibió que en aquel momento pecaba de egoísmo.

Julio Verne fue conducido a la máquina del tiempo por tres personas a las que no conocía. La ansiedad le sofocó la emoción. Quería hacer algunas preguntas, relajarse, pero sus escoltas eran militares técnicos y fríos, especialistas en cumplir órdenes, no en discutirlas. Bajaron en ascensor hasta un inmenso túnel en el subsuelo. Respiración profunda, corazón galopante, piel acalorada, mente inquieta, tensión subyacente y sufrimiento anticipado formaban parte del menú psíquico y psicosomático del profesor, ahora un frágil viajero.

Al salir del ascensor se quedó deslumbrado. El local era surrealista, estaba completamente iluminado y su espectro de luz era casi tan fuerte como la irradiación del Sol sobre la Tierra; sin la protección de un mono de tela especial, se habría quemado. Dentro de la máquina podría quitárselo y quedarse con la ropa que llevaba debajo, el uniforme de un oficial de las SS. Si quería encontrar a Adolf Hitler, tendría que usar disfraces muy bien pensados.

La fuente de energía no provenía de un reactor de fisión nuclear, sino de fusión nuclear, mucho más poderosa, capaz de reemplazar la luz solar. Columnas indescriptibles de materiales translúcidos se esparcían por el ambiente. Había paredes revestidas con una especie de espejo liso que reflejaba la luz en todas las direcciones. Mirar las paredes sin gafas protectoras era una invitación a quedar ciego; el brillo lesionaba de manera irreversible las células de la retina. Minutos después de bajar, tras caminar doscientos metros, llegaron al centro del laboratorio.

La máquina del tiempo era una esfera enorme, de casi veinte metros de diámetro, que circulaba a alta velocidad. Julio Verne experimentó un leve ataque de pánico, le faltaba el aire y se llevó las manos a la garganta. «¿Cómo entraré en la esfera?», pensó.

De repente recibió instrucciones en 3D proyectadas en el aire a su izquierda. Entraría en la máquina del tiempo a través de un vehículo autopropulsado que circularía a la misma velocidad. Las velocidades se anularían y el profesor tendría la sensación de hallarse quieto, aunque sólo en relación con la puerta de entrada de la esfera. Superordenadores instalados dentro de la máquina controlarían todos los procesos, incluso los órganos vitales de Julio Verne.

Entonces, volando alto, surgió el vehículo que lo llevaría al lugar de acceso a la máquina. Entró en la pequeña aeronave, que lo condujo hasta la mitad superior de la esfera y comenzó a girar con rapidez alrededor de la máquina. Cuando alcanzó la misma velocidad de la esfera, la puerta del vehículo y la de la esfera se abrieron automáticamente. Julio Verne pasó al interior del aparato. No había nada, ningún control digital, ningún instrumento.

Se sentó en la butaca y de inmediato su cuerpo fue revestido con una especie de manto de protección en forma de gel. Sólo quedó al descubierto su cara, aunque protegidos los costados de la cabeza. El manto le cubrió el contorno de los brazos y las piernas.

Se gastaría una inmensa energía para producir un pequeño «agujero de gusano», una cuerda cósmica para eyectarlo al pasado. La aplicación con que se habían preparado para el viaje en el tiempo exigía la fuerza del pensamiento. Como experto en sucesos de la primera mitad del siglo xx, Julio Verne tendría que canalizar su energía mental hacia una época adecuada para cumplir su misión. Pero dentro de la sofisticada máquina se sintió dominado por la inseguridad y la ansiedad.

La máquina comenzó a girar a una velocidad inimaginable; le daba la impresión de que su cuerpo iba a desintegrarse. Los segundos parecían eternos. Apenas conseguía pensar en la meta; todo parecía una locura. De repente, como si se deslizara por un inmenso tobogán, sintió que caía o flotaba libremente en el tiempo y el espacio.

De pronto, en el lugar donde se encontraba la máquina del tiempo se oyó un gran estruendo. Se encendían y apagaban luces digitales, y en todo el ambiente resonaba una sirena ensordecedora. Algo había salido mal. Hacía poquísimo tiempo que Julio Verne se hallaba dentro de ella. Intentaron retirarlo enseguida, para repetir el proceso de entrada. Un militar muy bien entrenado subió al pequeño vehículo, que giró alrededor de la máquina. Tras alcanzar la misma velocidad, las puertas se abrieron y al fin sacó de allí a Julio Verne.

El profesor sangraba por la nariz. Tenía hematomas en varias partes del cuerpo, y un edema alrededor del ojo derecho. Desesperado, luchaba como podía, lanzaba puñetazos a diestro y siniestro. Minutos después se calmó. Pensó que estaba en una cámara de gas y que iba a morir. Sintió que le faltaba el aire.

Los miembros del equipo que observaban su rescate, al ver algunos de sus golpes se preocuparon mucho. Kate se mordía las uñas; le lagrimeaban los ojos.

—¿Qué le ha pasado a Julio? —preguntó al equipo.

Nadie respondió, nadie sabía nada. Los médicos entraron en acción. Se lo llevaron en una camilla, corriendo, a administrarle los primeros auxilios. Nadie podía entrar en la sala de atención médica, ultramoderna. Tras practicarle algunos exámenes, constataron que estaba fuera de peligro. Horas después, todavía muy dolorido, Julio Verne se despertó. Bien dispuesto, quería hablar con todo el equipo. Los militares y los científicos se alegraron al verlo de buen ánimo. El general Hermann le pidió disculpas y le agradeció su coraje.

—Por desgracia, profesor, hubo un problema con la máquina del tiempo. El campo de energía no fue suficiente para producir un campo magnético capaz de generar un reflujo en el tiempo para enviarlo a otra época. Pero estamos seguros de que el problema se solucionará.

—¿Cómo? —preguntó Julio Verne, espantado—. ¡Si ya he viajado en el tiempo! —exclamó, para perplejidad de todos.

Los integrantes del equipo se miraron de reojo, incluida Kate. Pensaron que los efectos de la máquina le nublaban la razón.

—Usted no ha salido de la máquina del tiempo —afirmó Theodor.

—No, están equivocados. Viví una semana en la casa de los Merkel, en un pequeño pueblo. Conviví con Günter, el padre, Anna, la madre, y Rodolfo.

—Pero ¿cómo puede ser? ¡Si ha pasado menos de un minuto dentro de la máquina! —replicó Theodor.

—¿Un minuto? ¡Imposible!

—Más precisamente, cincuenta y seis segundos —confirmó otra científica, Eva Groener, envuelta en un escepticismo frío—. ¿No habrá soñado algo mientras estaba dentro de la máquina?

—He vivido situaciones reales. ¿Le parece que mis hematomas son producto de un sueño? ¡No estoy loco! —rebatió él, agitado. Y mostró las heridas en los costados, en las piernas, más las que se le veían en la cara.

Al otro lado del vidrio que separaba la sala de atención médica de otra sala para «visitantes», todos lo miraban inquietos.

Unos científicos conjeturaron que los hematomas eran secuelas de la vibración y la rotación de la máquina, o una automutilación.

De repente Julio pestañeó y despejó su campo visual: identificó a Kate entre los presentes.

—Kate, querida, ¡te he echado tanto de menos…! He conocido a una pareja de enamorados, Simeón y Sarah. Rara vez he visto un amor tan grande, salvo el nuestro.

A Kate le sorprendió el comentario. Por la rapidez de la experiencia, ella no había tenido tiempo de echarlo de menos, aunque sí había experimentado gran temor al verlo entrar en la compleja máquina.

Julio Verne añadió:

—Por suerte, cuando Simeón y Sarah iban a ser fusilados por los nazis, intervinimos Rodolfo y yo, y los salvamos, al menos por un tiempo.

Kate, ansiosa y repleta de dudas, preguntó:

—Julio, mi amor, ¿en qué año has estado?

—Cuando entré en la máquina intenté concentrarme en

1921, antes del inicio de la formación del partido nazi. Quería encontrar a Hitler cuando todavía era débil y desconocido, pero fui enviado a veinte años después, a diciembre de 1941, cuando ya hacía cinco meses que se había dado la orden de la solución final de la cuestión judía.

La orden de la solución final era la autorización para el asesinato masivo de judíos, sin diferencias de edad ni identidad.

—Fracasé, Kate, fracasé. Los campos de concentración ya se habían convertido en fábricas de exterminio en masa. Fracasé —repitió.

Todos los miembros del equipo del Proyecto Túnel del Tiempo mostraban un semblante afligido y cargado de dudas. Innumerables preguntas les atravesaban la mente. «¿Cómo es posible que Julio Verne haya viajado una semana por el pasado si, en el presente, ha transcurrido menos de un minuto?», se cuestionaban.

Pero, al mismo tiempo, se sentían animados ante la posibilidad de que quizás estuvieran errados. Si el profesor no deliraba, la máquina del tiempo había funcionado. No existía noticia más vibrante. El general Hermann y el físico Theodor aseguraron a la pareja que la máquina ya funcionaba. No obstante, las pruebas no eran incuestionables. La experiencia estaba saturada de riesgos, algunos incalculables.

Le aseguraron que se trataba sólo de procedimientos de rutina. El doctor Runner, un neuropsiquiatra serio, poco flexible e impaciente, que más parecía un general que un profesional de la salud mental, auxiliado por una psicóloga afable, Laura, lo sometió a numerosas pruebas. Luego le hicieron cientos de preguntas cualitativas y cuantitativas. El profesor empezó a desconfiar del tipo de diagnóstico que podrían darle aquellos especialistas, todos miembros de las fuerzas armadas.

Los profesionales que lo interrogaron no estaban calificados para decir si él había viajado o no en el tiempo, pero sí eran responsables de declarar si su raciocinio y su pensamiento crítico no habían sufrido alteraciones. Después de todo, el proceso analítico, que duró ocho largas horas, llegó el resultado, que no resultó concluyente. Pero el doctor Runner, jefe del equipo, presentó su informe:

Aunque el señor Julio Verne posee una mente culta y un raciocinio agudo, que se esfuerza por integrarse a los parámetros espacio-temporales actuales, existe una gran posibilidad de que esté desarrollando una esquizofrenia paranoica, caracterizada por ideas persecutorias evidentes. Su inconsciente, muy fértil, creó imágenes mentales que le indican que estuvo en el pasado, más específicamente en el agitado período de la Segunda Guerra Mundial, y su consciente cree, sin lugar a dudas, que fueron experiencias irrefutables y, por tanto, verdaderas.

Dr. RUNNER BRANT
Mayor del ejército y especialista en psiquiatría forense

El profesor no constituía ejemplo de una persona calma, pero sí era muy prudente, sensato y dueño de un razonamiento lógico envidiable. Insistió en que se le diera acceso al informe, que leyó a solas en una oficina contigua a su cuarto. Indignado y tenso, dio un puñetazo contra la mesa. Cayeron varios objetos.

—¡Ese psiquiatra es un loco! ¡Quiere internarme!

Luego respiró hondo y trató de controlarse. Levantó los objetos caídos, uno por uno, y entonces apareció una nota, flotando en el aire. La cogió. Cuando la leyó y se quedó atónito, mudo. Decía:

Estimado Julio Verne:

La mayor locura es vivir sin un sentido existencial. Sin sentido, vivimos por vivir, la vida no tiene brillo, el caos no nos ayuda a madurar, la cultura no nos lleva a la sabiduría. Sin propósito, los alimentos, por muy abundantes que sean, nutren el cuerpo, pero dejan hambrienta el alma. Sin propósito, vivimos en un campo de concentración mental, aun rodeados de jardines. No tema morir en Auschwitz; tema vivir una existencia sin sentido.

VIKTOR FRANKL

Julio Verne se sentó, muy perturbado.

—¡No es posible! El doctor Viktor Frankl murió hace más de medio siglo. Era un médico vienés y lo recluyeron en Auschwitz, pero escapó de ese infierno. Uno de los factores que lo ayudaron a escapar fue su capacidad de cultivar en su mente la esperanza en medio del caos, «flores en el desierto», motivación para vivir cuando sólo era posible ver desgracias, cuerpos consumidos, muertes sumarias e injusticias intolerables. El doctor Frankl liberaba su imaginación para rescatar un sentido de vida, incluso cuando el hambre destruía millones de células de su cuerpo. Soñaba con salir vivo de aquella cloaca humana y poder abrazar a sus seres queridos, aun sabiendo que

70

probablemente estarían muertos. Pero seguirían vivos dentro de él...

Bajó la mirada al papel y lo releyó.

—¿Qué significa ese mensaje? ¿Encontrar sentido a la vida en Auschwitz? ¡Nunca estuve preso en ese campo! ¡Estaba en la casa de Rodolfo, Günter y Anna!

Enseguida, en un raro momento de inseguridad, agregó, siempre hablando consigo mismo:

—¿Estaré volviéndome loco, Dios mío? ¡No es posible que todo haya sido creado por mi mente!

De repente Kate entró en la sala. Como su esposa siempre se había resistido a que entrara en la máquina del tiempo, Julio escondió la nota. Necesitaba reflexionar mejor sobre aquello. Si Kate la descubría, se afligiría aún más, quizá pensara que era producto de su delirio.

Kate leyó el informe psiquiátrico y también se indignó.

Los líderes del equipo, aunque aprensivos ante el informe, lo miraron con reserva. No podían sobrevalorar la evaluación, pues en tal caso deberían descartar al elegido. Además, el proyecto estaba saturado de estímulos estresantes y, por consiguiente, era casi imposible no alterarse un poco con los sucesos que implicaba, y más aún en el caso de Julio Verne, que se hallaba en el epicentro. La verdad es que todos se sentían ganados por la ansiedad. El profesor tampoco podía mostrar la extraña nota a los miembros del proyecto, ya que nunca había estado en un campo de concentración; su historia era diferente. Le convenía, en ese clima psicótico, preservar un poco de cordura.

No había un solo miembro, entre los militares de primer nivel y los científicos que participaban directamente en el proyecto, que no hubiera disminuido el umbral de expectativas ante la frustración. Pequeñas contrariedades invadían el territorio de la emoción y los irritaban.

—Para mí, el profesor confunde viajes en el tiempo con viajes mentales, pesadillas con realidad.

—¡Eva! ¡Usted siempre se empantana en el lodo de la duda! —reclamó Theodor sin afecto—. ¿Cómo explica las heridas del cuerpo del profesor?

—Todo esto me está enloqueciendo. Las consecuencias que aparecen no me dejan dormir —dijo Angela.

Eva asintió con un gesto de la cabeza, para dar a entender que tampoco ella podía conciliar el sueño.

—El miedo es la peor cárcel humana. Tenemos que reciclar nuestro miedo y llevar el proyecto a las últimas consecuencias, cueste lo que cueste —afirmó Arthur Rosenberg, otro militar de alto rango que actuaba en el proyecto. Lúcido, determinado y pragmático, no admitía errores.

De repente llegaron Julio Verne y Katherine para una reunión. Todos se callaron y se sentaron a una gran mesa ovalada. Como nadie se atrevía a iniciar la conversación, el profesor tomó la palabra y su primera reacción fue, una vez más, castigarse. Adoptó la posición de antihéroe.

—Fracasé. Pero por lo menos encontré un punto de mutación de la Historia...

—Pero tal vez ésta haya sido sólo la primera misión. Si lo desea, podrá continuar intentándolo —lo alentó el general Hermann, rogando que Julio Verne no desistiera nunca.

—La realidad es más cruel de lo que nos cuentan nuestros libros de Historia, incluidos los que escribí yo. *Los libros traicionan la realidad cruda cuando en palabras frías traducen el dolor de los demás.* El lector, por muy sagaz que sea, no rescata las miserias humanas.

Y Julio comentó que Alemania vivía una psicosis colectiva. Los nazis habían perdido por completo la sensibilidad humana. Vivían un primitivismo inimaginable. No pensaban como especie, no se ponían ni aun mínimamente en el lugar de los otros.

—Pero todavía podemos derrotar al viejo Adolf. ¡Su misión, aunque difícil, aún puede lograr el éxito! —afirmó Theodor, como para infundirle ánimo.

Éste no tendría el coraje del profesor para entrar en la máquina y, aunque se atreviera, su cultura sobre la Segunda Guerra Mundial y su energía mental no alcanzaban el nivel necesario para retornar a los tiempos de Hitler. Se perdería en el tiempo, vagaría errante por el espacio.

El profesor miró a Theodor a los ojos, y luego a todo el equipo, incluida Kate, y reveló sus dudas.

—¿Cómo voy a cambiar la historia de la humanidad, si apenas logré evitar la muerte de una pareja joven a la que conocí? ¿Cómo voy a escapar de las garras del nazismo, si no conseguí escapar de unos simples policías que me golpearon? No sé si soy el hombre indicado...

—Profesor, la humanidad no necesita héroes, sino seres humanos conscientes de sus limitaciones. Los que más han contribuido a cambiar la historia de la humanidad, en las ciencias, la filosofía o la espiritualidad, fueron personas de carne y hueso que en algunos momentos atravesaron el caos —dijo Eva Groener, con la intención de inyectar combustible en el ánimo del profesor.

—Considere el ejemplo de Jesús. A él no le dio vergüenza llorar frente a sus discípulos y gritar: «¡Aparta de mí este cáliz!», pero después aceptó su misión... «Que no se haga mi voluntad, sino la tuya» —agregó Angela Feder.

—Se olvida de que soy judío.

—Ah, disculpe —respondió Angela—. He usado ese ejemplo porque en otras épocas no creían en Jesús como el Cristo.

—No se preocupen. Conozco la historia de Jesús y lo admi-

7

LA GRAN DECISIÓN

Los miembros del Proyecto Túnel del Tiempo buscaron pruebas de que Julio Verne en verdad había viajado en el tiempo, como tejidos antiguos, sustancias químicas, ADN de otras personas..., pero lamentablemente no encontraron nada concreto, salvo los golpes evidentes en el cuerpo del profesor, que tardó varios días en recuperarse.

El intenso estrés mental que había sentido en la casa de Rodolfo, la indignación por las atrocidades cometidas por el nazismo y en particular el riesgo inminente de morir produjeron ondas cerebrales que accionaron una cuerda cósmica que se conectó con la máquina del tiempo para hacerlo retornar a su presente. Por lo menos era eso lo que el profesor creía. Pero la ciencia no se alimenta de creencias; todos lo sabían.

Restablecido en parte, a continuación lo sometieron a una minuciosa evaluación psiquiátrico-psicológica. Para los líderes del equipo era importante descubrir si Julio estaba mentalmente confundido o presentaba un comportamiento simulatorio; a fin de cuentas, habían invertido una fortuna enorme en el megaproyecto, además de los cientos de personas que desde hacía más de una década consagraban su inteligencia y su historia a la ejecución de aquel experimento.

Para no incomodar al profesor, no mencionaron que alimentaban cierta desconfianza en cuanto a su salud intelectual.

ro muchísimo. Él se anunció como mesías, aunque yo no lo vea así. En cuanto a mí, nunca tuve vocación mesiánica. Todos los días muero un poco. Me asalta el miedo. No sólo el miedo a morir, sino... también el miedo... a matar... —confesó Julio Verne con voz cortada. Miró con firmeza a Kate, y quiso confesarle algo que lo asfixiaba—. Kate, yo... yo...

—Dime, querido...

—Maté a un hombre...

—¿Cuándo? —preguntó ella, inquieta.

—En este viaje que he hecho... He matado a un nazi, un cabo, con mi arma de choque eléctrico. Fue horrible.

El general Hermann, que dudaba de que Julio Verne hubiera viajado de verdad en el tiempo, intentó mitigarle la culpa, aunque, en principio, hubiera ocurrido sólo en su imaginación.

—Casi seguro que ese nazi, al que supuestamente usted mató, ya se había ensuciado las manos con decenas de muertes.

—Pero yo no soy un asesino, general; soy un profesor. *Un general recluta jóvenes para la guerra, mientras que los profesores cultivan los suelos de la mente de los alumnos para que se pongan en el lugar de los otros, valoren su vida y no hagan guerras...*

El general casi se quedó sin aliento ante esa tesis poética.

—Piénselo de este modo: usted no mató a un asesino, sino que salvó de la muerte a muchos judíos.

Julio Verne se pasó las manos por la cabeza, para calmarse. A continuación comentó algo que lo consternaba.

—Hitler hipnotizó a la juventud alemana con técnicas de marketing de masas. Eso lo sabemos todos. Pero lo que nadie dice es que los alemanes no eran guerreros ni se sentían una raza superior. En realidad, sufrían de complejo de inferioridad.

—¿Por qué? —indagó Eva Groener, que nunca había pensado en ello.

El profesor explicó:

74

—Los alemanes se sentían inferiores por haber perdido la Primera Guerra Mundial, por el desempleo masivo, la inestabilidad alimentaria y el Tratado de Versalles. En tres años de propaganda masificadora orquestada por los nazis, los alemanes pasaron del complejo de inferioridad al complejo de superioridad.

—Si los alemanes, que representaban la cumbre de la cultura de su tiempo, fueron víctimas del marketing de masas, ¿qué pueblo, en la actualidad, está libre de caer en lo mismo?

—Ésa es mi tesis, Eva, una tesis que me quita el sueño. Por eso he escrito estos libros. Pero parece que soy una voz solitaria en una sociedad digital, aun cuando cuente con muchos lectores y alumnos que me admiran. Podrá haber nuevos holocaustos si no contamos con una juventud autónoma, que forme sus propias opiniones y cultive el pensamiento crítico. Surgirán nuevos sociópatas, que usarán las redes sociales. ¿Tal vez sea mejor prevenir el surgimiento de los «Hitlers» del futuro que eliminar al Hitler del pasado?

—¡Yo pienso lo mismo! —se apresuró a opinar Kate.

El general Hermann miró a Julio Verne a los ojos y le asestó un golpe fatal.

—Si es cierto que usted viajó en el tiempo, habrá sentido un poco del dolor que experimentaron nuestros semejantes en las garras del nazismo. ¿Ese dolor no basta para romper la cárcel del egoísmo y llevarlo a tratar de aliviar el sufrimiento de los demás?

El profesor respiró hondo. El general tenía razón. Pensó no sólo en los millones de judíos, marxistas, eslavos, gitanos y homosexuales aniquilados por el nazismo, sino también en las familias alemanas.

—Debe de haber miles de familias como la de los Merkel, que conservaron su altruismo. Hitler las estaba destrozando.

Sin embargo, no tuvieron... no tienen poder alguno. Si vuelvo al pasado, tendré que trabajar solo, o, a lo sumo, con algunos locos brillantes como Rodolfo.

—¿Rodolfo? —preguntó Kate.

—Un amigo psicótico, más inteligente que algunos intelectuales.

Todos guardaron silencio. Luego habló Erich, otro científico del equipo, para alentarlo.

—No desista. Recuerde que la ciencia no puede vivir de una experiencia inválida. Es preciso repetirla.

En aquel momento el profesor de Historia sintió un dolor en la columna, en la nuca, donde lo había golpeado un nazi mientras él intentaba protegerse la cara.

—¡Ay! ¡Ese miserable me dio sin compasión! —Y confesó—: Uno de mis terrores nocturnos accionó la interrupción del viaje en el tiempo. —Y contó el motivo por el cual había ido a parar a casa de los Merkel. Pero añadió que se había producido una distorsión en las fechas.

—¡Fantástico! —exclamó Angela—. Creíamos en la hipótesis de que las ondas cerebrales son los mecanismos que eyectan a un viajero del tiempo en un lugar y un momento específicos. Aquí tenemos la prueba viva.

—¿Ustedes *creen* en esa hipótesis? ¿No están seguros? ¡Yo entré en la máquina convencido de que existía una certeza científica!

Otro momento de silencio. El profesor se sentía como una cobaya. Theodor trató de dar sus explicaciones.

—Profesor, lo que diferencia la ciencia del misticismo es la organización de los datos, el análisis de éstos, la oportunidad de verificar las hipótesis y la predicción de fenómenos. Todo eso tiene que expandir la probabilidad de acierto.

—Estimado Theodor, su discurso es brillante, pero en el

fondo sólo disfraza que usted no está seguro de nada... Soy una cobaya del Proyecto Túnel del Tiempo... Por favor, díganmelo con franqueza: ¿de hecho hay alguien, o incluso un animal o algún objeto, que haya ido y vuelto?

Callaron. El profesor sintió el gusto amargo de la traición. También Kate se sentía traicionada. Al verla angustiada, Julio Verne trató de suavizar su indignación y aliviar el estrés del equipo: al fin y al cabo, todos se empeñaban en contribuir al bien de la humanidad.

—Yo, por lo menos, volví, señores y señoras —dijo para dar un toque de humor en medio del clima tenso.

Kate tomó la palabra.

—Pero díganme con sinceridad. Si Julio Verne vuelve otra vez, ¿no experimentará los terrores que sucedieron en sus pesadillas?

Nadie ofreció una respuesta inmediata. Tras una breve pausa, Theodor dijo a la pareja:

—La próxima vez puede ser diferente. La fuerza de voluntad del profesor, dirigida por su amplia cultura, podría llevarlo no al epicentro de los episodios históricos que se representaron en sus terrores nocturnos, sino a un punto de mutación o de viraje de la Historia. Puede llegar a encontrarse cara a cara con el *Führer*. Es una hipótesis viable.

El profesor Julio Verne volvió a aspirar hondo. Sólo que esta vez su temor era más fuerte que el dolor en las cervicales.

—Bien, la hipótesis más viable es que necesito descansar.

Los analgésicos y el estrés lo habían agotado. Los edemas y los hematomas no cedieron con facilidad, lo que le exigió unos días más de recuperación. Durante el proceso, el profesor pensó y se inquietó mucho. El viaje siguiente podía ser un suicidio. Siempre había sostenido que la mejor manera de contribuir a ser feliz era invertir en el bienestar de los demás. «Y ¿ahora?», pensaba. Retroceder significaba ir en contra de esa tesis emocional.

Mantuvo largas conversaciones con su esposa, pero sin revelar lo que pasaba en su interior, en especial acerca de su decisión. Después de comer algo, sintió ganas de declarar su amor a Kate. Al fin y al cabo, si partía, quizá nunca más volviera a verla.

—Kate, eres inolvidable e insustituible. No soy poeta, pero ¿quién necesita dominar las palabras si la mujer a la que ama es su propia poesía?

Ella lo besó, pero estaba ansiosa por su respuesta. Y, al parecer, él se la daba de manera subliminal.

—¿Has decidido?

—Sí... —Hizo una pausa, y completó—: Necesito intentarlo, Kate.

Ella, con los ojos llenos de lágrimas, no lo soportó.

—¿No es una actitud insensata, querido?

—Tal vez... Los locos podrán delirar... pero son más honestos que los que se consideran normales. —Y en ese momento se acordó de la extraña nota que había aparecido flotando en su aposento. Añadió—: Después de todo lo que he vivido, necesito dar un sentido más noble a mi vida. No soportaría limitarme a hablar de la Historia; preciso respirarla.

—Hace unos días te conté que estoy embarazada, y te alegraste mucho. No me dejes, Julio, ni a este hijo con el que siempre soñaste...

—Kate, no os abandonaré jamás. Volveré...

La esposa no se consolaba. En un nuevo intento por disuadirlo, le dijo:

—Aquí todo es extraño, Julio. La gente, este proyecto, esta máquina. Nada es normal. Oí que unos científicos comentaban en voz baja que la máquina es cada vez más inestable. A ti te hirió...

—¿Acaso no crees en mí? ¡No me hirió! ¡Me golpearon unos policías con los que me topé en el viaje...!

—Cálmate, querido...

Le apoyó las manos sobre los hombros, para que se relajara.

—No espero que me comprendas, Kate. Sólo... sólo... —Sin completar lo que iba a decir, confesó en cambio—: *No hago más que ser fiel a mi conciencia... quien no es fiel a su conciencia tiene una deuda impagable consigo mismo. No quiero morir con esa deuda.*

De inmediato percibió su tono brusco.

—Discúlpame; todavía estoy muy tenso. Pero jamás olvides que te amo... Te lo prometo: volveré.

Ella pensó: «¿Cómo?». Y balbuceó:

—Yo también te amo...

El profesor aspiró una honda bocanada de aire, tomó el intercomunicador, llamó al equipo y dio su respuesta.

—Entraré otra vez en la máquina del tiempo.

Los científicos, siempre tan discretos, aplaudieron de contento. Luego exclamaron a coro:

—¡Sabíamos que no iba a fallarnos!

Hasta los militares, por lo general formales, olvidaron las reglas y manifestaron su alegría sin reservas.

Julio Verne agregó:

—Necesito aprender algunas técnicas de artes marciales. Y disponer de armas más potentes.

Atendieron a su solicitud. Le dieron dos semanas más para prepararse. Se entrenó hasta el agotamiento, cerca de diez horas al día, con los mejores luchadores del ejército. También aprendió a usar armas pequeñas, pero de gran eficacia.

8

EL SEGUNDO VIAJE EN EL TIEMPO

Primavera de 1942

En el momento programado, Julio Verne repitió el ritual de la vez anterior. Bajó por el inmenso ascensor y realizó los mismos procedimientos para entrar en la máquina del tiempo. No obstante, dos horas antes, en un ambiente completamente silencioso, había intentado concentrarse en los puntos de mutación de la Historia que quería alcanzar. Pensó en Hitler como un simple soldado en la Primera Guerra Mundial, en el Putsch de la Cervecería de Múnich, en el período de formación del partido nazi, en el derrotado candidato al cargo de canciller. En posición de meditación, había tratado de recapitular la historia, sentirla, respirarla.

Poco antes de entrar en la máquina del tiempo, hizo algunos otros ejercicios mentales para recordar esos puntos vitales. Necesitaba dirigir el viaje. Era un sueño, un delirio, una pesadilla...

Todo volvió a oscurecerse. Oyó un gran estruendo. Le parecía que sus tímpanos iban a estallar. Peor aún que la primera vez, tuvo una sensación de muerte. El corazón le latía con fuerza e intensidad. Como un bebé expulsado del útero, fue lanzado a algún lugar del pasado. Confundido, asustado, quería gritar, llorar, pero no podía respirar. Se sentía sumergido en algo líquido. Al recobrar la plena conciencia, percibió que se hallaba inmerso en agua, a unos cuatro metros de la superficie.

Desesperado, se movió hacia uno y otro lado, hasta que sus manos tocaron unas paredes laterales. Se encontraba en un túnel de agua. Trató de encontrar la superficie. Creyó que no iba a lograrlo, que sus pulmones iban a explotar. Cuando ya no soportaba la falta de oxígeno, al fin sacó la cabeza por encima del agua y respiró como un asmático casi asfixiado que al fin encuentra aire.

—¡Ah! ¿Dónde estoy?

Aferró el extremo de una cuerda atada a un cubo. ¡Estaba en un pozo! Se sentía tan despojado de energía que no lograba recobrarse lo suficiente para trepar. Subía un metro y resbalaba. Subía dos metros y volvía a caer.

Miró hacia lo alto y vio un espacio iluminado. Por la luz del Sol y la temperatura del agua dedujo que al menos no era invierno. Gritó pidiendo ayuda. Pero nada, no aparecía nadie. Intentó descansar. Una hora después reunió fuerzas para realizar un nuevo intento de salir. El pozo tenía siete metros de profundidad y uno veinte de diámetro. Cuando había conseguido trepar hasta la mitad, oyó gritos. Se detuvo y aguzó el oído.

«¿Serán nazis?», se preguntó.

Pero de repente los sonidos calmaron su ansiedad y se tornaron música para sus oídos. Eran niños que jugaban. Parecían felices, libres, corrían sin miedo de aquí para allá. Sonrió. Se animó a terminar la escalada, tan eufórico que le costaba mantener el equilibrio. Se valía de los brazos para izarse con ayuda de la cuerda, y de los pies contra la pared del pozo como apoyo.

Cuando faltaba un metro para alcanzar la superficie, la vieja cuerda se rompió. Al caer se golpeó la espalda contra un lado del pozo y dio con la cabeza en el cubo. Herido y sin nada donde apoyarse, se ahogaría. La máquina del tiempo le produciría una muerte precoz.

Entonces una niña de unos ocho años, Anne, oyó el ruido, se acercó al pozo y gritó:

—¿Hay alguien ahí?

—¡Sí! ¡Por favor, ayudadme, me estoy ahogando!

Asustada, la niña desapareció. Julio Verne, casi sin fuerzas para mantenerse a flote, estaba a punto de hundirse. Cuando ya se rendía, le arrojaron un pequeño salvavidas. Lo agarró como si fuera el objeto más imprescindible y valioso del mundo.

Ahora un niño, Moisés, de diez años, asomó la cabeza por la boca del pozo y gritó:

—¡Aguante! Vamos a sacarlo.

Un minuto después llegaron corriendo el padre y la madre, jadeantes. El hombre preguntaba, inquieto, cómo alguien había podido caerse en el antiguo pozo, que la familia rara vez usaba.

Para rescatarlo, le arrojó una cuerda. Y a continuación él, sus dos hijos, su esposa y tres ancianos alemanes que acudieron enseguida izaron poco a poco a Julio Verne. Cuando asomó la cabeza fuera del pozo, vio que el borde superior tenía forma de margarita.

Se agarró de los pétalos, pero, debilitado, no le quedaban fuerzas para alzarse del todo. Sintió que iba a caer otra vez. Los que lo habían subido se apresuraron a soltar la cuerda y lo cogieron de las manos, hasta que, con enorme esfuerzo, lo sacaron al fin. Esa vez se salvó de morir, pero lo peor aún no había pasado.

El profesor estaba tan cansado que se quedó tumbado en el suelo. Su tórax se movía con rapidez. Tosía y expulsaba el agua que había tragado. Trataba de aspirar oxígeno para reponerse. Exhausto, como muchos casi ahogados, no se hallaba en condiciones de hablar. Sorprendido, el padre del niño, que se llamaba Abraham, observó al hombre vestido con un uniforme nazi. «¿Será un desertor?», se preguntó. Ansioso, lo levantó y, sosteniéndolo en pie, lo llevó al interior de la casa.

—Nadie ha visto nada —les dijo a los hijos, la esposa y los ancianos amigos que lo ayudaron. Todos comprendieron el mensaje. Después llamó a un lado a la mujer y la advirtió—: No hables de nada con el extraño, porque todo lo que digas podría comprometernos. Limítate a curarle las heridas.

Rebeca, la esposa, también entendió las órdenes. Un marido no debía dar órdenes a su esposa, salvo en las relaciones enfermas, pero eran tiempos de guerra. La amabilidad, alimento fundamental de las relaciones felices, había cedido paso a las frases cortas cargadas de tensión y de reproches.

El profesor descansaba en el cuarto de huéspedes, en una cama cómoda. La casa en que se encontraba era una mansión. Abrió bien los ojos y observó admirado los diseños de las vidrieras, las arañas de cristal y el fino trabajo en madera que adornaba el cielo raso. «Este hombre no tiene el biotipo de un ario clásico, pero debe de ser un alemán riquísimo —pensó—. Tal vez sea un empresario o un banquero.»

Rebeca le puso una faja apretada sobre el tórax, para disminuir el dolor. El profesor gemía. Ella juzgaba probable que el extraño se hubiera roto o lesionado algunas costillas.

—¿En qué año estamos? —se atrevió a preguntar Julio Verne.

A Rebeca le pareció una pregunta extrañísima. Optó por el silencio. Él insistió. Pero, obedeciendo la recomendación del marido, ella se limitó a decir:

—Necesita recuperarse. No gaste energía en preguntas.

—Discúlpeme. ¿Cómo se llama? —indagó Julio Verne, sin obtener respuesta.

Quince minutos después apareció el marido, que mostraba

preocupación por las heridas del extraño, y más aún por su identidad.

—¡Buenos días! Soy Abraham.

Enseguida se acercaron los hijos, curiosos.

—Yo soy Moisés.

—Y yo, Anne. Mucho gusto.

El doctor Abraham Kurt era un abogado de éxito, especialista en derecho penal y defensor de los derechos humanos en Alemania. Pero tenía un grave problema: era judío. Vivía en una casa amplia, rodeada de árboles, en un distrito de Fráncfort. Anne y Moisés eran sus adorables hijos. Les habían prohibido asistir a la escuela y, aunque no entendían los verdaderos motivos de tal exclusión, sus padres evitaban explicarles lo inexplicable.

De repente, al oír el nombre de los niños, el profesor abrió las compuertas de su memoria. Comenzó a percibir vislumbres de imágenes mentales que lo habían perturbado. Le parecía que ya conocía aquel ambiente. No obstante, confundido, no lograba organizar sus recuerdos ni sus ideas. Trató de dominar el estrés.

—También para mí es un gusto conocerlos, y muchísimas gracias por haberme salvado —dijo, al tiempo que la cara se le contraía de dolor, por el ligero cambio de posición.

—¿Cómo se llama?

—Julio Verne.

—¡Ah! ¡Usted es el hombre que da la vuelta al mundo en ochenta días! —exclamó el doctor Abraham, en alusión al escritor francés Julio Verne. Trataba de aflojar la tensión.

—Y, sí, soy un viajero del tiempo —bromeó el profesor.

—¿Es oficial de las SS?

La pregunta disparó el gatillo de la memoria de Julio Verne. Si el anfitrión sabía lo que representaba el uniforme: ciertamente había regresado a la época del nazismo. Sintió un escalofrío en la columna. La máquina del tiempo había funcionado nuevamente. Esbozó una sonrisa, pero enseguida sintió verdadera aprensión. Tratando de controlarse, miró a Abraham a los ojos y le preguntó:

—¿Por qué lo pregunta? ¿Admira a la policía secreta de Hitler?

—Prestan un gran servicio al *Führer* —contestó Abraham, eludiendo una respuesta directa. Luego, con un ademán, indicó a los demás que salieran del cuarto.

—¡Sin duda! Sin ellos la gran Alemania no estaría en pie.

—Discúlpeme la pregunta. ¿Cómo cayó en el pozo? ¿Es un desertor?

El profesor se quedó frío como un témpano. Si eso era lo que pensaba, era muy probable que aquel hombre que hablaba un alemán impecable ya lo hubiera denunciado.

—Una vez más, ¿por qué me lo pregunta? ¿Usted apoya a los desertores? —repuso Julio Verne.

—Apoyo la justicia... los derechos humanos... Soy abogado —contestó el anfitrión con un nudo en la garganta y voz insegura, síntomas comunes de una crisis de ansiedad.

A Julio Verne le pareció rara semejante pérdida de espontaneidad. Respondió:

—Caí en el pozo porque andaba por los jardines buscando judíos. Cuando observaba con atención dentro del pozo, me resbalé en la margarita de hormigón y me caí.

El doctor Kurt casi no podía hablar. Sin embargo, como siempre había sido un abogado audaz, elevó el tono de voz en un intento de recobrarse.

—¿Usted cree que hay que exterminar a los judíos? —indagó—. ¿Por qué? ¿Qué mal le han hecho a la sociedad alemana?

Julio Verne se sentó en la cama con dificultad. Sacó su arma,

pese a que ni siquiera sabía si aún funcionaba después de em-
paparse en el pozo.

—¡Usted cree que los judíos son seres humanos iguales a los
alemanes!

—Sí... Lo creo... —afirmó el doctor Kurt; tenía la frente cu-
bierta de sudor, pero no iba a renunciar a su honestidad y su
conciencia. Al mostrar que no se intimidaba en su propia casa,
acabó con las dudas del profesor en cuanto a su sinceridad.

Los hijos, que, escondidos detrás de la puerta, lo habían
oído todo, se echaron a llorar. De pronto irrumpieron en el
cuarto e imploraron:

—¡Por favor, nosotros lo salvamos!

Con una sonrisa, el profesor les pidió un abrazo. La niña,
Anne, sin entender nada, lo abrazó. Haría cualquier cosa para
proteger la vida del padre. A Julio Verne se le llenaron los ojos
de lágrimas. Tendió la mano derecha hacia el doctor Abraham
Kurt y lo saludó.

—Mucho gusto. Soy un ser humano. ¡Yo también soy judío!

Abraham, feliz, le estrechó las manos.

—Nosotros también somos judíos —coreó Moisés. Con una
amplia sonrisa, abrazó al extraño.

9

¿QUÉ HICIERON CON LOS HIJOS DE ALEMANIA?

Cuando Julio Verne se presentó como ser humano y disipó la amenaza que representaba por vestir el uniforme de un oficial de las SS, Rebeca puso una expresión de alegría y exclamó un saludo judío que significa «paz».

—*Shalom!* ¡Dios es bueno! Pero calmaos, niños. El señor Julio Verne está herido.

Sin embargo, el profesor, curioso, preguntó a la pareja:

—Y ¿los tres ancianos que nos ayudaron? ¿No eran alemanes?

Rebeca era una excelente enfermera, especialista en traumas ortopédicos, pero seis años antes, cuando los tentáculos del nazismo pasaron a controlar toda la trama social, había dejado de ejercer su profesión, al menos en hospitales. Generosa, pasó a cuidar de forma gratuita de los enfermos germanos de los alrededores, y en especial de los jóvenes heridos en la guerra. Amable, afectuosa e hipersensible, vivía el dolor de los otros y le horrorizaba ver lo que habían hecho con los hijos de Alemania, el país en que había nacido y que siempre había considerado suyo, aunque en los últimos tiempos se sintiera en él como un cuerpo extraño.

La dócil enfermera no entendía por qué los caprichos de un hombre, Adolf Hitler, habían llevado una nación al caos. Jóvenes de todas las edades, incluso adolescentes, eran alistados en las fuerzas armadas. Percibía que apenas se los consideraba números en el frente, y no seres humanos de inigualable complejidad. Ni conocían la verdadera causa por la que luchaban. «Los sirvientes no pueden pensar» era una de las tesis de Goebbels, el ministro de Propaganda nazi.

El miedo a morir siempre fue más racional que el heroísmo, pero en tiempos de guerra es demonizado. Mediante la repetición de eslóganes que afirmaban que el país se hallaba en peligro, obligaban a los jóvenes reclutados a dar su sangre sin pensar. Todos los dictadores utilizaban esa táctica, aun cuando desconocieran los mecanismos mentales que la sustentaban. No sabían que en situación de altísimo riesgo se cierra el circuito de la memoria, lo que lleva al «Yo», que representa la capacidad de elección, a no tener acceso a miles de ventanas con millones de informaciones en la corteza cerebral para dar respuestas inteligentes en situaciones estresantes, lo cual, a su vez, facilita el adiestramiento de la mente humana. Millones de jóvenes alemanes fueron entrenados para obedecer órdenes y no razonar, un mecanismo sutil que se ha repetido en otras naciones.

Hitler y Goebbels, con suma astucia, también utilizaron la misma táctica con otros fines, para fomentar la confusión. Por un lado, reforzaban la idea del sentimiento de amenaza y humillación por haber perdido la Primera Guerra Mundial y ser sometidos a las penosas condiciones del Tratado de Versalles, y por otro, vendían la afirmación de que el país estaba destinado a tener supremacía mundial. El marketing que fluctuaba entre el cielo y el infierno, la humillación y la exaltación, la inseguridad y el poderío militar devastaba el inconsciente colectivo, y así entorpecía la conciencia crítica. No sólo las drogas generan adicción; también el marketing de masas.

La paranoia de Hitler en cuanto a dominar Europa, incluidos el Este europeo y Rusia, llevaba a frecuentes campañas suicidas. Hitler era un irresponsable con sus jóvenes, aunque por el momento sus ataques relámpago surtían efecto. Los soldados pobres, heridos en esas campañas, retornaban a sus casas sin asistencia del gobierno. En la región de Fráncfort, no pocos fueron cuidados por Rebeca.

Cuando Julio Verne preguntó sobre la identidad de los tres ancianos que ayudaron a sacarlo del pozo, ella misma respondió:

—Son alemanes, y pacientes míos. Soy enfermera. —Agregó—: Hitler silenció la voz de la mayoría de los alemanes, pero no sofocó la sensibilidad de algunos.

Al doctor Kurt le fascinaba haber encontrado a un judío... Creía que ya los habían deportado a todos.

—No sabía que todavía quedaban otros judíos en la zona de Fráncfort.

—¿Por qué lo dice? —indagó ansioso el profesor. Luego, al caer en la cuenta, otra vez deseó saber en qué año estaba. Pero antes de que lo preguntara, el doctor Kurt le dio una información que le atravesó la mente como una daga.

—Porque los judíos a los que no mataron fueron deportados a Polonia.

Se ensombreció el semblante de Julio Verne. El doctor Kurt, por la ausencia de información, no sabía que en Polonia habían instalado la mayor industria de destrucción humana de la Historia. Y esa máquina mortífera no eliminaba sólo a judíos, sino también a eslavos, marxistas, gitanos, políticos opositores y otras minorías.

—¡Ah, Dios mío, no! ¿En qué año estamos? —preguntó jadeante.

El doctor Kurt miró a su esposa, pensando que Julio Verne tenía la mente confusa.

—¿No sabe que estamos en mayo de 1942? —dijo la pequeña Anne.

—¡Ah! ¡No...! ¡No...! ¡Es imposible! De nuevo estoy adelantado en el tiempo… —murmuró, descontento, el profesor.

—¿Qué quiere decir...? —preguntó el abogado.

Julio Verne no tenía ánimo para responder. Su misión, una vez más, casi había fracasado. El Holocausto ya se había iniciado. Había perdido la oportunidad de encontrar los puntos de mutación de la Historia, de interferir en los grandes sucesos que alterarían los destinos de la Segunda Guerra Mundial.

—Por favor, ¿qué quiere decir con «estoy adelantado en el tiempo»? —insistió el doctor Kurt.

Desconsolado, Julio comentó con voz entrecortada por la frustración:

—Soy profesor. Especialista en dar explicaciones... Pero si les explicara lo que hago aquí, no lo entenderían...

—Inténtelo. Si no, nunca sabrá si somos o no capaces de entenderlo —respondió con paciencia Rebeca.

—¿De qué escuela viene? ¿Dónde vive? —preguntó Moisés.

Por completo desanimado, el profesor contestó, sin elegir las palabras:

—Vine del futuro, del siglo XXI, con la misión de cambiar la Historia. Soy un fracasado viajero del tiempo.

De nuevo el anfitrión miró a la esposa y los hijos y les hizo una señal para que no lo juzgaran.

—¡Qué bueno! Un viajero del tiempo, papá —comentó Anne.

Para el doctor Kurt, sin embargo, la respuesta no hacía más que confirmar sus sospechas. Era casi imposible mantener la mente imperturbada ante las atrocidades del nazismo. Por cierto, aquel pobre hombre había sufrido la mutilación de sus sueños, su profesión, su familia y su sentido de la vida. El miedo y la soledad debían de formar parte diaria de su gama emocional. Era un crimen exigirle un razonamiento lógico.

Mientras el doctor Kurt trataba de entender las penurias psíquicas de Julio Verne, éste experimentó una súbita claridad en cuanto a su viaje en el tiempo. Logró reorganizar la memoria y rescatar recuerdos. La energía mental de una de sus pesadillas había vuelto a guiar la máquina del tiempo. Sabía dónde se encontraba y quiénes eran aquellos personajes. Sorprendió al jefe de la casa.

—Usted dijo que es abogado... Sé que es perito en derechos humanos, de fama internacional.

—Y ¿cómo lo sabe? ¿Ha sido cliente mío?

—No —respondió el profesor—. Pero también sé que su hija tiene ocho años y su hijo, diez.

—No es una conclusión difícil —intervino la madre.

—Su padre, Rebeca, se llama Isaías y fue comerciante de géneros en Berlín, antes de mudarse a Fráncfort. Usted tiene un hermano y una hermana.

—¿Cómo sabe todo eso? —cuestionó ella, sorprendida.

—Y usted, doctor Kurt, tiene tres hermanas; una vive en Inglaterra, y las otras dos fueron deportadas en 1940.

—¡No es posible!

—Usted escribió tres libros y le queda uno por terminar, pero se lo robaron los nazis hace exactamente... a ver... exactamente seis meses.

—No, hace diez meses —rebatió el abogado, impresionado por la riqueza de los detalles que conocía Julio Verne.

El profesor se corrigió y, en lugar de aclararles la mente, los confundió aún más:

—Espere un momento. Tiene razón; en mis pesadillas estuve aquí en enero de 1942, no en mayo. Por lo tanto, con cinco meses de diferencia.

—¿Pesadillas? —indagó Rebeca, acalorada y ansiosa.

Julio Verne les pidió a los niños que salieran, pues debía revelar cosas que no eran para ellos.

Otra vez el doctor Kurt se mostró aprensivo. Hizo una señal y sus hijos salieron al jardín.

Entonces Julio Verne contó su increíble historia, el Proyecto Túnel del Tiempo y su inimaginable misión: borrar a Hitler de la faz de la Tierra.

El doctor Kurt y Rebeca, inseguros, no sabían si reír o llorar. No obstante, la riqueza de detalles que conocía Julio Verne revelaba que él no era de aquel mundo, al menos del mundo de los normales. Y, a pesar de que todo parecía una locura, sentían que no se hallaban por entero desamparados. Había un «loco» dispuesto a eliminar al mayor demente de la Historia: el dictador de Alemania.

Luego el profesor les mostró algunas de sus armas electrónicas, con construcción de imágenes en 3D. En ese momento la pareja se dio cuenta de que Julio Verne poseía una tecnología que jamás habían imaginado. Tras convencerlos de manera razonable, él comentó:

—Hay otras familias judías en Fráncfort y sus alrededores, y los nazis están cazándolos como a ratas. En breve golpearán a su puerta y los deportarán a un campo de concentración. Su fama, sus servicios, sus conocimientos no servirán de nada. ¿Qué día es hoy?

—¡Veintitrés de mayo!

—¡Dios mío! La máquina puede haber distorsionado el mes, pero no el día y la hora. Es probable que los nazis vengan a esta casa mañana a las diez de la mañana.

Se les aceleró el corazón.

—Lo lamento mucho, pero a Anne y Moisés los separarán de ustedes. A no ser que hagamos algo que rompa la cárcel de los acontecimientos históricos... —Entonces el profesor completó su pensamiento elevando el tono de voz—: ¡Por favor, váyanse! ¡Partan lo antes posible!

—Pero ¿cómo estar seguro de que eso va a suceder?

—¡Váyanse! Por amor a sus hijos, ¡no pierdan tiempo! —gritó Julio Verne, descontrolado.

—Y ¿partir adónde? Alemania es territorio del nazismo, y seremos unos completos extraños.

—Se ha golpeado la cabeza demasiado fuerte, Julio Verne —habló la enfermera, Rebeca. De hecho, tenía un «chichón» o edema en la región occipital, en la parte posterior del cráneo—. Ese trauma tal vez lo haya dejado confuso. —Y de inmediato Rebeca salió del cuarto. No quería vivir más en aquel clima. Julio Verne hacía terrorismo psicológico.

El doctor Kurt se relajó un poco con el comentario de la esposa sobre el trauma craneal del forastero, porque lo llevó a pensar que quizás estuviera en lo cierto. No debía dejarse envolver en esa paranoia del viaje en el tiempo, pues una creencia errada y una actitud incorrecta podían poner en riesgo a su familia. A fin de cuentas, hacía años que vivían con estabilidad en Fráncfort, aunque enfrentaran grandes dificultades económicas. Era mejor dejar que el huésped descansara.

En el pasillo, él y Rebeca mantuvieron un breve diálogo.

—El estrés social y el trauma físico están produciendo esas ideas de persecución de Julio Verne. No es posible que venga de otro mundo —dijo ella a Kurt—. Conocí a varios judíos con esos síntomas.

—Pero ¡las informaciones que tiene son increíbles! —opinó él.

—Lo sé. No tengo respuesta para eso. Alemania se ha vuelto un manicomio, y parece que tú, yo, los alemanes, el profesor, en suma, todos enloquecemos.

Julio Verne comprendía la reacción de la pareja. No podía exigirles mucho. En verdad, Alemania se había convertido en un manicomio colectivo. El fantasma del miedo generaba pesadillas nocturnas, y los vampiros de las SS provocaban pavores diurnos.

10

UNA FAMILIA DESTRUIDA

El doctor Kurt, sentado en el sofá, trataba de relajarse leyendo textos del filósofo alemán Immanuel Kant sobre la crítica de la razón pura. Para Kant, nacido el 22 de abril de 1724 en la pequeña ciudad de Königsberg, no existía el «objeto en sí». El objeto es fruto de la experiencia (a priori). Los objetos, por tanto, son fenómenos percibidos por el intelecto y están sujetos a un delicado proceso de interpretación que, a su vez, es influido por factores sociales, culturales y emocionales.[9]

Como brillante abogado que era, el doctor Kurt intentaba aplicar los conceptos de Kant a las ciencias jurídicas, para demostrar que la discriminación y la exclusión sociales constituían un dramático ultraje a los derechos humanos. Eran fruto, fueran cuales fuesen los argumentos, de una distorsión enfermiza del proceso de interpretación. Él creía, igual que el profesor Julio Verne, que quien no respetara a los diferentes no sería digno de la madurez psíquica.

Sin embargo, en oposición al pensamiento de Kant, los nazis determinaban que la verdad era absoluta y no un fenómeno de la experiencia, lo que alteraba muchísimo al doctor Kurt. Para Hitler y sus discípulos, la verdad existía fuera de la mente humana, en vez de ser fruto de ésta. En especial para el ideólogo nazi Alfred Rosenberg, la mente se limitaba a captar la realidad, era una expresión de ésta. Este argumento filosófico había preparado el camino para el terrorismo.

Si para los nazis la verdad era incuestionable, «la cosa en sí», y no fruto de una interpretación y, en consecuencia, no sujeta a distorsiones, una vez que ellos, los nazis, determinaran que los arios eran una evolución de la especie humana, y los judíos y otras minorías eran razas inferiores, los superiores deberían eliminar a los inferiores. Esa tesis absurda e irracional se había tornado, para ellos, una verdad irrefutable. Una «verdad» que se proclamaba en escuelas, universidades, espectáculos, obras teatrales, cine, debates de intelectuales y, en especial, por las radios, mediante una propaganda masificadora.

Los arios pasaron del complejo de inferioridad, de un estado de reducción de la autoestima a causa de la pérdida de la Primera Guerra Mundial, a un salto irracional de superioridad, ya que se consideraban predestinados, en primer lugar, a dominar el teatro de Europa, y después, el escenario mundial y, así, a establecer un nuevo orden geopolítico y geocultural.

Si todos los seres humanos estudiaran la última frontera de la ciencia, el mundo donde nacen los pensamientos, la humanidad nunca más sería la misma. Quedarían perplejos al descubrir que el proceso de construcción de pensamientos pasa en milésimas de segundo por un complejo sistema de encadenamiento distorsionado, influido por múltiples variables, entre ellas el estado emocional del interpretador (cómo estoy), su ambiente motivacional (qué deseo), el tipo de personalidad (lo que soy) y el ambiente social (dónde estoy). La verdad, por ende, es un fin inalcanzable. Pero no para los líderes nazis. Eran niños en el poder que creían que su acto de pensar incorporaba la verdad absoluta. Ya nadie más podía tener opinión propia en la Alemania nazi. Y la terrible policía SS, así como las tropas de asalto (SA) y la Gestapo, siempre omnipresentes, garantizaban ese silencio corrosivo.

Ningún ser humano es dueño de la verdad, sea padre, profesor, político o ejecutivo. Sólo podemos ayudar al otro cuando lo respetamos y le enseñamos a respetarse, a ser autónomo, a tener opinión propia y a pensar críticamente. Y secuestrar esos derechos es la base para que se establezca una dictadura. Toda dictadura hace pedazos la tesis de Immanuel Kant, legitima la agresividad contra los enemigos del régimen y anula el sentimiento de culpa. Las ideas de los filósofos alemanes se conservaban en los libros cubiertos de polvo, pero la ideología nazi conquistó el alma de muchos.

Por desgracia, hasta en las democracias maduras hay microdictaduras, incluso en ambientes insospechables. En algunas universidades, religiones y partidos políticos, se condena la autonomía de manera velada o subliminal. Los que poseen opinión propia o pensamiento crítico o diferente sufren castigos. Hay millones de parejas que viven bajo una microdictadura, impuesta por los celos excesivos, la necesidad neurótica de controlar al compañero o la compañera, o la dificultad enfermiza para reconocer errores y pedir disculpas. El *Homo sapiens*, cuando no sabe ponerse en el lugar del otro y no piensa antes de actuar, comete atrocidades que darían envidia hasta a los predadores más feroces.

El doctor Kurt, por sus libros y por su fama internacional como defensor de los derechos humanos, hasta el momento se había salvado de las garras del nazismo. Pero no dejaba de ser judío y, como tal, su eliminación era una cuestión de tiempo. Conscientes de ello, abogados de diversos países escribían a las embajadas alemanas para pedir noticias de su paradero. La presión internacional lo había mantenido vivo hasta ahora. No lo habían matado físicamente, pero sí asesinado su libertad... «Si no me matan el cuerpo, pero me matan la libertad, matan el sentido fundamental de existir. Luego, no estoy vivo...», se decía.

Mientras se concentraba en la lectura de los textos de Kant, detonó un gatillo psíquico, abrió una ventana en su mente con alto nivel de tensión, que disparó una preocupación angustiante. «Si Julio Verne es judío, si viste un uniforme de las SS y huye de la policía... Si lo encuentran aquí, los nazis tendrán todos los motivos para eliminar a mi familia o, como mínimo, deportarla a un campo de concentración. Su sombría predicción acerca de mi familia se cumpliría, pero no por culpa mía, ¡sino por culpa de él!», pensó. Parecía una profecía, pero no la de un loco, sino la de un hombre que amaba a sus hijos y su esposa.

Era preciso que sacara a Julio Verne de su casa de alguna manera. Comenzó a lanzar miradas paranoicas hacia la calle cada diez minutos, para ver si se aproximaba la policía. No lograba relajarse. Pidió a los niños que se callaran y luego suplicó a Julio Verne que por el momento no asomara la cara por las calles ni el jardín. Cenaron sin hacer ruido. Pero la pequeña Anne rompió el silencio.

—Julio Verne, a mí me encanta ir a la escuela. Pero los judíos ya no pueden ir... Una vez lo intenté...

—Yo también —la interrumpió Moisés—. Nos escapamos de casa y fuimos a la escuela. Pero los profesores, que antes nos admiraban, nos expulsaron. Muchos compañeros con los que antes jugábamos se burlaron de nosotros. Dos me escupieron en la cara, y me decían: «¿Qué haces aquí, judío? Esto no es una pocilga...».

Incluso algunos preadolescentes habían sido ya contaminados por las «verdades» absolutas del nazismo. Un niño de doce años había hecho tropezar a Anne. Le sangraron las rodillas y echó a llorar, y otras niñas la ayudaron.

—Todavía tengo amigas que me quieren mucho —contó la pequeña Anne, que apenas había comenzado la vida y ya sentía el amargo sabor de uno de los mayores conflictos humanos: la exclusión social.

Julio Verne se quedó sin palabras. No tenía modo de consolarlos. Moisés expresó su indignación:

—No lo entiendo. ¿Qué crimen hemos cometido? —dijo, no sólo como niño, sino como hijo de un abogado.

—Ya te lo he dicho. No culpes a tus compañeros, hijo. El culpable es Hitler —intervino la madre.

—Baja el tono, Rebeca —recomendó el doctor Kurt. «Hitler» era un nombre prohibido en los hogares judíos.

—Profesor, cuéntenos algunas de las historias que vivió en el futuro —pidió Anne, crédula y ansiosa.

—No, hija, Julio Verne está cansado. Y ya es hora de dormir.

Más delicado, aunque abatido, el profesor comentó conciliador: «No hay problema», y se arriesgó a alegrar el ambiente.

Eligió una historia de su tiempo, un chiste más que le había contado Rodolfo, su amigo enfermo mental.

—Tres conocidos naufragaron y quedaron varados durante muchos meses en una isla en medio del océano. Eran un judío, un inglés y un alemán. Se morían de hambre y de sed. De repente apareció una botella. Desesperados, la abrieron y, de repente, surgió un genio. Se asustaron. El genio era caprichoso, impaciente. Les dijo enseguida que concedería sólo un deseo a cada uno de los desdichados de la isla.

»El judío pensó, reflexionó, calló... y por fin le pidió ir a un hotel cinco estrellas en Nueva York, lleno de camareros, carne de oveja, frutas tropicales y otras cosas. El genio hizo realidad su deseo y el hombre desapareció. El inglés, tras mucho analizarlo, pidió ir a una mansión en Londres, con una bodega llena de vinos y comida en abundancia. Cuando llegó el turno del alemán, se mostró de lo más indignado porque sus amigos se habían olvidado de él. Llevado por la furia, dijo al genio: «Trae a los dos de vuelta a esta isla y transfórmalos en sirvientes míos».

Todos soltaron una carcajada por la estupidez del alemán, incluido el doctor Kurt, que afirmó:

—Alemania lo tenía todo para brillar en lo social, lo educacional y lo tecnológico en el plano internacional, pero bajo el control de unos infelices lo hizo todo mal. Ésta no es una nación de sociópatas. Parafraseando a Rousseau, «los alemanes nacieron buenos; los nazis los contaminaron».

La teoría del filósofo Rousseau afirma que el hombre nace bueno, pero la sociedad lo corrompe.[10]

—En las mismas condiciones sociales, ¿qué nación no se contaminaría con ese virus? —planteó la enfermera Rebeca.

Anne no entendía nada de lo que decían los padres, pero opinó:

—Si yo encontrara a ese genio le pediría que todos los niños pudieran ir a la escuela y fueran muy felices.

—Muy bien, Anne —aplaudió Julio Verne.

—Bien, ya es hora de dormir. Vamos, niños —dijo el doctor Kurt, al tiempo que se levantaba de la mesa.

Daba la impresión de que aquella noche no había nada de anormal, salvo en la mente del doctor Kurt. El brillante abogado tuvo pesadillas. Despertó jadeante a las dos, a las tres y a las cinco de la madrugada. Se veía sentenciado a muerte.

También a Julio Verne le costó conciliar el sueño.

Como Anne y Moisés vivían encerrados el día entero en la casa o, a lo sumo, jugaban en los jardines, se despertaban temprano, ansiosos por hacer algo para superar el tedio. Fueron al cuarto de Julio Verne antes del magro desayuno, que rara vez incluía una rodaja de pan, galleta o torta. La familia no estaba en un campo de concentración, pero, debido a la dieta de bajas calorías, todos habían adelgazado. El doctor Kurt había perdido diez kilos; Rebeca, ocho. Anne y Moisés, aunque atravesaban la etapa de crecimiento, adelgazaron tres kilos cada uno.

Anne tomó una hoja en blanco y le pidió al profesor que hiciera un dibujo de su cara, aunque era un pésimo caricaturista.

—¡No soy tan fea, profesor! —protestó Anne después de ver el dibujo.

—¡Para nada! ¡Eres preciosa! Pero vamos a arreglarte la nariz.

—¡Arrégleme también los ojos! Están muy cerrados. Parezco una china.

—¡Ah! Por supuesto.

—Profesor, cuéntenos más historias —pidió Moisés.

Julio Verne tenía ánimo. Su emoción tensa tornaba estéril su mente. Presa de sus preocupaciones, no lograba dejar de pensar en lo que muy pronto podría suceder con el futuro de aquellos niños. Pero poco a poco se relajó y sintió que debía hacer felices a Anne y Moisés durante el máximo tiempo posible, aun cuando fueran horas o días...

De repente golpearon con fuerza a la puerta central de la sala. Como si quisieran derribarla. Julio Verne recordó que en su pesadilla los nazis habían invadido la casa cuando todos estaban desayunando. «¿Acaso la máquina del tiempo había producido otras distorsiones?», pensó con aflicción.

Los niños fueron a la sala, ya que su cuarto quedaba en la parte superior de la casa. El padre les hizo un ademán y entraron enseguida en un armario embutido en la pared. El espacio era tan pequeño que no cabían dos adultos. Y, si no se prestaba suficiente atención, no se notaba que era un armario; como no tenía manijas externas, daba la impresión de formar parte de la pared.

Julio Verne, advertido por el doctor Kurt, también se escondió. Tembloroso, el abogado abrió la puerta. Rebeca se esforzó por mantener la calma, y simuló arreglar los almohadones del sofá. Era un grupo de agentes de las SS. Iban de caza, arrestando y deportando las pocas familias de judíos que vivían escondidos en la región, y la familia del doctor Kurt figuraba en la lista. También iban en busca de fugitivos. En especial de un extraño con uniforme de las SS, que, según se habían enterado, frecuentaba la casa del doctor Kurt.

Por unos instantes, el abogado titubeó. Si decía la verdad, Julio Verne moriría. Si negaba y lo encontraban, su familia correría serios riesgos.

—No sé de qué hablan —les dijo cuando lo interrogaron.

—¿Dónde está el fugitivo?

El doctor Kurt negó de nuevo y los invitó a buscarlo. Registraron la sala, los cuartos, la cocina, y nada.

—Y ¿los hijos?

—Han salido —contestó Rebeca, visiblemente conmocionada.

—¿Han salido? ¡Está mintiendo!

—Están lejos, en la casa de unos amigos alemanes —afirmó el doctor Kurt.

—¡Los alemanes no son amigos de los judíos!

Uno de los soldados le dio una bofetada. El abogado cayó al suelo. Anne, angustiada, lo oyó todo; apenas si lograba respirar.

—¡Nunca más van a ver a sus hijos! Registren la casa —ordenó el jefe de la misión a cinco soldados: no encontraron nada.

Al oír que se llevarían presos a sus padres, Anne no lo soportó más. Moisés intentó taparle la boca, pero ella se echó a llorar. El miedo a la separación cerró el circuito de la memoria y su mundo se desmoronó. Olvidó todas las recomendaciones y los entrenamientos del padre para una ocasión semejante. Abrió el armario y gritó:

—¡Mamá! ¡Mamá! —Y corrió a los brazos de Rebeca.

—Pero ¡qué bonito! —se burló el jefe de la misión.

Unos policías jóvenes, arios de rasgos bien definidos, se rieron a carcajadas. Otros dos trataron de disimular su incomodidad. Cumplían órdenes, pero sin placer.

De repente, llorando, también salió Moisés y abrazó al padre.

—¡Suelten a mi padre! ¡Es un abogado famoso! —exclamó.

—¡Conque un abogado famoso, mi pequeño héroe! Lo necesitamos en un depósito de basura. —Y el militar lo apartó de un empujón.

Cuando el doctor Kurt intentó reaccionar contra el policía que lo maltrató, otro lo apuntó con el fusil. Se calmó. Los llevaron a todos afuera. Subieron a los adultos a un camión lleno de gente apiñada. En otro camión transportaban al futuro de la humanidad: niños asustadísimos, algunos llorando sin cesar tanto por el miedo como por la separación de sus padres.

—¡Papá! ¡Mamá! —gritaron Anne y Moisés antes de subir al camión.

El doctor Kurt, casi sin voz, también gritaba:

—¡Nos veremos pronto!

—Nunca olvidéis que... Os quiero. ¡Os quiero! —aullaba la madre, entre lágrimas. Fue una escena conmovedora.

Mientras tanto, en el lugar donde se hallaba escondido, Julio Verne pasó las manos por el suelo y recogió un papel viejo que encontró. Como entraba una rendija de luz, lo leyó. De nuevo se quedó perplejo. Era un mensaje dirigido a él, supuestamente escrito y firmado por el famoso doctor Viktor Frankl.

Julio Verne:

No desista de la vida, pues ella nunca desiste de usted. Busque un sentido a su vida, aun cuando todas las células de su cuerpo estén muriendo. Es la mejor manera de seguir consciente y mantenerse vivo.

VIKTOR FRANKL

103

El profesor sintió que le faltaba el aire. Se puso tenso, jadeante, taquicárdico. Quería salir para intentar proteger a la familia del doctor Kurt, pero se sentía el más cobarde de los hombres. Fuera de la casa, el clima sólo empeoraba. Cuando los últimos policías terminaron una nueva búsqueda del forastero, al jefe de la misión se le ocurrió una idea tenebrosa. Gritó:

—Deténganse. Traigan a los padres y acerquen a los niños.

El doctor Kurt, Rebeca, Anne y Moisés bajaron del vehículo y se aproximaron otra vez.

—Y bien, ¿así que queréis a vuestro padre y a vuestra madre?

Los niños respondieron que sí con un movimiento de cabeza.

—Si me contáis dónde está el fugitivo, los soltaré. Pero si no me lo decís, los mato. —Y apuntó con el arma a la cabeza de la pareja de adultos...

Anne entrecerró los ojos llenos de lágrimas; su hermano cerró los suyos. Esos niños, que debían elegir siempre la vida, decidirían quién debía morir...

Anne delató al profesor:

—Está en un escondite debajo de la cama del cuarto de huéspedes. Pero es un buen hombre.

—Muy bien, niña. Muy bien...

11

EL CAOS DE JULIO VERNE

Al saber dónde se ocultaba el forastero, cuatro soldados se apresuraron a ir a buscarlo. Pero no hizo falta; Julio Verne ya había abierto la puerta central de la sala. Vestido con un uniforme de oficial de las SS con varias condecoraciones, bajó por la escalera. El jefe de la misión daría una lección a todos los presentes. Ordenó el fusilamiento sumario del impostor o traidor. Lo que menos importaba era su identidad. Pero el profesor impostó la voz y dijo a gritos:

—¿Sabe cuál es la pena por asesinar a un oficial de las SS?

Y comenzó a acercarse. Todos quedaron atónitos ante su osadía.

—Ya sabe cómo matamos a los impostores, canalla. —Y el jefe del grupo le dio un culatazo en la cabeza. Julio Verne casi cayó—. ¡Mátenlo!

—Himmler le cortará el pescuezo. ¡Tome mis documentos y mire quién soy...!

Cuando lo oyó mencionar a Himmler, el temible y todopoderoso de las SS, el jefe de la misión, que no era oficial, titubeó. Arrancó del bolsillo derecho del uniforme del profesor un papel de identificación. A medida que lo leía, crecía su asombro.

La identificación revelaba: «Franz Josef Huber. Cargo: SS-Brigadier-Führer. Nacimiento 902. Número de las SS: 107999. Condecoraciones: Cruz de Mérito de Guerra de Segunda Clase con Espadas; Cruz de Mérito de Guerra de Primera Clase con Espadas; Espada de Honor de las SS; Anillo de Honor de las SS».

Fritz, el jefe de la misión, vio el Anillo de Honor de las SS en el dedo del profesor; ya había oído decir que era una pieza valiosa. Al analizar el documento, notó que estaba bien confeccionado. No parecía un documento falso. Pero ¿cómo explicar que el hombre se hubiera escondido en la casa de un judío? Resultaba difícil afirmar que el sujeto que tenía frente a sí era un oficial de alto rango, condecorado y, además, ario.

—Para mí, usted no parece ario —comentó el policial Fritz. Su número de las SS era 433447. Había ingresado mucho después del supuesto Franz Huber, el nombre falso del profesor. Y, a diferencia de él, nunca había recibido condecoración alguna.

Cuando el profesor oyó que no parecía ario, perdió los estribos. En un estado de furia impresionante, gritó:

—¿Cómo dice? ¿Usted juzga a un ser humano ario por la apariencia y no por la esencia? ¡Qué absurdo! —Y, para ponerlo en ridículo, afirmó—: El *Führer* no tiene apariencia de ario. ¿No se ha percatado? Goebbels, el ministro de Propaganda, es flaco y cojo. ¿Él tiene apariencia de ario?

Intimidado, el policía vaciló. Nunca lo había pensado, al igual que millones de jóvenes que tampoco habían reflexionado jamás sobre ello. En el fondo, ni siquiera sabían por qué ponían en escena esa obra de terror. No eran autónomos, no tenían opinión propia. Mataban judíos sin piedad, eran mentes adiestradas. Fritz buscaba una medalla, aunque fuera de segunda clase. Pero su sueño era el Anillo de Honor.

—Creo que usted es un desertor. ¿Qué hace en casa de un judío?

El profesor había estudiado las técnicas de los políticos de su tiempo: «Nunca conteste las preguntas directamente; responda siempre con evasivas».

106

—¿No se da cuenta de que estoy en una misión especial? Soy un infiltrado.

—¿Cómo es eso...?

—¡Qué absurdo! ¿No practicó técnicas de infiltración en su entrenamiento? —Y, observando de cerca el uniforme del policía, preguntó con desdén—: ¿Ninguna medalla?

—¡Todavía no!

—Lo recomendaré. Pero, volviendo a su pregunta. Me infiltré en la familia de judíos por dos motivos: para descubrir sus refugios y poner a prueba la fidelidad y la eficiencia de los policías de la región de Fráncfort. Mientras ustedes hacían su redada, me puse mi uniforme. Si no me encontraban, los denunciaría a todos por incompetencia. Muéstreme sus documentos.

El jefe obedeció la orden. El profesor observó el documento contra la luz, con expresión descontenta. El doctor Kurt, su esposa y sus hijos quedaron perplejos. Empezaban a creer que también ellos habían sido engañados por el infiltrado.

—Un ario puro de las SS puede considerar que su misión es estúpida, pero es un seguidor ciego y fiel del *Führer* —dijo el profesor.

Los jóvenes policías SS no entendieron si aquello era un elogio o una burla.

—He participado en encuentros de máxima seguridad con Heinrich Himmler, el *Chef der Deutschen Polizei*. ¿Conoce a Himmler, Fritz?

—No en persona. Pero estudié su biografía.

—Ah, muy bien. Entonces sabe que nuestro gran líder nació el 23 de mayo de 1900; es apenas dos años mayor que yo. Y murió el 23 de mayo de 1945.

El doctor Kurt tragó saliva. Sintió que aquél no era un infiltrado.

—¿Murió en 1945? Pero...

Julio Verne estaba tan acostumbrado a las fechas del futuro que dijo el día de la muerte de Himmler, ocurrida unos años después. El jefe de la misión lo amenazó de nuevo con volarle los sesos. Para salir del apuro, Julio se escapó por la tangente.

—¡Felicitaciones, agente! Ha pasado la prueba. Larga vida a Himmler.

—Deme algunos datos de la vida de Himmler —incitó Fritz. Casi se había tragado la historia del profesor, pero ahora empezaba de nuevo a desconfiar.

—¿Está poniéndome a prueba, agente? Le voy a tapar la boca. Condecoraciones que recibió Himmler: Orden de Sangre número 3; Emblema de Oro del Partido; Emblema de Honor de las Juventudes Hitlerianas en Oro con Hojas de Roble; Cruz por los Años de Servicio en las SS (doce). Y, entre muchas otras condecoraciones, hace un mes, en julio de 1942, Himmler recibió la Medalla Combinada de Piloto y Observador, de oro y diamantes.

El nazismo ofrecía una profusión de medallas que seducían a los policías. La simbología no se limitaba a las esvásticas estampadas en todos los estandartes de las SS en sus brazaletes; también incluía antiguos iconos, como la Cruz de Hierro y la Cruz de Caballero. La riquísima simbología de las condecoraciones generaba en el inconsciente colectivo la búsqueda insaciable de la premiación. La naturaleza del mérito era infame, pero lo que importaba era ser fiel al partido nazi, proteger la ideología del *Führer* y diseminarla por todo el entramado social, por cualquier medio.

El líder de la misión conocía bastante acerca de Himmler. Sabía más sobre el jefe supremo de las SS que sobre Adolf Hitler. Empezó a ceder. Pidió más detalles de su ídolo. Y Julio Verne prodigó conocimientos. Comentó:

—Himmler nació en Landshut, Baviera, en una sólida y respetable familia de clase media. El padre, conservador, era director de escuela. Himmler recibió su nombre de pila, Heinrich, en homenaje al padrino, el príncipe Heinrich de Baviera, de quien el padre había sido tutor. Aplaudió la entrada de Alemania en la Primera Guerra Mundial, pero sólo pudo alistarse en enero de 1918 como cadete oficial del 11.º Regimiento de Infantería. Se dedicó hasta cierto punto a los estudios de Agronomía. Se afilió al NSDAP, futuro partido nazi, en 1923. Participó en el golpe frustrado al frente de una columna por las calles de Múnich. Debido a su buena posición no lo arrestaron, al contrario de Hitler. En 1925 ingresó como oficial local del partido y comenzó a liderar unas minúsculas SS en su distrito.

Al oír el relato de Julio Verne, el policía empezó a sudar. Era todo verdad. El doctor Kurt y Rebeca se miraron. Si todas las informaciones eran correctas, sólo un fanático por Himmler podía contar con tantos datos. «¿Sería Julio Verne un fanático de Himmler encubierto?», pensaban. De nuevo desconfiaron del profesor.

Julio Verne sabía mucho más sobre Himmler, pero no podía contarle todo al policía que lo idolatraba, ni tampoco a la pequeña platea que lo oía, ya que se trataba de datos críticos relativos a la personalidad del verdugo. No podía relatar que Himmler no había sufrido traumas, como sí Hitler, provocados por un padre austero y por haber sido excluido, en la adolescencia, de la Escuela de Bellas Artes de Viena. Si bien no sufrió estímulos estresantes en la infancia, es probable que hubiera sido sobreprotegido, y así no desarrolló resiliencia, capacidad de lidiar con las contrariedades ni otras funciones complejas de la inteligencia, como la capacidad de pensar antes de reaccionar, de ponerse en el lugar de los otros y de exponer, en vez de imponer, sus ideas.

Inseguro y obsesivo, Himmler no era un brillante orador como Hitler. Además, manifestaba tres necesidades neuróticas: de poder, de dominar a los demás y de tener siempre la razón.[11] De haber competido en una sociedad civil normal, sin la protección y las ventajas que le concedía el partido nazi, Himmler habría pasado inadvertido, pues carecía de brillo propio y era de intelecto mediocre. Mas, en el liderazgo de la poderosa fuerza paramilitar SS, se convirtió en un verdugo de monstruosidad indescifrable. Sus subordinados temblaban a sus pies. Como Hitler, era un hombre cargado de conflictos emocionales y sociales sin resolver, que había padecido complejo de inferioridad en la juventud y, al igual que muchas personas frustradas en esas áreas cuando asumen el poder, sentía que se había tornado un dios. El poder los infectó, transformó su complejo de inferioridad en una necesidad absoluta de controlar a los otros. Para un individuo que no ha resuelto sus problemas emocionales, el poder se vuelve una bomba. Por eso, la mayoría de los líderes no lo merece.

Himmler fue, como colaborador de Hitler, uno de los mayores verdugos de la historia de la humanidad. Profesionalizó e industrializó la brutalidad contra minorías de un modo nunca visto. Su psicopatía fue inimaginable. Pero, para espanto de la psiquiatría y de la psicología, Himmler era un sujeto que no presentaba en su personalidad traumas que justificaran su transformación en destructor de masas. No obstante, en un análisis crítico de su biografía, se percibe que no era autónomo y que, por ende, no tenía opinión propia ni conciencia crítica de la realidad.[12] No fue en su adolescencia un psicópata en el sentido clásico, incapaz de sentir el dolor del otro, pero su mente, por no ser autónoma, fue adiestrada por la ideología racista del partido nazi, que, incluso, él mismo contribuyó a crear.

—Estoy impresionado con sus conocimientos —confesó el oficial de las SS al supuesto Franz Josef Huber.

—¿Cuál es su nombre, agente? —indagó con autoridad el profesor.

—Fritz.

En ese momento el profesor miró al doctor Kurt, que, atónito al escuchar las informaciones de Julio Verne, no aguantó más. Con voz firme, el abogado comentó:

—¡Yo sospechaba que usted no era ni judío ni un desertor de las SS!

—¿Sospechaba, doctor Kurt? Yo estaba probando a estos jóvenes de las SS. Quería saber por qué hasta hoy no habían arrestado a un canalla como usted.

El doctor Kurt escupió en el suelo. Cuando Fritz iba a matarlo, el profesor lo atajó:

—¡Tranquilo, Fritz! Este hombre no merece una bala. Parece que usted no conoce los métodos de Himmler de exterminio en masa.

Fritz apartó el fusil. Julio Verne comenzó a burlarse sutilmente de Himmler. Entonces sí el doctor Kurt comprendió el mensaje.

—Himmler, señor Fritz, es un hombre inteligentísimo. Tan inteligente que en una ocasión vivió en el campo e hizo experimentos en reproducción de pollos.[13]

—No sabía que era un científico que criara pollos, señor Huber.

—¿No? Pensé que conocía detalles de la biografía de Himmler. Lo que aprendió con las gallinas lo trasladó a las SS. Empezó a seleccionar soldados como ustedes, aplicando criterios biológicos y de pureza racial. Analizaba los ojos, el cabello y el cráneo. Aun así, al principio eligió a algunos desempleados y burgueses perezosos. ¡Mírense! ¡Son ejemplares de belleza e inteligencia inigualables!

Incómodos, los soldados se miraron y se mostraron agradecidos por los elogios. Resultaba obvio que eran fáciles de manipular. Había doce policías pasmados y dominados por Julio Verne, incluidos los dos conductores de los vehículos.

12

PROTEGER A LOS NIÑOS

El profesor comentó también que fue Himmler quien persuadió a Hitler de aceptar las ideas elitistas y de pureza racial según las cuales deseaba desarrollar las SS. Hitler, con tal de que Himmler organizara una fiel guardia de seguridad para protegerlo de las conspiraciones de las SA y de otros enemigos, incentivaba su sueño.[14]

—Pero ¿cómo sabe todo eso? —indagó un tímido joven de las SS que apenas si había cumplido dieciocho años. Al principio de la guerra habían admitido a jóvenes más maduros, de veinticinco a treinta años. Ahora entrenaban a chicos.

—Sé eso y mucho más. Incluso sé que Himmler planea crear una «raza superior», una futura élite alemana capitaneada por las SS, que se implementará mediante una gran red de maternidad denominada Programa Lebensborn, o «fuente de vida» —dijo el profesor Julio Verne.

El ideal de pureza racial era tan estúpido como demente. *Himmler, un hombre que apenas si entendía algo de reproducción de pollos, iba a perfeccionar la raza humana...* El profesor carraspeó y completó:

—Y los recomendaré personalmente para que formen parte de esa raza superior.

Los jóvenes policías mostraron orgullo ante lo que oían. Y, con increíble libertad, Julio Verne dio una palmada cariñosa en la cara del verdugo encargado de aquella misión, como si fuera un padre o profesor, y añadió:

—Ustedes son fuertes, apuestos, superiores. Una raza superior no debe destruir a los desprotegidos. ¿Son arios o no?

—¡Sí! —respondieron al unísono.

—¿Son fuertes o débiles? —gritó el profesor.

—¡Fuertes! —proclamaron a coro.

—Los fuertes son generosos, los débiles son agresivos.

Se miraron. Vieron las expresiones de Anne y Moisés. Vieron también el semblante abatido y amedrentado de los demás niños apiñados en el segundo camión.

—¡Suelten a todos los niños! —ordenó Julio Verne—. ¡Una raza superior muestra compasión, no exclusión!

Ansioso, Fritz repitió:

—¡Suelten a los niños!

Sabía que, de ser necesario, resultaría fácil volver a apresarlos, pero no permitió que esa actitud se volviera una chispa de sensibilidad.

—¡Los adultos también! —ordenó con firmeza el profesor.

—¿Los adultos? ¡Hay órdenes expresas de arrestarlos! —replicó agresivo el líder de la misión, al tiempo que sacudía su revólver en dirección a Julio Verne, pensando que lo había engañado.

El profesor respiró hondo. Miró al doctor Kurt y Rebeca, que parecían gritar: «Salve a los niños y no se preocupe por nosotros».

—¡Ha vuelto a pasar la prueba, Fritz! ¡Aprobó una vez más! —exclamó Julio Verne. No podía exagerar y echarlo todo a perder.

Treinta y siete niños de entre cuatro y nueve años bajaron de los vehículos y aplaudieron a los soldados. Los bebés acompañaban a sus padres en el otro camión. Fue una escena de indescifrable conmoción. Pequeños que debían estar corriendo tras mariposas y ardillas sufrían un trato peor que los perros desprotegidos de las calles. Algunos tenían la cara sucia de tierra. Asustados, muchos lloraban llamando a los padres; otros, los de más edad, tuvieron el gesto conmovedor de ir a abrazar a Julio Verne, que una vez más se volvió un coleccionista de lágrimas. Pero, disimulando su dolor, intentó transformarse en un coleccionista de esperanzas. Esos niños no irían a los campos de concentración, al menos aquel día.

Cinco pequeños cogieron a Fritz y Hans, el segundo en autoridad entre los policías. Se aferraron a ellos como si fueran niños de orfanato que suplicaban que los adoptaran. Fritz se conmovió, trató de no llorar frente a sus subordinados, pero le fue imposible contener unas lágrimas. Los hombres de las SS, en un raro instante de sensibilidad, tomaron conciencia de que estaban segando la vida de inocentes, niños de su propia especie. Salieron de las fronteras de la obediencia ciega y se permitieron emocionarse. Algunos, conmovidos, acariciaron las cabezas de los niños y las niñas de cinco y seis años. Parecían decir: «Disculpadnos por llevarnos a sus padres».

Algunos alemanes encerrados en sus casas se arriesgaron a dar alimentos a esas criaturas hambrientas, que los devoraron sin demora. Moisés y Anne los llevaron a su casa. ¿Hasta cuándo permanecerían allí? No se sabía si un mes, una semana, un día o unas horas. Por lo menos gozaban de unas migajas de libertad...

—Señor, ¿qué será de esos niños sin sus padres? —preguntó Hans al jefe de la misión. Los fuertes tienen compasión.

—Suelten a una pareja —gritó Fritz.

Fue una escena conmovedora. Liberaron a una pareja. Pero no eligieron al doctor Kurt porque había órdenes expresas de deportar al «peligroso» abogado. Una vez que los niños ya habían entrado en la casa de Anne y Moisés, tres policías, que sospechaban que habían sido burlados, y por completo embriagados con el ideal nazi, de repente mataron a sangre fría a su jefe, Fritz. Enseguida los tres cayeron asesinados por Hans y los hombres fieles a éste. Fue un horror. Quedaban nueve policías, dos de los cuales empuñaban metralletas. La pareja liberada contempló con espanto la escena por la ventana de la fachada de la casa de Moisés y Anne. Rogaban que los verdugos nazis se marcharan.

A continuación los policías se llevaron a los prisioneros adultos y los bebés para que los deportaran. Julio Verne tuvo que acompañarlos para aclarar mejor su historia, y más aún tras esos asesinatos. El profesor no había alcanzado un punto central de mutación de la historia, sino un punto marginal. Por lo menos consiguió aliviar el dolor de unos cuantos niños por un tiempo. Lo que lo fastidiaba era que le daba la impresión de tratar los síntomas, no las causas.

Llegaron a una estación de tren. El movimiento de gente y la agitación del proceso de deportación eran tan grandes que participaban más de mil hombres de las SS.

Hans, el policía de rango inmediatamente inferior al del asesinado Fritz, le dijo al profesor:

—Tenemos órdenes de partir juntos en el tren. Por supuesto, vamos en primera clase.

—Y ¿los judíos irán en vagones de ganado, sin agua, comida y sin espacio siquiera para sentarse? —planteó el profesor.

—Son órdenes, señor —afirmó Hans.

—Y ¿adónde va ese tren? —quiso saber Julio Verne, perturbado. A Hans le intrigó que, como oficial, no lo supiera. Creyó que lo estaba poniendo a prueba.

—A Polonia.

Se ensombreció su semblante.

—¿Polonia? ¿Adónde?

—Auschwitz.

—¿Auschwitz?

Julio sintió un escalofrío. Sabía lo que le aguardaba. Si escapaba de las balas de los oficiales, no escaparía de Auschwitz. Tenía que intentar una fuga del tren. La máquina del tiempo le daría otras desagradabilísimas sorpresas.

—Pero no puedo ir, Hans. Tengo otras misiones.

En unos instantes llegó una nota a las manos de Hans. Era una orden expresa para una reunión urgente con el extraño personaje Franz Huber, o, mejor dicho, el profesor.

—Tenemos que hablar con tres oficiales, señor. Nos esperan.

Julio Verne, tenso, inseguro, pensó que ni siquiera lograría llegar a Auschwitz. Era mejor partir que enfrentarse a una máquina de interrogatorios. Difícilmente engañaría a esa casta de nazis, y menos aún si descubrían que había protegido a los niños. Intentó huir, pero Hans, acompañado por cinco policías, llevó una mano a la pistola. Julio Verne entendió el mensaje. Tenía que pasar por el infierno nazi otra vez.

De repente apareció un sujeto por detrás del profesor y, en tono altisonante, ladró:

—*Bye*, Hitler!

El profesor se quedó paralizado. Sólo podía ser una persona, y lo era: Rodolfo.

Ambos se abrazaron. Los policías de las SS allí presentes no sabían inglés; por eso no entendieron que «*Bye*, Hitler!» significaba «¡Adiós, Hitler!», que era una forma de despedirlo del escenario de Alemania y, tal vez, del planeta.

Rodolfo, que vestía su uniforme de sargento de las SS, se apartó un paso de Julio Verne y le hizo el saludo militar. Una vez más exageró:

—¡Gran general!

El profesor le señaló con un gesto que le bajara el rango.

—Usted es un coronel brillante, pero tiene la autoridad de un general.

A Hans le pareció extraña la relación entre los dos personajes, pero como Rodolfo poseía el porte físico de un ario, alto, rubio, de ojos azules, pensó una vez más que con toda probabilidad se hallaba ante un oficial de las SS.

—Rodolfo, amigo mío, ¿dónde están tus padres?

—Plantando zanahorias.

—Franz Huber, vamos.

—¿Franz Huber? —preguntó Rodolfo.

El profesor sintió un escalofrío. Pero enseguida Rodolfo, que a pesar de sufrir de una enfermedad mental era inteligentísimo, se las ingenió para salir del aprieto.

—¡No es Franz Huber! ¡Es el *coronel* Franz Huuuber!

Y, para angustia del profesor, Rodolfo se autoinvitó:

—¡Yo también voy!

—¡Usted se queda, sargento! —Y Julio lo despidió con un saludo militar.

Rodolfo se quedó de mala gana. El profesor temía que los fusilaran a los dos. Peor aún sería si Rodolfo abría la boca. Y así se despidieron, al menos por el momento.

13

SE DESCUBRE LA FARSA

Los judíos, alineados en fila, entraban silenciosos uno tras otro en los vagones. Algunos intentaban escapar de su destino saliendo de las largas filas. Huían sin saber que los soldados de las SS disfrutaban de la caza a distancia. Practicaban tiro al blanco con cuerpos humanos. El profesor vio a un hombre, Willi Berger, que, desde el centro de su oficina en la estación de tren, disparaba a los judíos fugitivos. Después pedía el trofeo: las obturaciones de oro del abatido.

Willi Berger, comandante de las SS, recibió, con dos oficiales, a Hans, Julio Verne y otros dos policías. En la parte exterior de la oficina había un batallón de seguridad. Resultaba prácticamente imposible escapar. El profesor se quedó afuera. Todavía no lo habían llamado; sólo lo escoltaban. Cuando trató de huir, dos policías que lo flanqueaban lo amenazaron. Mientras tanto, Willi comenzaba el interrogatorio dentro de la estación.

—¿Dónde están las niños, agente?

Tembloroso y casi sin voz, Hans dijo:

—Los soltamos, señor.

—¡Traidores!

Willi Berger, el exterminador de humanos, se quedó pasmado al saber que no se habían llevado a los niños judíos. Furioso, agregó:

—¿No saben que los judíos contaminan el suelo de Alemania? ¡Esto es traición a la causa de las SS y a la purificación de nuestra raza! Serán fusilados.

—Un oficial de alto rango de las SS, Franz Huber, nos indicó que los soltáramos.

—¿Qué dice...? ¿Que un oficial de las SS dio semejante orden? ¿Dónde se ha metido ese maldito ario?

—Está fuera.

Llevaron al profesor. Willi Berger miró con temor al sujeto vestido con uniforme de las SS y varias condecoraciones, incluso la daga de servicio y la bocamanga plateada. Tragó saliva. Superó el sentimiento de codicia por aquellas insignias y preguntó:

—¿Quién es usted?

—Franz Josef Huber. Cargo: SS-Brigadier-Führer. Número de las SS: 107999.

—¿Cuánto hace que está en las SS, de dónde es y para qué está aquí?

—¿No reconoce mi daga de servicio de 1933?

Willi traicionó su ignorancia. Vaciló. Julio Verne, al percibir el momento de inseguridad del otro, intentó controlarlo. Decidió atacar.

—¿Qué condecoraciones tiene usted?

—Tengo la Cruz de Mérito de Guerra de Segunda Clase con Espadas.

—Y yo, además de la Segunda Clase, tengo la Cruz de Mérito de Guerra de Primera Clase. Y también tengo la Espada de Honor de las SS.

Y le tendió su documento de identificación. El comandante se quedó boquiabierto. Parecía todo real. Empezó a creer que se hallaba ante de un icono de la policía política. Y mayor aún fue su desconcierto cuando el profesor se sacó un anillo del dedo y se lo mostró. Como era más instruido que Hans, perdió la voz.

120

Cogió el Anillo de Honor de las SS, que tenía grabados una calavera y símbolos rúnicos. Sabía que el propio Himmler le confería significado místico, con poderes especiales. Al igual que el difunto Fritz, Willi Berger soñaba con poseer ese anillo algún día.

—¿Cómo lo consiguió?

—Hay una sola manera. Fidelidad, fidelidad, fidelidad... ¿Usted es fiel al *Führer*? —increpó Julio con voz imponente.

—¡Sí, lo soy! —Y enseguida los tres oficiales exclamaron—: *Heil*, Hitler!

El profesor, por supuesto, gritó: «*Bye*, Hitler!».

—Eso es lo que he venido a verificar. Cumpliendo las órdenes de Himmler yo actuaba encubierto para atrapar a un abogado judío prominente y también porque se nos informó de que en esa región hay miembros de las SS con inclinaciones antinazis.

—En absoluto, señor. Somos fieles al *Führer*.

—Y usted, como fiel al *Führer*, ¿se considera un gran líder?

—Lo intento —respondió Willi, inquieto.

El interrogado había invertido el juego. Los demás oficiales lo estudiaban con el cejo fruncido.

—Y ¿sabía que un gran líder debe, ante todo, compadecerse de los desdichados?

El comandante se encogió de hombros. No sabía qué decir.

—Lo vi disparando a judíos por la ventana.

—Estaban huyendo.

—Arrestar judíos es cumplir órdenes del *Führer*, pero maltratarlos o disparar a una persona desarmada es una actitud inferior. No está a la altura de la raza aria. ¿Están de acuerdo o no, señores? —dijo Julio, mirando fijamente a los otros dos oficiales.

Willi Berger se sintió confundido. Era uno de los peores verdugos de las SS. Le causaba placer el dolor de los otros. Julio

Verne sabía que no podía hacer casi nada para aliviar el drama de los judíos y de otras minorías si no acometía un punto de mutación de la Historia. En ese momento miró hacia la ventana y de nuevo vio a los judíos que subían al tren. Comprendió que el Proyecto Túnel del Tiempo había fallado. Tarde o temprano lo descubrirían.

Ya que no podía alcanzar un punto de viraje de la Historia, como eliminar a Hitler o a Himmler, resolvió, desesperado, acometer un punto marginal. Al menos podría aliviar el dolor de algunos judíos, así como había salvado durante un tiempo a aquellos niños.

—Pero las órdenes... —comenzó a replicar Willi, mas el profesor lo interrumpió.

—Himmler ordenó arrestar, no maltratar. Deme las órdenes para eliminar a los niños.

—No las tengo.

—El Anillo de Honor de las SS se entrega sólo a los leales, señor Willi.

En realidad había órdenes de eliminar a todos los judíos, incluso a los niños, pero eran más orales que documentadas, y el profesor de Historia lo sabía.

—Tomaré precauciones, señor Huber, para contener los maltratos —afirmó el verdugo sin ningún sentimiento de culpa.

—Excelente. Presentaré a Himmler recomendaciones expresas sobre su competencia y fidelidad.

En apariencia, el profesor salió bien parado del interrogatorio. Cincuenta metros más adelante vio, en la fila de los que iban a subir al tren, a una pareja a la que habían fichado hacía poco. Eran el doctor Kurt y Rebeca. Ésta, estaba abatida, inconsolable por la separación de Anne y Moisés. Sin fuerzas, tropezó. Un policía la pateó. Julio Verne, de manera instintiva, empujó al hombre y la levantó.

Willi Berger contemplaba de lejos el comportamiento de aquel extraño, Franz Josef Huber. Minutos después llegaba a las manos de Julio una nota que lo invitaba, o mejor dicho, lo «intimaba» a hospedarse en la casa del oficial.

Aquella noche Julio Verne disfrutó de un privilegio increíble. Mientras que mujeres, hombres y niños morían de hambre en los campos de concentración, los líderes alemanes disponían de carne, huevos, leche, cuajada, todo en abundancia, incluso vinos. Ser jefe de las SS significaba enriquecer con facilidad. Sobornos, joyas y elementos expropiados a los judíos no siempre ingresaban en las arcas de las SS.

El profesor entabló amistad con los dos hijos de Willi. Hacía tiempo que no se reían con un personaje tan carismático. A pesar de todo, el profesor era vigilado veinticuatro horas al día. Y lo percibía.

Willi ordenó investigar con urgencia el nombre de Franz Josef Huber. El informe demoró dos días. Llegó al atardecer, cuando ambos estaban en su casa. Había algunos oficiales presentes. Nadie sabía de qué trataba el documento. Willi se apartó y lo leyó, perplejo.

—El nombre es verdadero. Las condecoraciones que recibió son verdaderas. El número de las SS es verdadero. También es verdad que Franz Huber conoce a Himmler y participó con él en encuentros de seguridad máxima. Pero la persona es falsa. Franz Josef Huber es jefe de la Gestapo en Viena, Austria. Nunca actuó en una misión especial al servicio de la oficina central de las SS en esta región. Ese desgraciado me ha engañado. O es un espía inglés, un judío terrorista o un alemán subversivo.

Sin dilación fue al encuentro del profesor, que se hallaba en el balcón de la casa, conversando con los dos oficiales amigos de Willi. Quería asesinarlo sin piedad frente a los invitados. Pero sería horrible ensuciar de sangre el balcón. Se sintió humillado, pero sin duda había llegado a admirar la inteligencia del impostor que en esos dos días les había dado notables clases de Historia. Apuntó la pistola hacia el profesor, que se sobresaltó.

Todos pensaron que se trataba de una broma. Pero Willi no era amigo de las bromas, y menos aún con una pistola en las manos. Pronto acudieron los militares del pelotón de fusilamiento que él había ordenado. Lo comandaba Hans. Con ese pelotón quería mostrar su autoridad, ya ante el miserable impostor, ya ante sus amigos. Como la cúpula de las SS, adolecía de la necesidad neurótica de notoriedad social.

Al ver el grupo de hombres armados, el profesor cerró su sonrisa. Se dio cuenta de que se había descubierto la farsa. Pero más perplejo se quedó aún cuando notó que, entre los policías que lo acribillarían a balazos, estaba Rodolfo. Si éste utilizaba su arma contra los policías, lo matarían con facilidad. No era un especialista. Le resultaría imposible salvar su pellejo y también el de su exótico amigo.

14

LOS BRUTOS TAMBIÉN SE EMOCIONAN

Llevaron al profesor hacia el inmenso jardín de la casa. Willi ordenó sin demora que los policías apuntaran sus fusiles. Dispararían en cualquier momento. Hans estaba visiblemente perturbado; había llegado a apreciar a Julio Verne. Pero antes de la ejecución Willi, con el informe en las manos, bramó:

—Franz Josef Huber, ¡maldito impostor! ¿Conoce en persona a Himmler, el poderoso *Reichsführer*-SS?

El profesor recordó a su amada Kate. El sueño se acababa; en unos segundos moriría. Le pasó por la mente la imagen de sí mismo corriendo placenteramente tras Kate. Se vio besándola y eternizando su amor. Ella tenía razón: la máquina del tiempo había puesto fin a su historia. Y ¿ahora? Ahora debía tratar de mantener la farsa, aunque la descubrieran. Generar la duda era la mejor forma de seguir respirando.

—¡Sí, conozco a Himmler! —aseguró con voz firme.

—Acá tengo un informe que lo desmiente, desgraciado.

Pero antes de que Willi leyera alguna parte del informe que demostraba que el profesor era un espía hipócrita, lo bombardeó con una andanada de dudas.

—Soy oficial apostado en Viena. Soy jefe de la Gestapo. Cumplo una misión oficial, pero secreta. Llegué en avión. Nadie, salvo Himmler, Göring y sus subordinados directos, sabe que estoy aquí. Ah, Walter Huppenkothen, comisario criminal de la Gestapo, también sabe que he venido. Telegrafíele.

De nuevo Willi Berger dudó. «¿Cómo podía aquel sujeto saber todo eso?», se preguntó. Como lo vio vacilante, el profesor lo sondeó con voz imponente:

—¿Va a decirme que no conoce a Walter Huppenkothen, Willi?

El comandante titubeó. Había oído ese nombre. Mientras, Rodolfo sudaba.

—He oído hablar de Walter Huppenkothen, señor. —Y bajó el arma.

—¡Mantenga su posición, agente, o usted también será fusilado! —dijo Willi chillando.

Por unos instantes, el verdugo vaciló en dar la orden al pelotón de fusilamiento.

Otro oficial, amigo de Willi, afirmó:

—Yo conozco a Walter Huppenkothen.

—¿Lo conoce? Si es así, sabrá que Walter es el comisario criminal de la Gestapo —dijo el profesor—. Y si de veras lo conoce, sabrá que se hizo famoso porque recibió órdenes de Himmler para investigar la conexión del poderoso Göring con el círculo de resistencia durante un atentado contra Hitler.

Todos quedaron pasmados con la información. Julio Verne agregó:

—Por supuesto, no había ninguna evidencia de conspiración por parte de Göring. Pero es un asunto secreto. Los oficiales de menor nivel no deben conocer esos detalles, y eso lo incluye a usted, Willi. —Y se calló.

El oficial amigo de Willi que había afirmado conocer a Walter Huppenkothen se puso rojo, empezó a sudar, porque sabía que esas informaciones eran realmente secretas. Movió la cabeza mirando a Willi, en un gesto que le indicaba: «El sujeto es legítimo. Baje las armas o, de lo contrario, lo fusilarán a usted».

Una vez más Willi Berger se veía desarmado ante el tal Franz Huber. Entonces, astutísimo como era, decidió utilizar la más increíble máquina de la verdad para averiguar si de hecho el profesor era un alemán comprometido con la purificación racial o un espía o un judío encubierto. Mandó de inmediato que trajeran a dos de los judíos que habían cargado en los camiones. Cuanto más se acercaban, el profesor más entraba en pánico. Eran el doctor Kurt y Rebeca, sus amigos. Hans condujo a la pareja hasta ellos bajo la mira de su pistola.

Cuando el profesor los vio, era tangible su espanto. Sintió lástima. Sabía lo que iba a suceder y quería estar en cualquier lugar del mundo, menos allí. En aquel instante se arrepintió de haber entrado en la máquina del tiempo. Se sentía un antihéroe. Miró a Hans, el superior inmediato de Fritz, al que habían asesinado frente a la casa del doctor Kurt, con expresión furiosa. Hans balbuceó:

—¡Lo siento mucho!

Él no había delatado a la pareja. Fueron los ojos vigilantes de Willi, que los detectaron el primer día, cuando vio que el extraño oficial socorría a Rebeca.

—¿Ve a estos bonitos especímenes judíos? —dijo enseguida el verdugo—. Si usted es un oficial de las SS, no le costará verme ordenar al pelotón que los fusile. Pero si es judío y trata de salvarlos, demostrará quién es en realidad, su verdadera identidad. —Y se volvió hacia el pelotón—: ¡Apunten! Uno, dos...

Rodolfo se hallaba en medio del pelotón, casi paralizado por el miedo. Por momentos movía levemente su arma hacia la izquierda, donde estaba Willi. Pero sería un suicidio intentar matarlo. Cuando iban a fusilar a la pareja, de pronto intervino el profesor.

—¡No hace falta que siga contando, Willi! ¡Que apunten todos los fusiles hacia mí! —Y dio unos pasos en dirección a los tres oficiales. Osado, dijo, para que lo oyeran—: Pero antes de matarme, piense un poco. Yo lo engañé. Sin embargo, hay algo peor que ser engañado: ser engañado por un judío...

Los policías en formación no oyeron el «chiste», ni tampoco el doctor Kurt y su esposa. Los dos oficiales se rieron de Willi. Era una gran verdad. El brutal oficial de las SS sintió ganas de comerse vivo al profesor. En un impulso, apuntó la pistola para volarle los sesos.

—Tranquilo, hombre —dijo el profesor—. ¿Ha pensado en lo que pasaría si se difunde por toda las SS de esta región e incluso por toda Alemania que Willi Berger hospedó a un judío durante dos días en su casa? Un judío que comió su comida y bebió su vino. Sin duda Himmler lo perseguirá como conspirador.

Willi Berger respiró profundamente y comprendió que el inteligente judío tenía razón. El oficial que conocía a Walter Huppenkothen confirmó:

—Sí, jefe, todos caeremos en desgracia.

—Pero ¡no lo sabe nadie! —protestó Willi, en tono más bajo para que sus palabras no llegaran a oídos de los policías del pelotón.

—¿No? ¿Recuerda la foto que tomamos el primer día, usted, sus dos amigos y yo?

—Sí... —reconoció Willi, furioso.

—Tengo un informante en Berlín que guarda una copia de nuestra foto.

Esta vez fue Willi quien sintió un sudor frío. A sus amigos les temblaban las piernas. El profesor prosiguió:

—Tengo una propuesta. No mate al doctor Kurt ni a Rebeca. Ni a mí. Déjenos viajar en los vagones de tren hasta Polonia.

Willi titubeó.

—Y una cosa más —añadió Julio.

—¿Qué? —indagó el verdugo, que jamás había imaginado que negociaría con un judío.

—El Anillo de Honor de las SS. Es suyo, hombre. No es falso y me costó una fortuna.

El oficial de las SS ansiaba apoderarse de la joya, pero controló su ambición.

—No negocio...

—¿... con judíos? Pero va a negociar. Usted es violento, pero no estúpido.

—¡Está loco! —exclamó Willi ante los amigos furiosos.

—No tengo nada que perder. Puede matarme. Pero a ustedes los matarán por alta traición.

Willi nunca había tenido tantas ganas de sacar su pistola y apretar el gatillo. Pero, sin sombra de duda, un escándalo de tal magnitud lo llevaría a caer en desgracia. Por mucho menos habían sucumbido los antinazis en la política de terror del Tercer Reich. Nadie se encontraba a salvo.

—Acepto.

—¿Acepta? Pero tengo otra exigencia. Quiero hablar con el pelotón.

—¿Qué les dirá?

—Escuche.

Se colocó entre la pareja de judíos y el pelotón de fusilamiento. Las armas, ahora, apuntaban a él. Con increíble intrepidez, el profesor habló a aquellos jóvenes cuyas mentes habían sido adiestradas por la propaganda de masas de Hitler, Goebbels y Himmler. Al doctor Kurt y Rebeca les preocupó muchísimo la actitud de Julio Verne. Al parecer, ya había salvado el pellejo. ¿Qué más quería probar?

—¿Cuál es el instrumento básico del intelecto humano? ¡Respondan!

Willi les ordenó responder.

Nadie lo sabía, excepto el excéntrico Rodolfo, que, tras un silencio, afirmó:

—¡El pensamiento!

—¡El pensamiento! ¡Felicitaciones, ario! Y ¿cómo construimos los pensamientos?

Nadie sabía la respuesta.

El profesor dijo:

—¿Conocen a los pensadores alemanes, como Heidegger, Hegel, Nietzsche y Kant?

No los conocían.

—Todos los grandes pensadores, alemanes o no, usaron el pensamiento para elaborar ciencias políticas y filosofía, pero no se estudió, por lo menos sistemáticamente, la naturaleza y el proceso de construcción de pensamientos. A través de los pensamientos amamos y odiamos, aplaudimos y vitoreamos.

Willi y sus amigos oficiales quedaron atónitos con la cultura del judío, pero no sabían adónde quería llegar. El profesor de Historia y experto en psicología continuó, como si se hallara en un aula:

—Antes de disparar el gatillo del rifle, se dispara el gatillo del pensamiento.

Aquellos militares nunca habían reflexionado sobre el pensamiento. Eran niños con armas en las manos, que disparaban en primer lugar el preconcepto y después las balas... Eran mentes adestradas por Hitler. El profesor pretendía desarmarlos de dentro hacia fuera. Como había amordazado a Willi, quería realizar una experiencia única con los jóvenes nazis. Un experimento jamás intentado, pero que a todo investigador de psiquiatría, psicología y sociología le gustaría hacer. ¿Los alemanes eran agentes del mal?

—¿Qué es más poderoso? ¿El pensamiento o las armas? —indagó el profesor.

Willi echaba espuma de tan rabioso, pero uno de sus amigos apreciaba el debate.

—¡Los pensamientos! Con ellos se hacen las armas —respondió Hans.

—Muy bien, ario. Para construir los pensamientos, uno entra en milésimas de segundos en su memoria y, sin necesidad de un mapa, encuentra los elementos, como pronombres, verbos, sustantivos, que los constituyen. Esa increíble proeza ¿la realizan sólo los arios? ¿No la hace también esa pareja de judíos?

—Sí, claro —contestó Rodolfo.

Los otros policías permanecieron en silencio.

—Ellos están lejos de sus hijos. ¿La añoranza y la soledad que sufren no son provocadas por la misma construcción de pensamientos que la de sus padres? ¿El miedo a perder a sus hijos no es semejante al que sintieron sus padres cuando ustedes dejaron sus hogares? ¡Yo soy judío! Pero no pienso como judío, no siento como judío, no amo como judío; pienso, amo y siento como ser humano...

En ese momento, Julio Verne miró a los ojos de aquellos muchachos nazis y parafraseó a Jesús de Nazaret:

—«El que nunca haya cometido errores, que tire la primera piedra...» —Como profesor de Historia, conocía y admiraba muchísimo los textos del Maestro de maestros—. Después de escucharme, ¡les ruego que sean honestos en sus pensamientos! El que no me vea como ser humano, que tire la primera bala...

De repente, uno por uno, comenzaron a bajar las armas. Fue una imagen de rara belleza filosófica. El doctor Kurt y Rebeca derramaron lágrimas. Los jóvenes alemanes que habían cerrado el circuito de la memoria por la propaganda de masas nazi eran seres humanos por detrás de la coraza. Estaban ávidos de amar, dialogar, superar la soledad, correr tras sus sueños. El profesor Julio Verne constató una tesis que había leído alguna vez y que lo orientaba: «Todo ser humano es un arca. No existen mentes impenetrables, sino llaves equivocadas».[15]

El doctor Kurt pensó que toda guerra era una fábrica de monstruos. No había ganadores, sino menos perdedores. Padecían tanto verdugos como víctimas.

Willi permanecía insensible. De repente tomó su pistola y en un gesto impetuoso disparó al pecho de Hans. El profesor se inclinó por encima del cuerpo del alemán y trató de ayudarlo. Hans tuvo la sensibilidad y el coraje de decir:

—Soy cristiano. Me enseñaron a amar a mis enemigos, y más aún a las personas inocentes. Gracias por haberme sacado de este infierno...

Y cerró los ojos.

—Discúlpame —murmuró el profesor.

—Y bien, ya maté a un admirador de los judíos; ahora estoy loco por estrangularlo —le dijo Willi a Julio—. No lo haré, pero usted y sus amigos serán transportados a Auschwitz como animales...

Y tomó el anillo del profesor. Era su triunfo. De ese modo se selló un pacto entre un judío y un verdugo. Pero ese pacto tuvo su precio. Willi no lo mató, pero golpeó, aporreó y pateó a Julio Verne frente a sus amigos.

El profesor temblaba de dolor. Tenía dos costillas rotas. Apenas podía respirar. Después de ese episodio, lo llevaron, junto con la pareja de amigos judíos, a los vagones. El profesor, debilitado por la paliza, no conseguía subir. Lo ayudaron el doctor Kurt y Rodolfo, siempre disfrazado de nazi.

Julio miró al joven y se lo agradeció.

—Yo también voy en este tren —le dijo Rodolfo, decidido.

—¡No! Eres más útil vivo que muerto. Ayuda a los niños.

Y le dio la dirección del lugar donde estaban los hijos del doctor Kurt y Rebeca. Y así se despidieron, con lágrimas en los ojos.

15

UN DÍA COMO ANIMAL

La gran mayoría de los que entraron en los vagones cayó en una trampa. Nadie sabía con exactitud adónde iban ni qué los aguardaba. Algunos creían que los recibirían en el Este europeo y tendrían dignidad, trabajarían, recuperarían sus familias, sus pertenencias y sus casas. Todo un engaño. Pronto tuvieron un pésimo presagio.

No había bancos, ni siquiera espacio para sentarse. Tenían que permanecer de pie debido al apiñamiento. Trancaron los vagones por el exterior. Por la noche se oía el ruido de las ruedas de hierro contra los raíles. Un sonido otrora agradable, ahora esos «gritos» metálicos sofocaban voces y se tornaban fantasmagóricos. Dominados por la desesperanza y el pavor, nadie hablaba ni hacía gesto alguno. Algunos lloraban de miedo.

En las ventanas, tapadas con tablones, quedaban apenas algunas rendijas para que entrara algo de aire y luz. Sentían sed y casi no podían respirar. En el vagón donde se encontraba Julio Verne colgaron una manta en un rincón, detrás de la cual las personas hacían sus necesidades. En poco rato el olor se volvió insoportable. Muchos se adormecieron de cansancio, incluso de pie.

Eran largas treinta y dos horas hasta Auschwitz, si todo marchaba bien. No había agua ni pan; sólo una masa de humanos. El mal olor de las heridas infectadas, la falta de higiene de los capturados en lugares inhóspitos y los gemidos de los mutilados convertían el propio vagón en un campo de concentración. Algunos ancianos y heridos no soportaban el viaje interminable y desfallecían.

Los libros de Historia tienen una deuda impagable con la realidad cruda que experimentaron los actores que respiraron los hechos. El profesor Julio Verne lo sabía. Enseñaba Historia y trataba de teatralizarla para disminuir esa deuda, para que sus alumnos la sintieran un poco en carne propia, pero ahora, al vivirla, estaba perplejo.

Creía en Dios, pero, a diferencia de Kate, su esposa, no era practicante, casi no rezaba. En esos momentos, movía los labios sin parar rezando al Autor de la Existencia. Pero al mirar los ojos abatidos de las personas que lo rodeaban —médicos, comerciantes, abogados, madres, padres, niños... en fin, gente inocente— su fe vacilaba muchísimo. Se decía:

—¿Por qué, Dios mío? ¿Por qué tanta violencia?

Al final del viaje se adentró en el terreno del ateísmo, como no pocos de los que pasaron por tales atrocidades. Se preguntaba, en voz baja:

—¿Dónde está Dios? ¡Dios no puede existir! Si existiera, ¡no admitiría esta violencia!

Un señor anciano, que casi desfallecía, de unos setenta años, médico brillante, oyó sus palabras y lo conmovió con lo que le dijo:

—Si Dios no existiera, hijo mío, los sociópatas que hirieron a la humanidad habrían vencido.

—¿Por qué? —indagó Julio Verne con labios secos, despojado de fe.

—Para los que sufren grandes injusticias y dolores insoportables, creer en Dios... se vuelve el fenómeno más lógico de la mente humana, hijo mío.

135

—¿Cómo dice? —indagó el profesor, perplejo.

Y, para impresión de uno de los más notables intelectuales del siglo XXI, el misterioso médico completó:

—Si Dios no existe, nadie castigará la crueldad de los sociópatas ni aliviará el dolor de los heridos... Pero, si Él existe, el alma es real e inmortal, y la vida, corta o larga, se tornará un pequeño texto, y la muerte, por muy violenta que sea, se convertirá apenas en una coma.

—¿Una coma?

—¡Sí! Porque el texto seguirá escribiéndose en la eternidad... Tarde o temprano se hará justicia. Hitler y sus secuaces serán castigados.

Tras decir esas palabras, el anciano expiró. Y parecía sonreír al despedirse de la vida. El profesor, de lo más atónito, trató de aferrarlo con sus manos, pero no tenía fuerzas. Algunas personas acomodaron el cuerpo en un rincón del vagón.

Nada alimentó tanto la fe de Julio Verne como las palabras de aquel hombre. Y las guardó como perlas en su espíritu. Parecía un ángel que lo sacó del infierno emocional. Una vez más el coleccionista de lágrimas se convirtió en un coleccionista de esperanzas. Faltaban dos horas para llegar a Auschwitz, pero no fueron las horas más tristes. Tales palabras surtieron su efecto en la imaginación de Julio Verne, que empezó de nuevo a soñar con Kate. Pensó en el hijo que ella gestaba y le hacía promesas de amor. Tal vez deliraba, pero nada le resultó tan agradable.

A diferencia de los demás judíos, el profesor sabía que la verdad era implacable. Cuando llegó a Auschwitz, ya casi no tenía fuerzas. Los que vestían ropas a rayas les aconsejaron que se mantuvieran despiertos. Les pidieron que se pellizcaran la cara.

Si mostraban flaqueza, los médicos darían una señal y los

asesinarían de inmediato. En Auschwitz, en las cámaras de gas no utilizaban gas carbónico, sino un gas mortal emanado de un pesticida llamado Zyklon B,[16] que asfixiaba los pulmones. Cuando el profesor llegó al campo, todavía no las habían instalado. Quedarían listas unas semanas después. Si mostraba buena disposición, conseguiría librarse de una bala de fusil y podría convertirse en esclavo en las fábricas químicas del campo.[17]

Después de ser separados en grupos, los prisioneros pasaron en doble fila ante uno de los médicos más famosos de la historia del nazismo: Josef Mengele, el verdugo de Auschwitz. Mengele hacía experimentos quirúrgicos con judíos, sin anestesia. No le importaba el dolor de los demás. También practicaba experimentos atroces con gemelos. No le importaban los hijos de la humanidad. Había arrojado a la basura el juramento hipocrático.

Mengele observaba la complexión y el color de la piel de los judíos que pasaban ante él en largas filas y no decía nada; se limitaba a mover el dedo pulgar a la izquierda o a la derecha. De ese modo determinaba quién iba a morir o vivir.

Cuando se acercó al verdugo de la medicina, el profesor se sintió muy conmocionado al reconocerlo. Sus labios comenzaron a temblar de miedo y de odio. Miedo de no pasar la atroz prueba y odio porque aquella sería una oportunidad de avanzar contra Mengele e intentar herirlo o, con suerte, eliminarlo. Pero estaba debilitado, sin fuerzas. Y lo peor era que su actitud podía acarrear graves consecuencias. Si Mengele resultaba herido o, quizá, muerto, las SS podría imponer una venganza brutal: tal vez ningún judío sobreviviera aquel día o en los días posteriores.

Al pasar ante Mengele, aminoró el paso y lo miró directo a los ojos, con el deseo de devorarlo vivo. Mengele lo dejó continuar, pero, como Julio lo había encarado, sufrió un culatazo que lo arrojó lejos. Casi se desmayó, pero soportó el dolor.

Los que sobrevivían recibían un ajado uniforme rayado. El ritual en el campo era horrendo. Muy temprano iban a los trabajos forzados en las fábricas de Auschwitz III; por la tarde, casi agotados, retornaban a sus pésimos pabellones. A los que tropezaban durante el trayecto o en el trabajo y no conseguían levantarse con rapidez los mataban en el acto. Al salir y al entrar en el pabellón, eran controlados uno a uno.

No podían hablar entre ellos mientras trabajaban o caminaban en fila, so pena de ser asesinados de forma sumaria. Rara era la oportunidad de conversar con sus compañeros de lecho. Pero también allí había un verdugo, un *Kapo*, encargado de prohibir toda relación o motín.

Los *Kapos* solían ser criminales reclutados por los nazis para mantener el orden en los inmensos barracones.[18] Cuando se da poder a un líder sobre la vida y la muerte de los liderados, un poder divino, es frecuente que demuestre ser el peor tipo de Dios posible. Los *Kapos* eran implacables con los miserables de los campos de concentración.

El profesor reflexionaba sobre el destino que tendrían todos en el campo. No había manera de escapar. De nada servía usar cualquier habilidad intelectual en el campo. Los nazis hacían oídos sordos, sólo sabían cumplir órdenes. Era el principio de junio de 1942; el campo se cerró en 1945, cuando Alemania perdió la guerra. El profesor no conocía registros de alguien que hubiera entrado en 1942 y escapado con vida. Los esclavos duraban apenas unos meses, debido a los maltratos y las raciones insuficientes, de entre quinientas y setecientas[19] calorías por día, cuando la necesidad diaria de un adulto que ejecutaba trabajos pesados era de más o menos tres mil seiscientas calorías.[20]

Entre los prisioneros, por vivir en altísima situación de riesgo de vida, afloraba el instinto de supervivencia, que reducía los niveles de solidaridad entre los «confinados». Nadie prestaba mucha atención al dolor de los otros; cada uno luchaba por su pedazo de pan. Eso decían los libros de Historia, pero el profesor se sorprendería. En el caos también nace el afecto.

Los primeros días en Auschwitz parecían llevar a los esclavos a la locura. Los prisioneros se apilaban en las camas como si fueran objetos. ¿Cómo era posible acomodar en cada una de las literas de tres pisos a nueve personas, echadas una al lado de la otra? Insomnio, dolores musculares, ansiedad y angustia pautaban cada noche.

Si por la noche era un martirio, de día era un infierno. En esos corrales humanos no había libros para leer, radios para oír, calles para caminar, flores para contemplar o brisa para sentir. Una rutina masacrante asfixiaba la mente de aquellos hombres. Ninguna actividad intelectual y emocional a no ser pensar, pensar, pensar... y esperar lo peor. La tortura mental era igual o peor que la física. Los nazis eran los enemigos externos; los pensamientos morbosos, los internos.

El doctor Kurt dormía en el primer nicho de la litera, al lado de Julio Verne. Deseoso de escapar del ambiente inhumano de Auschwitz, el abogado le preguntó al profesor:

—Cuénteme esa historia sobre el viaje en el tiempo. ¿Cómo es su mundo?

Los que los oían pensaron que los dos habían enloquecido. El profesor, aunque desanimado, también necesitaba huir un poco de la realidad. Se sentó en la cama y, en voz baja para que lo oyera el *Kapo,* comenzó a contar su historia. Su relato duró más de una hora; parecía viajar en su imaginación. Todo lo que el profesor decía era tan absurdo para los prisioneros, hambrientos y angustiados, que los distrajo.

Habló del sentimiento de indignación de las fuerzas armadas de Alemania del siglo XXI por haber permitido que los militares de ese tiempo, el tiempo del nazismo, confiaran el destino de Alemania a las manos de un hombre grotesco, verborrágico, inculto y sociópata, Hitler. Todos los judíos se deleitaban al oír al profesor. Un tanto incómodo, también se refirió a la máquina del tiempo.

—¿Máquina del tiempo? —repitió Josué, un médico clínico general saturado de odio, y con sobradas razones para odiar—. Y ¿cuál es su misión al viajar en el tiempo?

El profesor se detuvo a pensar... Sabía que no era recomendable revelarla. Pero ya se lo había contado al doctor Kurt, de modo que no podía callar.

—Eliminar a Hitler... —comentó con timidez.

Más risas...

—¿Un judío héroe? ¿Enviaron a un judío con su fuerza y su inteligencia para eliminar a Hitler...? ¡Lo único que faltaba! Estamos perdidos —expuso Herbert, un abogado perspicaz e inteligente como el doctor Kurt. Al oír la teoría del profesor, no sabía si reír o llorar.

El circo siempre es necesario, aun cuando no haya motivos externos para sonreír. La historia y la misión de Julio Verne se volvían un chiste ante sus ojos. Nada era más extraño que sus palabras, pero por lo menos aliviaban un poco a aquellos miserables y anestesiaban temporalmente su dolor, incluso el físico. No podía toser sin sentir dolores terribles en el tórax. Así empezó a ser todas las noches el centro de atención de los moribundos en torno de su lecho. Sin embargo, trataba de modular su tono de voz, de hablar sin alarde. Podían matarlos por conspiración.

—En mi tiempo hay teléfonos móviles, ordenadores personales e Internet.

Y explicaba cómo funcionaba todo eso.

Una semana después, los bajos niveles de carbohidratos y de proteínas comenzaron a nublar la conciencia de muchos, lo que los hacía, por lo menos a algunos, creer que el pobre profesor era de hecho un enviado de otro mundo, a pesar de que, según todo lo indicaba, hubieran elegido al hombre errado. Era un agente vergonzosamente frágil.

De repente, Samuel, otrora un rico comerciante, que sospechaba que Julio Verne era un loco que contagiaba a los demás compañeros con ideas descabelladas, lo puso contra la pared. Le hizo una pregunta fatal:

—Ya que viene del futuro, díganos: ¿quién ganará la guerra?

—Los Aliados.

—¿Qué pasará con Hitler, Göring, Himmler, en fin, con los principales hombres del nazismo? —cuestionó más una vez Samuel.

El profesor pensó bastante la respuesta. Las noticias podrían agradar, pero las fechas en que morirían los principales nazis decepcionarían muchísimo a los prisioneros que ignoraban si vivirían un día más. Miró profundamente a los ojos hundidos de sus compañeros de cárcel y habló primero sobre Hitler.

—Hitler se suicidará...

El público de judíos escuálidos sonrió, aunque la noticia pareciera fantasiosa. Antes de que preguntaran más, Julio Verne comentó algunos hechos históricos acerca de ese suicidio.

—En sus últimos momentos, el verdugo, antes de morir, dijo a su brillante arquitecto y amigo Albert Speer: «Resolví permanecer aquí... no lucharé. No quiero que mis enemigos deshonren mi cuerpo. Ordenaré mi cremación. Eva Braun desea partir conmigo, y antes dispararé a *Blondi*...».[21]

Hitler quería evitar sufrimientos a su perra preferida, pero

141

no le importaba que millones de seres humanos sufrieran en los campos de concentración. ¡Qué paradoja! Hasta en la hora de la muerte Hitler era marcadamente egoísta. El profesor hizo una pausa, miró hacia el techo y recordó la imagen de los niños mutilados por el nazismo. Más de un millón. Luego dijo las últimas palabras del *Führer* a Speer: «Créame, Speer... un breve momento y estaré libre de todo, liberado de esta dolorosa existencia...».[22]

Al oír esas palabras, los debilitados judíos de Auschwitz entrechocaron los dientes de rabia ante la demencia del hombre que llevó el mundo al caos y a los judíos al matadero. Muchos perdieron a toda su familia: padres, hijos, hermanos, hermanas, primos y amigos. Algunos presenciaron sus muertes por fusilamiento.

—¿El hombre que más dolor infligió a la humanidad consideró su vida una «dolorosa existencia»? ¡Hipócrita! —concluyó Herbert.

—Somos nosotros los que vivimos el dolor esta existencia —afirmó el médico Josué, que había visto cómo diezmaban a toda su familia.

—Hitler tiene la mente enferma... —comentó el profesor, pero esa expresión causó la ira de algunos compañeros.

—¿Enferma? Enfermos estamos nosotros... Él es la encarnación del mal —opinó Samuel.

—Es una peste —afirmó categóricamente Herbert.

—El mayor verdugo de la humanidad —afirmó Josué.

De repente, el doctor Kurt hizo la pregunta que no quería callar, una pregunta que Julio Verne no podía responder.

—¿Cuántas personas morirán en Auschwitz? ¿Saldremos vivos de este infierno?

El profesor tragó saliva, tuvo un acceso de tos e intensos dolores en el pecho. Por unos instantes casi no consiguió respirar.

El aire le comprimía los pulmones, pero le costaba articular la voz y responder. No obstante, no podía dejar la pregunta sin respuesta, aunque fuera que incompleta.

—Auschwitz es un territorio polaco anexado por los alemanes en 1939. En la primavera de 1940 se creó el campo de concentración, donde antes funcionaba un antiguo cuartel.[23] A partir de entonces se convirtió en una institución estatal administrada por las SS. El 14 de junio de 1940, las autoridades alemanas destinaron a Auschwitz el primer transporte de presos polacos, la mayoría políticos. Después de los judíos, los polacos representaron el mayor número de víctimas de ese campo.[24]

—¿Cuántos judíos van a ser deportados aquí? —preguntó el exaltado Herbert.

Hasta pocos días antes, un *Kapo* que cuidaba de la disciplina del pabellón había empezado a escuchar las historias del profesor y hasta se sentía cautivado por sus palabras. Aquel hombre tosco poco a poco comenzó a mostrarse menos agresivo y más amable con los judíos, al menos con el grupo que incluía misterioso Julio Verne. Pero aquel *Kapo* enfermó y fue reemplazado por otro. Pronto el nuevo encargado consideró que esos hombres que conversaban en voz baja en el pabellón eran un grupo de rebeldes. Esa noche, al percibir los ánimos exaltados en torno al profesor y pensando que se trataba de una conspiración, se le acercó y lo golpeó. Se hizo un profundo silencio, y todos se encogieron en las camas. Julio Verne estaba dolorido, pero se salvó de responder.

Entre tanto, la rutina era tan angustiante que los demás no se olvidaron de la pregunta. A la noche siguiente, sediento de respuestas, fue Josué quien interrogó al profesor, pero esta vez en tono más bajo, si bien no menos tenso.

—Díganos, ¿cuántos judíos vendrán a este infierno?

Tras un suspiro profundo, el profesor contestó:

—A partir de 1941, los nazis deportaron ciudadanos de otros países. Durante su funcionamiento, los alemanes enviaron a este campo cerca de un millón de judíos, casi ciento cincuenta mil polacos, veintitrés mil gitanos, quince mil prisioneros de guerra soviéticos y veinticinco mil personas de otras nacionalidades.[25]

—¿Cómo...? ¿Tanta gente? —exclamó perplejo Manasés, un rabino que oficiaba en muchas sinagogas alemanas, que de tan flaco y desnutrido que estaba dio crédito a los números del profesor.

—Por desgracia.

No debieron esforzarse mucho para hacer las cuentas de la cantidad de personas que morirían.

—¿Dónde está Eloin?[26] ¿Por qué tanto silencio? —exclamó Herbert indignado, invocando uno de los nombres del Dios de Israel.

—¿Dios fue una utopía de nuestros antepasados? —comentó abatido Esaú, un judío que casi se había vuelto ateo después de ver las atrocidades cometidas contra su pueblo. Proyectó su rabia contra Julio Verne—. Hitler escapó de muchos atentados, parece un mesías del mal, y usted es un loco que engaña a otros crédulos.

Observando que muchos de sus compañeros perdían la fe, adentrándose en un círculo ateísta como el de Esaú, Julio repitió las palabras que le dijo el intrigante anciano al final del viaje a Auschwitz, momentos antes de cerrar los ojos a la vida.

—«Si Dios no existe, nadie castigará la crueldad de los sociópatas ni aliviará el dolor de los heridos... Pero, si Él existe, el alma es real e inmortal, y la vida, corta o larga, se tornará un pequeño texto, y la muerte, por muy violenta que sea, se convertirá apenas en una coma, porque el texto seguirá escribiéndose en la eternidad...»

Manasés comentó:

—Sabias palabras. Un mensaje vivo del Altísimo. —Enseguida recitó el salmo del rey David—: «El Señor es mi pastor... En verdes praderas me hace descansar... Aunque marche por el valle de las sombras de la muerte, no temeré ningún mal, porque tú estás conmigo...».[27]

De repente, un judío al que nadie conocía y que, aunque se hallaba algo apartado, oía todo en silencio desde el primer día, abrió la boca para decir como un maestro:

—La vida en el escenario de esta Tierra, por corta o larga que sea, es apenas una brevísima obra que ante la eternidad no dura más que breves segundos. Si perdemos la fe, los canallas prevalecerán y los débiles existirán sólo para servirlos.

Después de esas palabras nadie dijo nada más. Fueron a dormir. Aquella noche no oyeron los gemidos de los compañeros del pabellón, ni les molestaron los piojos que los infestaban, ni mucho menos el hambre y el olor fétido del ambiente. Pasaron una rara noche de descanso.

Reconfortado por la noche anterior, el doctor Kurt, por todo lo oído, estaba casi seguro de que aquel misterioso hombre era en verdad un viajero del tiempo. Animado con la noticia de que Hitler no sobreviviría, pidió:

—¡Cuéntenos más sobre el destino final de esa desgracia de Alemania!

El profesor lo hizo.

—Más cerca de la medianoche, la examante y ahora compañera, Eva Braun, envió un mensaje de las SS para invitar al arquitecto Speer, que a lo largo de los años había sido casi un confidente de Hitler, a beber una copa con él. Hitler le dijo: «¿Qué tal un champán como despedida?». Y mientras comían pastel y unos dulces conversaron con respecto a Goebbels, Bormann y los rusos.

—Su tesis no se sustenta. Si Hitler ya estaba derrotado, ¿por qué no huyó? Tenía decenas de aviones a su disposición —cuestionó Esaú.

—Hitler no es un gigante. Es un hombre depresivo, pesimista, extremista, impulsivo y verborrágico. Padece una necesidad neurótica de poder y de atención social. Cuando lo contrarían, se desfigura. No es un héroe. Iba a batirse en retirada, pero Goebbels, el fanático y por lo demás eficiente propagandista del nazismo, que durante años impuso la imagen de Hitler como el alemán de los alemanes, el mesías de un nuevo tiempo, convenció a Hitler de permanecer en Berlín. Y, de ser necesario, debía morir en Berlín, porque, según él, el *Führer* tenía que cumplir su papel histórico y no huir como un hombre débil.

Goebbels fue quien introdujo en los medios de comunicación de masas la idea de que una mentira contada cien veces se convierte en una verdad. De hecho, el registro constante de una idea o tesis en la memoria, si no es filtrado constantemente por un pensamiento crítico, crea una plataforma de datos en la MUC (Memoria de Uso Continuo) que secuestra el Yo y lo lleva a perder la autonomía o capacidad de tener opinión propia. Ese virus contaminó no sólo la sociedad alemana, sino al propio Goebbels.

El genio del marketing cayó en su propia trampa. A pesar de conocer las flaquezas de Adolf Hitler, su biotipo no ario, su cultura tosca y ruda, tanto habló de la grandeza del *Führer* y de su papel mesiánico en el teatro de las naciones que sus falsas teorías se volvieron, a lo largo de más de diez años, verdades incuestionables para él. Y aun sabiendo que Alemania estaba por completo derrotada, seguía vendiendo al sugestionable Hitler la idea de que él tenía un papel reservado en la Historia.[28] Después de esta exposición, el profesor comentó:

146

—Goebbels dijo que el *Führer* no debía huir. Morir en Berlín era un privilegio, lo cual culminó con su suicidio. Goebbels y su esposa también se suicidaron. Y, por desgracia, llevaron también a la muerte a sus inocentes hijos. Nunca el marketing fue tan poderoso, nunca el marketing llegó al borde de la locura como en aquel momento...

16

EL ENCUENTRO CON VIKTOR FRANKL

La noche en que el profesor discurrió sobre el fin de Hitler, el *Kapo* retiró del pabellón a tres personas que gemían de dolor. Nunca más regresaron. En cuanto al grupo de Julio Verne, lo que todos temieron preguntar era cuándo moriría el *Führer* de Alemania. ¿Qué día? ¿Qué mes? ¿Qué año? Nadie osó indagar eso; bastaba con sentir las chispas de esperanza de aquella noche.

Al día siguiente, como siempre, el trabajo fue pesado. Las refecciones insuficientes los hacían perder masa muscular. No poseían fuerzas para cargar peso, pero tenían que transportar productos químicos y colocarlos en las calderas. Bajo los gritos y los porrazos de los policías de las SS, eran obligados a obedecer. Los que no lo lograban acababan eliminados. Era una violencia inimaginable.

Por la tarde, regresaron al pabellón. Josué, muy debilitado, no soportaba caminar. Julio Verne, a su lado, sabía que podía morir. Lo alentaba. En voz baja le dijo:

—Vamos, Josué, el pabellón está cerca.

—No voy a llegar...

Al cabo de un rato, al ver que se entregaba, Julio insistió:

—Vamos, sólo faltan cincuenta metros. —Vio que iba a caer y lo sujetó.

Un policía le asestó un golpe y lo arrojó al suelo. Los iba a matar a los dos. El profesor, con su habilidad para hablar, le dijo:

—¿Cómo puede matar a dos de los mejores esclavos del *Führer*? Somos especialistas en productos químicos. ¡Estamos agotados porque trabajamos más que esos cadáveres que están de pie! Verifique con los policías que nos controlan.

El policía pensó unos momentos y después se echó atrás. Guardó su arma y mandó que volvieran a la fila. Ambos se levantaron con dificultad y con sacrificio llegaron al pabellón. Aquella noche el profesor no estaba animado para dar otra clase de Historia, pero el siempre dócil Manasés indagó:

—¿Cuándo sucederán esos hechos? ¿Cuándo va a morir Hitler?

Era la pregunta que el profesor no quería responder a aquellos cadáveres ambulantes. Inseguro, contestó:

—El 30 de abril.[29]

—¿El 30 de abril? Estamos a finales de junio. Un día parece una eternidad en este ambiente inmundo. Moriremos todos —dijo con toda razón el doctor Herbert—. Pero ¿en qué...?

Herbert iba preguntar en qué año. Julio Verne lo cortó. Quería retardar la triste noticia. Continuó el relato de aquellos últimos momentos.

—Espere, Herbert... Espere... En los momentos finales, Hitler se despidió de los amigos y los asesores más próximos. Del lado de afuera estaba la vieja guardia: Bormann, Goebbels, Artur Axmann, fundador de las Juventudes Hitlerianas, y el embajador Hewel. Horas después, tras la ceremonia de casamiento en que juraron ser arios puros, Eva Hitler rompió y tragó una cápsula de cianuro. Hitler disparó contra ella la pistola Walter 7,65 milímetros, y enseguida se disparó también, inmediatamente después de ingerir una cápsula igual.[30]

El público de prisioneros oía los hechos con atención. Cuando alguien iba a hacer de nuevo la pregunta fatal, «¿En qué año?», el profesor continuó:

—Hitler dará las órdenes para incinerar su cuerpo. Göring será apresado al final de la guerra y, como muchos otros, será sentenciado a muerte. Himmler morirá el 23 de mayo...

El doctor Kurt no se contuvo.

—Un momento, profesor. ¿De qué año? ¿En qué año sucederá todo eso?

Al coleccionista de lágrimas se le humedecieron los ojos.

—1945.

Aquellos hombres cadavéricos, moribundos, miserables, que casi ya no tenían más líquido en las glándulas lagrimales por estar deshidratados, lloraron copiosamente.

—No, no es posible. ¿Sólo dentro de tres años? —exclamó el doctor Kurt.

—Usted está loco. Todos los días soñamos que los Aliados ganan la guerra, y usted habla de 1945 —comentó David.

—¿Quién soportará tres años en este infierno? —clamó Herbert.

No lo soportaría nadie, no sobreviviría nadie, salvo que rompieran la cárcel de la Historia, cambiaran uno de sus capítulos, a través de la intervención del extraño agente llamado Julio Verne.

—No quedará un solo judío en Europa —dijo Manasés, desesperanzado.

—No, Manasés. Quedarán. Morirán muchos, pero no pocos sobrevivirán —lo corrigió Julio, a pesar de saber que el objetivo de Adolf Hitler era el genocidio.

—La muerte puede ser un premio para los que vivimos en esta mazmorra, pero la vida es un premio para los que tengan una mente libre —afirmó con voz suave alguien que había escuchado en silencio todo lo que el profesor decía desde hacía noches. Era el mismo personaje desconocido del grupo que días antes dijo: «La vida en el escenario de esta Tierra, por corta o larga que sea, es apenas una brevísima obra que ante la eternidad no dura más que breves segundos».

Con la cara consumida como los demás, cabello quebradizo por la falta de nutrientes, el debilitado hombre era diferente. *Parecía ver rocío en el desierto, brisa en el calabozo, esperanza en los valles de la desesperación.* Era un vendedor de esperanza para aquel público desanimado.

—Es el soñador de la semana pasada —comentó, irritado, Josué.

—No tenemos opción: o creemos en la vida o ya estamos muertos antes de morir.

—Qué utopía, hombre; nadie vive de utopía —dijo Herbert en tono agresivo—. Si Julio Verne no es un loco que se quema en las llamas de sus delirios, estamos completamente abandonados.

—No, no lo estamos. El Autor de la Existencia llora nuestras lágrimas, se debate en nuestros sufrimientos, tiembla en nuestro dolor, nos invita a alzar los ojos y mirar la pradera verde en un campo de piedras.

—Otro loco —afirmó David.

—¿Cómo se llama? —preguntó Julio Verne, curioso, como si en el futuro, en la época en que había nacido, ya hubiera saboreado ideas semejantes.

—¿Yo? *Soy un simple médico que cuando no veo esperanza a mi alrededor, la construyo dentro de mí...*

—¡Imposible! No me diga que usted es... ¿Viktor Emil Frankl?

—El mismo —afirmó Viktor Frankl, admirado por que lo hubiera reconocido, pese a saber que, antes de que los nazis lo arrestaran, humillaran y vilipendiaran, ya era doctor en Medicina y un respetado neurólogo y psiquiatra.

Julio Verne se quedó impresionado. Comenzó a hacer viajes

mentales. Recordó los mensajes misteriosamente recibidos de «Viktor Frankl»: uno en el futuro, que apareció flotando en la oficina contigua a su cuarto en el laboratorio del Proyecto Túnel del Tiempo, y otro en el pasado, en la casa de Kurt. Empezó a inundarlo un sudor frío. Las notas lo alentaban a ser fiel a su conciencia y a buscar con todas las fuerzas un sentido para su vida.

Sabía que Viktor Frankl era un personaje real de la Historia y no una invención de su mente. Sabía que estuvo preso en un campo de concentración y que fue una de las raras personas que salieron con vida. El doctor Frankl parecía «delirar» en su imaginación mientras se hallaba en el campo de concentración. Él veía lo que las imágenes no revelaban, era capaz de ver flores en un ambiente donde sólo había alambre de espino, vallas eléctricas y violencia.

La búsqueda de un sentido mayor para su vida, aun cuando valía menos que la de un animal, nutrió su esperanza y revigorizó sus fuerzas para soportar el caos y sobrevivir a él. Después de salir del infierno nazi, el doctor Frankl llegó a ser, en las décadas siguientes, uno de los psiquiatras más brillantes del siglo xx. Sin embargo, Julio Verne jamás imaginó que lo encontraría en Auschwitz. Por momentos, al recibir los mensajes firmados por él, pensaba que eran una construcción de su propia mente durante sus pesadillas con la Segunda Guerra Mundial.

Julio Verne se frotó la cara con las manos. Estaba ansioso por preguntar si Frankl le había escrito los mensajes. «Pero va a creer que estoy loco...». No obstante, no soportó la curiosidad.

—Viktor Frankl, parece una locura que se lo pregunte, pero ¿usted me envió unos mensajes?

—¿Yo? Discúlpeme, pero no lo conozco.

Al profesor le chocó la respuesta negativa. Una vez más su propia mente lo traicionaba. Todos lo miraron con el cejo fruncido.

—Pero estaban firmados por usted... ¿Podría, por favor, dibujar su firma, aunque sea en el aire?

Viktor lo hizo.

Julio Verne se desconcertó. Los contornos eran semejantes... pero no podía decir que había recibido los mensajes, uno en 1941 y otro un siglo después. Ni podía afirmar que eran del psiquiatra vienés. Sus amigos comenzaban a darle algún crédito. Si decía que había recibido esos mensajes, lo considerarían un loco irremediable. Mejor guardar silencio.

Al doctor Frankl le impresionó la inteligencia de Julio Verne.

Y, al observar que sus amigos dudaban de sus informaciones, dijo:

—Tal vez aún tenga que escribirlas, mi buen amigo.

Y trataron de descansar. Al día siguiente continuarían su jornada en las fábricas alemanas. Si querían vivir un día más, tenían que trabajar, a pesar de estar heridos, enfermos o debilitados. El país estaba en guerra y necesitaba los productos fabricados por los esclavos judíos. Y los policías de las SS que los vigilaban eran implacables. La conciencia de la muerte debía tornarse un cáliz para embriagarlos de sabiduría y compasión, pero la necesidad neurótica de poder los emborrachaba de arrogancia e insensibilidad. El poder siempre envició y destruyó más que las drogas.

17

UN BANQUETE INTELECTUAL INIMAGINABLE

El profesor se conmovió al encontrar a aquel médico que un día se haría famoso. Por unos instantes rescató su memoria. Estaba ante el doctor Frankl, un hombre de treinta y siete años, consumido, abatido, flaquísimo, que antes de llegar a Auschwitz, hacía pocos días, había pasado por el campo de Theresienstadt.[31]

Una de las pocas veces que tuvo un breve momento de descanso, Julio Verne esbozó una sonrisa en aquel corral humano, pues sabía que Viktor Frankl sobreviviría al campo. Mientras tomaban una exigua sopa de patatas, el profesor le dijo:

—No todos moriremos. Algunos de los que están aquí superarán el caos y serán estrellas en una sociedad oscura —dijo simbólicamente.

—No sé si voy morir, profesor, pero jamás desistiré de vivir. Agradezco a Dios a cada momento el regalo de la vida: el aire que respiro, las células que trabajan sin cansancio, el corazón que late en mi pecho y hasta esta mísera comida que ingiero.

Sensibilizado con su motivación para la vida, el profesor hizo un relato sorprendente al doctor Frankl.

—La Historia le reservará un lugar de honor. Será liberado por el ejército estadounidense en abril de 1945. Después de este infierno, doctor Frankl, usted será jefe del departamento de Neurología del Hospital Policlínico de Viena, hará su doctorado en filosofía y se convertirá en uno de los mayores pensadores del siglo xx. Y tendrá muchos discípulos...

Doctor Frankl se rio.

—La locura tiene sus ventajas... —bromeó con Julio Verne. Ahora también él consideraba imposible todo aquello.

El doctor Frankl pensaba que la fértil imaginación del profesor era una estrategia para eludir la realidad y, así, aliviar su dolor. Era un hombre movido por la búsqueda de un propósito para la vida. Consideraba que la mente tenía herramientas subutilizadas para reanimar su esperanza...

La medicina, la filosofía y en especial las penurias emocionales que el doctor Viktor Frankl había vivido en Auschwitz lo llevaron a la práctica de un ejercicio intelectual diario para soportar la tortura física y psíquica, lo que lo incentivaría a fundar más tarde la logoterapia, que, después del psicoanálisis de Freud y la psicoterapia individual de Adler, pasó a ser denominada Tercera Escuela Vienesa de Psicoterapia.

—¿Acaso fue mi paciente? —preguntó Viktor Frankl al profesor, ya que era tan amable y le había hablado de los mensajes recibidos.

—No, pero leí sus tesis. Y le doy una gran noticia: esas tesis darán fuerzas al cansado, coraje al abatido e ideas a las mentes fértiles —elogió Julio Verne.

Viktor Frankl se sentía intrigado con el profesor. Pero su respuesta fue sencilla.

—El futuro es una posibilidad, el presente es mi realidad. Sólo quiero transformar este desierto en un lugar soportable...

Por la noche, Herbert, que había oído la conversación entre ellos mientras tomaban la sopa, insistió de nuevo en las cuestiones fatales.

—Dígame, hombre del futuro, si ese Frankl sobrevive, ¿yo escaparé? ¿Cuántos más sobrevivirán en esta casa de locos?

Todos los más próximos insistieron en oír la respuesta. Lo ponían contra la pared para reanimar, aunque fuera mínimamente, sus emociones fragmentadas y desesperanzadas.

Julio Verne tragó en seco. No tenía coraje para revelar las informaciones que daba en clase. Sólo en la industria de destrucción humana de Auschwitz habrían de morir cerca de dos millones de personas.[32] Fue la mayor destrucción, concentración de dolor y desesperación por metro cuadrado de la Historia. En los otros campos el drama no sería muy diferente: morirían doscientos mil en Majdanek, ochocientos mil en Treblinka, seiscientos mil en Belzec, trescientos cuarenta mil en Chelmno y doscientos cincuenta mil en Sobibor. Y millares más en campos menores. Si el profesor decía que morirían cerca de seis millones de judíos y quedarían apenas cerca de dos millones novecientos mil judíos, diría en otras palabras que por poco no ocurriría un genocidio completo[33] en Europa.

Al ver que a Julio Verne le perturbaba la posible respuesta, Viktor Frankl lo salvó.

—Números... Los números asfixian nuestra motivación para vivir. Nos matan con el corazón latiendo. Julio Verne es un simple mortal. No lo maten antes de tiempo...

Completamente fatigado tras su breve clase, el profesor se echó en la cama dura y comenzó a viajar por el siglo XXI. Rescató algunas de sus reacciones en las aulas. Sus contemporáneos tenían comida, pero no la honraban; tenían libertad, pero no la exaltaban; podían amar, pero muchos no se amaban ni a sí mismos... el loco del pabellón por lo menos había llevado algún aliento a aquellos hombres desesperanzados.

Al día siguiente por la tarde, antes de regresar al pabellón, un policía de las SS, que formaba su archivo personal, ordenó que varios judíos se pusieran de pie para una foto. Guardaba los retratos como si fueran trofeos. Los personajes abatidos mostraban una expresión facial dificilísima de describir. Rara vez tomó una foto tan melancólica...

Al colocarse en posición para la foto, Julio Verne miró alrededor, vio a aquellas personas esqueléticas ocupando sus lugares para satisfacer la vanidad de un cazador de hombres y de pronto experimentó una nueva conmoción. Exclamó consternado:

—No, no es posible. Ya viví esa cena.

Nadie entendió nada. Por momentos tomaban en serio al supuesto hombre del futuro, por otros no le importaba a nadie.

—¡Silencio...! —ordenó el policía, un joven alto, de ojos azules, rubio, de menos de veinte años de edad.

El espanto del profesor se debía al hecho de haber recordado que había vivido aquel momento en una de sus pesadillas en el futuro, en los aposentos del laboratorio de la máquina del tiempo. Se estremeció al concluir que la energía mental sobre aquel momento histórico lo había transportado hacia el interior de sí mismo. Lo había capturado su inconsciente, que lo volvió víctima de sus pesadillas. «¿Todo esto será un sueño?», pensó.

Después de la foto, Viktor Frankl percibió el estado de angustia en que se encontraba Julio Verne. Durante la escasa comida, apoyó la mano derecha sobre el hombro izquierdo del hombre e intentó consolarlo valiéndose de las teorías que un día lo harían famoso:

—*Me atrevo a decir que nada en el mundo contribuye tanto a la supervivencia, aun en las peores condiciones, como saber que nuestra vida tiene un sentido.*

El profesor estaba consternado por la conclusión de que su inconsciente conspiraba contra él y que su mayor enemigo tal vez no fuera el nazismo, sino él mismo. Respiró hondo y reflexionó sobre la tesis del doctor Frankl. Pero David interrumpió su pensamiento.

157

—¿Esperanza? ¿Sentido? ¿Qué sentido puede haber en este campo de exterminio, doctor Frankl? La vida aquí vale menos que una bala.

—*Quien ya no consigue creer en el futuro está perdido en un campo de concentración aún mayor*[34] —ponderó Frankl. El psiquiatra vienés defendía la tesis de que había un campo de concentración que podía instalarse en el territorio de la mente humana y podía ser peor que Auschwitz. Muchos suspiraron ante tal pensamiento, pero no todos.

—Usted es un mercader de utopías, doctor Frankl. Mírenos. No conspiramos contra Hitler ni contra Alemania, pero se nos considera gusanos, no seres humanos —comentó Herbert.

Pero el fascinante médico vienés continuó brillando en la oscuridad de la mente de sus amigos del campo de concentración.

—*Hay personas que tienen medios para vivir, como estos soldados que nos vigilan, pero no tienen nada por lo que vivir. Los que tienen mucho y no tienen sentido de vida pueden ser más desdichados que nosotros.*[35]

Herbert golpeó el plato, que con un ruido extraño cayó al suelo del comedor silencioso. Se resistía a aceptar esas teorías.

—Nos morimos de frío, de hambre y de angustia. Nuestra ración diaria mal alimenta a un perro —expuso el brillante abogado, que ya no creía en nada.

Sin embargo, Frankl no se intimidó, porque si callaba, ya estaría muerto, al menos por dentro.

—*Si no encontramos un sentido para nuestro dolor, enloqueceremos, ya estaremos muertos. Cuando no logramos cambiar mudar la realidad somos desafiados a cambiarnos a nosotros mismos...*[36]

—¿Cómo? ¿Creyendo en el Dios de Israel? —replicó Esaú, despojado de fe.

Viktor Frankl, mostrando una fuerza que fluía de su espíritu, del territorio más cálido de su emoción, planteó:

—Y ¿por qué no, Esaú?

—Yo fui un religioso fervoroso. Iba a la sinagoga todas las semanas. —Y, para mostrar su falta de fe en la justicia de Dios y de los hombres, citó al filósofo francés Voltaire—. Pero ahora tengo dudas. O Dios no existe o la humanidad es un laboratorio fracasado y Él la abandonó.[37] ¿Nunca leyó a Voltaire?

Manasés tomó la palabra y respondió a Viktor Frankl:

—Leí a Voltaire y voy responder a su cuestionamiento. *Para mí Dios no es un delirio de la mente humana. Dios existe y no abandonó el proyecto humano. Él no está alienado de nuestro dolor, tiembla en nuestra musculatura flácida, llora nuestras lágrimas secas y grita «¡Espera! Pronto Yo te retiraré del paréntesis del tiempo»...*

Julio Verne, recordando a Kate, que tenía más fe que él, y Viktor Frankl aplaudieron suavemente las palabras de Manasés. Luego el profesor se acordó de las intrigantes palabras del médico que había desfallecido en sus brazos en el vagón del tren a Auschwitz. Lo parafraseó:

—*En el teatro del tiempo, la existencia, por dura o suave que sea, es una brevísima obra que se pone en escena unos instantes y termina enseguida, cuando baja el telón. Si Dios existe, el espectáculo continuará en la eternidad... Si no existe, la eternidad será un delirio, el espectáculo no continuará. Y si no continúa, los directores del guion que nos encerró en esa obra de terror no serán castigados.*

Viktor Frankl sonrió y completó:

—*La cuestión va más allá de si Dios existe o no. ¡Es necesario que exista para aliviar el dolor de los desdichados! Por eso es más fácil producir ateos en despachos confortables que en los fétidos infiernos de esta existencia.*

Allí, en el campo de concentración de Auschwitz, en el comedor donde servían una hedionda e indigna refección, algunos pocos flaquísimos seres humanos que se hallaban entre la vida y la muerte disfrutaron de un banquete cuya existencia no imaginaban los hombres más ricos de Alemania y Polonia.

El doctor Kurt, sentado frente a ellos, animado con lo que oía, tomó la palabra.

—Yo soy especialista en derechos humanos y creo en la justicia humana. Pero, por desgracia, en nuestros tribunales no más del 20 o 30 por ciento de los canallas de la humanidad son sometidos a la justicia y condenados según sus crímenes. Si no hay un tribunal divino para reparar las falencias de la justicia humana, es mejor sucumbir a la desesperación.

El médico vienés habló con agudeza.

—*Pienso que Dios espera que no lo decepcionemos y que sepamos sufrir y morir, no miserablemente, sino con orgullo. Cuanto menos vive una persona en función de sus penurias, dedicándose en cambio a servir a una causa, más humana será y también más realizada.*

—¿Morir con orgullo? ¿No decepcionar a Dios, el autor del tiempo, en un tiempo en que Él permitió que nos lo quitaran todo? ¿Cómo es posible? —indagó Herbert. Pero enseguida entendió que desde el punto de vista lógico resultaba imposible servir a una causa en aquella maldita cárcel. Como si saliera de la cárcel física, él y sus amigos entendieron que en los suelos de su mente podían liberar su imaginación para ver lo invisible y oír lo inaudible. Podían tener fuerzas para vivir en la tierra de la nada, conquistar migajas de dignidad en medio del ultraje.

«Viktor Frankl fue uno de los mayores coleccionistas de esperanzas en el cáustico ambiente de la Segunda Guerra Mundial», pensó el profesor Julio Verne. Él sabía —y se convenció aún más después de todo aquel debate— que la mente humana posee mecanismos increíbles para aliviarnos, incluso cuando nos aplasta el terror. Para eso servían elevadas dosis de imaginación y creatividad, pero sin exceder los parámetros de la realidad. Nunca la locura y la cordura habían estado tan cercanas.

Herbert apoyó la cabeza en las manos, por todo lo que oía. Pero ya no estaba indignado, si bien continuaba perplejo.

—¡No sé soñar despierto! ¡Soy demasiado lógico! —exclamó.

A pesar de no haber unanimidad, todos sintieron el impacto positivo de las palabras del sereno médico. Luego fueron a cumplir el turno vespertino. Fue una tarde única. Lograron ver la vida que latía más allá de los alambres de espino, las vallas eléctricas y los látigos. Los nazis esclavizaban sus cuerpos, pero no sus mentes...

18

LA CÁRCEL DE LOS JÓVENES ALEMANES

Las enseñanzas de Viktor Frankl y de Julio Verne contagiaron a algunos prisioneros, pero la gran mayoría de los encarcelados en Auschwitz estaba infectada de un pesimismo incurable, si bien por completo comprensible. Miles de seres humanos abatidos, desnutridos y apiñados en un pequeñísimo espacio bajo la presión constante del trabajo forzado eran una invitación a la psicosis y las reacciones agresivas. Peleaban por instinto por un pedazo de pan.

La ruptura completa de la realidad no era el objetivo de esos dos pensadores. Pero las condiciones humillantes provocaban que el proceso de construcción de pensamientos de muchos se desorganizara. La lectura de la memoria ya no tenía una linealidad coherente, bailaba por múltiples archivos, perdía los parámetros de la lógica, promovía alucinaciones (imágenes irreales) y delirios (pensamientos despojados de realidad). Algunos alucinaban y comían frutas, se hartaban de manjares, se deleitaban con panes y vinos que sólo existían en sus mentes. Otros salían de la cruda fragilidad y deliraban como si fueran grandes personajes militares.

—Vengan a luchar, inmundicias. Arrodíllense, basuras —decían, como si fueran poderosos generales, a los radicales e inhumanos nazis de los campos. Eran asesinados de inmediato. Los derribaban con una simple bala, mostrando una sonrisa sarcástica de placer por haber barrido a un judío más de la faz de la Tierra.

Otros cristalizaban los sentimientos persecutorios. Presas de psicosis paranoica, al caminar para el trabajo cargando su debilitado cuerpo, oían voces y veían nazis alrededor a cada momento. Bajo el calor del miedo, abandonaban las filas y huían a lugares que imaginaban «seguros». Rompían, así, las normas de comportamiento. Igualmente derribados, servían de ejemplo para subyugar a los demás infelices.

La higiene personal se realizaba en fétidos baños colectivos. Pero faltaba agua, jabón, no había papel higiénico y mucho menos toallas. Piojos, sífilis, lesiones en la piel, cuerpo febril… formaban parte de la rutina de los encarcelados. Un refugio de animales habría tenido más dignidad. El mal olor recurrente ofendía la sensibilidad nasal. Los hijos de la humanidad, los alemanes nazis, trataban a sus pares como indignos de representar la obra de la vida en el teatro de la existencia. Abortaban el pensamiento crítico para que no reflexionaran sobre las atrocidades que cometían contra los esclavos de los campos de concentración. Ciegos, no veían que la existencia, por muy larga que sea, es efímera como la flor que se seca bajo el calor del Sol.

Julio Verne había dado clases vibrantes a universitarios. Aunque fuera un fascinante orador y un brillante intelectual, no tenía la menor idea de la tortura física y mental infligida en aquellos corrales humanos. Cuando estaba en el siglo XXI, conocía los museos del holocausto, había visitado Auschwitz algunas veces, pero era fácil pronunciar discursos sobre el exterminio en masa después de haber cenado la noche anterior, dormido en una cama confortable, leído periódicos, respirado aire puro y saboreado imágenes en la televisión.

Mientras trabajaba en la fábrica química en el campo III de Auschwitz-Birkenau, observaba los movimientos de los policías. Costaba no quedar pasmado. La mayoría eran muchachos de dieciocho a veinte años. Serios, rígidos, rostros petrificados, músculos contraídos y miradas feroces. Se notaba que eran infelices. No eran sociópatas clásicos, forjados por los traumas del pasado, sino sociópatas funcionales, adiestrados para destruir.

El profesor sabía que Alemania perdería la guerra y que esos jóvenes, por hallarse bajo las órdenes directas de los superiores más graduados, no serían condenados, por lo menos la mayoría. Pero ya estaban condenados. Cada vez que mataban o trataban con brutalidad a un prisionero en los campos de concentración archivaban ventanas Killer o traumáticas en su corteza cerebral.

Dichas ventanas son imborrables. Los verdugos serían asfixiados en su psiquismo, y aunque negaran las atrocidades cometidas y sonrieran, jamás podrían reflexionar profundamente sobre la vida sin entrar en colapso emocional, sin vivenciar el último estadio del dolor humano, la depresión. Adolf Hitler mató a los judíos por fuera y a millones de alemanes por dentro.

—Dios mío, ellos también están encarcelados —concluyó el profesor.

Viktor Frankl se pasó las manos por la cabeza y les dijo a algunos amigos:

—¿Qué será de sus mentes cuando salgan de este maldito campo? ¿Qué pasará cuando dejen el estereotipo de superhombres y se sitúen como simples mortales?

—Si pudiera, yo los pondría en una mazmorra sin pan ni agua —dijo Herbert, que sufría dolores en todo el cuerpo y estaba cada vez más delgado y, por tanto, muy cercano a la muerte. Se esforzaba por alimentar esperanza en el caos, pero cuando miraba a los verdugos nazis se mordía de rabia.

—Pero ya son prisioneros, Herbert —afirmó el profesor.

—Yo los mataría uno a uno —comentó David.

—Pero ya están muertos, David —afirmó Viktor Frankl.

—Basta de filosofar, doctor Frankl —pidió Herbert, irritado una vez más.

—Pero no es filosofía, sino una realidad mental —insistió Viktor Frankl, que se ponía del lado del profesor para tratar de transformar el odio por los nazis que sentían sus amigos en un deseo ardiente por la vida. Los que se desanimaban se debilitaban pronto, contraían enfermedades o eran abatidos por las balas. Todos los días, dos o tres personas de su grupo morían en el pabellón o en el trayecto a las fábricas químicas.

—¿Quiere decir que tanto los verdugos como las víctimas son violentados en su humanidad? —preguntó el doctor Kurt al doctor Frankl.

—Así es. Las víctimas viven en la cárcel física, y los verdugos, en la cárcel psíquica.

Y, para espanto de los amigos, el profesor se anticipó en el tiempo y comentó:

—Cuando termine la guerra, los líderes nazis serán juzgados por el Tribunal de Núremberg. Algunos serán ahorcados y otros serán absueltos. Pero en el fondo nadie saldrá absuelto en el territorio de la emoción. Se enfrentarán al tribunal de su conciencia. Habrá secuelas interminables.

—En nosotros, los que sobrevivamos, también habrá increíbles secuelas —dijo Herbert.

—Pero, si sobrevivimos, podremos viajar hacia el interior del universo psíquico sin miedo de ser seres humanos, sin culpa, sin autocastigo... —afirmó Viktor Frankl, pensando en sintonía con Julio Verne.

Hubo silencio aquella noche. No hablaron nada más.

Los pensamientos de Viktor Frankl y de Julio Verne no aliviaban el dolor físico de sus amigos, pero aliviaban, por lo menos un poco, el dolor emocional, el humor, por lo demás, depresivo y pesimista.

La noche siguiente, el profesor comentó:

—Somos la única especie que piensa y tiene conciencia de que piensa, pero el pensamiento es una herramienta capaz de destruir o construir, liberar o aprisionar. En mi tiempo, en el siglo XXI, muchos son esclavos de sus pensamientos: sufren por anticipación. ¿Estamos nosotros preparados para utilizar bien esa herramienta?

El doctor Viktor Frankl respondió:

—Frecuentemente no. A lo largo de la Historia no hemos conseguido usar el pensamiento como instrumento para promover una paz duradera. No hubo períodos en que sucesivas generaciones vivieran en armonía. Guerras, genocidios, discriminación, disputas irracionales, competencia predatoria, necesidad neurótica y ciega por el poder siempre formaron parte de la historicidad humana.

—Pensar con responsabilidad, poniéndonos en el lugar de los otros, es nuestro gran desafío —afirmó el profesor, que, de repente, se levantó y mostró unas grietas que había en el pabellón, siempre disimulando sus movimientos, para no dar la impresión de que se hallaban reunidos.

Sus amigos lo acompañaron, mirando hacia arriba y los lados, para que no notaran que estaban hablando. Él completó:

—Nuestras universidades, con raras excepciones, nos preparan para ver errores tangibles o externos. Son tecnicistas, preparan profesionales para el trabajo, pero no para ser seres humanos capaces de adentrarse en sí mismos, reconocer sus fantasmas, reciclar sus fobias, repensar su arrogancia y ansiedad. Culpa, heridas, decepciones, miedos, conflictos quedan alojados en los bastidores de la mente durante años o décadas... Nos llevamos nuestros conflictos a la tumba.

166

Cuando terminó de decir esto, aparecieron cinco policías de las SS, de unos dieciocho o diecinueve años de edad, que parecían de verdad querer llevarlo a la tumba. A gritos, preguntaron:

—¿Quién es Julio Verne?

Nadie respondió nada. En ese momento amenazaron.

—¿Quién es Julio Verne o Franz Huber?

Otro momento de silencio. Julio Verne era querido y «famoso» en el pabellón.

—¡Preséntese o morirán todos!

Y apuntaron las metralletas.

Julio Verne, que ya estaba en pie, temiendo que muriera alguien por su culpa, declaró:

—¡Soy yo...!

—Un mensaje del oficial Willi Berger: «¡Te atrapé, miserable...!».

El profesor tembló de miedo. Los policías se acercaron y le pegaron sin piedad. El doctor Kurt intentó protegerlo; lo golpearon en la cabeza hasta que sangró. Herbert gritó:

—¡Él no ha hecho nada!

Y los policías respondieron:

—Pero tú sí.

Y lo ametrallaron, para desesperación del profesor. También golpearon a otros judíos que se hallaban cerca; dos que no formaban parte del círculo de amigos murieron unos días después. No mataron al profesor, porque recibió un castigo peor que la muerte. Un castigo recomendado por el verdugo Willi Berger, el oficial al que había engañado en su última viaje en la máquina del tiempo: permanecer largos días dentro de una celda solitaria, para morir de inanición.

Morir de hambre era un castigo plausible para el rebelde. La ración, ya escasa, fue disminuida. El agua no alcanzaba para hidratarlo lo suficiente, no había cama ni baño, hacía sus necesidades en el suelo de un cuartucho mal iluminado de seis metros cuadrados.

El hombre, a quien en el siglo XXI habían elegido por sus cuantiosos conocimientos sobre la Segunda Guerra Mundial para que reescribiera la Historia, una vez más se tornó un coleccionista de lágrimas. Sólo que ahora lloró lágrimas secas debido a la deshidratación. Él, que iba en busca del sentido de la vida en los suelos inhumanos de Auschwitz, no veía sentido alguno en hallarse en aquella celda solitaria. Y, aún peor, tenía que cargar con la culpa de que por su causa hubieran golpeado y matado a sus amigos.

Kate tenía razón. Aceptar la invitación a ser el protagonista del Proyecto Túnel del Tiempo equivalía a jugar a Dios. El proyecto había fracasado, por lo menos hasta aquel momento...

19

EL ACCESO PSICÓTICO DEL PROFESOR

Al ser confinado en una celda apartada, la tensión mental del profesor alcanzó niveles insoportables. El campo ya era un infierno; ahora, vivir casi sin luz, sin moverse y casi sin comida era una invitación a la muerte inminente. Poco a poco comenzó a perder conexión con su historia. Su mente estaba cada vez más confusa. Sin alimentos, sin paisajes, sin Kate, sin fe, sin nada...

El coleccionista de lágrimas, con los labios temblorosos, sollozaba sin parar.

—¿Qué especie es ésta...? Dios... Ya no lo soporto... voy a pudrirme... en esta mazmorra... ¡sin dignidad! ¡La humanidad no es viable...! ¿Qué especie mata a sus propios hijos?

El doctor Viktor Frankl había aprendido a apreciar a Julio Verne. Rara vez había visto una mente tan brillante y altruista como la suya. Sabía que en aquella cárcel desarrollaría una grave psicosis o moriría de hambre. Preocupado por su salud mental, sobornó al *Kapo* del pabellón y le escribió dos mensajes en diferentes días, durante la quincena en que permaneció preso.

El primer mensaje era corto y decía así:

```
Julio Verne:
    Cuando todas las células de su cuerpo estén murien-
do, de todos modos encuentre un propósito para vivir.
De lo contrario, ya estará muerto.
                                    VIKTOR FRANKL
```

Al leerlo, Julio comenzó a gritar sin parar:

—¡Yo ya estoy muerto, Viktor! ¡Ya estoy muerto! ¡Lo único es que no me han enterrado!

Pero esas pocas y sabias palabras le causaron un gran impacto. Las leía más de mil veces por día.

El segundo mensaje, dos días después, contenía estas palabras:

```
Apreciado Julio Verne:
    La mayor locura es vivir sin un sentido existen-
cial. Sin sentido, vivimos por vivir, la vida no tiene
brillo, el caos no nos madura, la cultura no nos con-
duce a la sabiduría. Sin propósito, la mesa, por har-
ta que sea, nutre el cuerpo, pero deja hambrienta el
alma. Sin propósito, vivimos en un campo de concentra-
ción mental, aunque nos rodeen jardines. No tenga mie-
do de morir en Auschwitz; tenga miedo de vivir una
existencia sin sentido.
                                            Viktor Frankl
```

Al recibir la segunda nota, que nadaba en la sopa aguada, Julio la leyó y la pasó de una mano a otra. La leyó de nuevo, a pesar de la luz escasa. Recordó que era la misma nota que había recibido cuando estaba en el futuro, cerca de cien años después de las llamaradas indomables de Auschwitz.

Esbozó una leve sonrisa. Pegó el mensaje en la pared con la misma «cola» de la sopa.

—Viktor Frankl parece un loco que quiere contaminarme con la locura de la búsqueda de un sentido de la vida —murmuró. Y soltaba carcajadas. Nada tan absurdo para alguien que se hallaba a las puertas de la muerte, pero ese mensaje poco a poco lo animó. Era preciso encontrar un sentido en el caos; por lo menos así no sufriría una muerte tan dolorosa. Los mensajes lo llevaron una vez más a evocar las palabras del judío más famoso de la Historia, el carpintero de Nazaret: «No sólo de pan vivirá el hombre...».

—Pero ¡ya estoy muerto! —Y sonreía... De repente comenzó a decir para sí—: No, todavía no estoy muerto. ¡Necesito sueños... imágenes mentales... alucinaciones...!

Logró derramar una lágrima, a pesar de la deshidratación. Descubrió que, al tiempo que todas sus células morían, necesitaba nutrirse de sueños, imaginación, añoranza y esperanza. Viktor Frankl había aprendido ese secreto. Hasta los desdichados de Auschwitz podían soñar... soñar con lo imposible. Nunca la locura hizo tan bien a la vida.

Leyendo de continuo los mensajes de su amigo, Julio Verne empezó a liberar su imaginación y a criar personajes como mecanismo de defensa para no morir de soledad, para mantenerse despierto, conectado consigo mismo. Sonreía, contaba historias, debatía con esos personajes. Era un ser humano que trataba de espantar sus locuras con dosis elevadas de «locuras» y esperanzas.

Sus sueños lo llevaron a luchar por la vida, aun cuando todas sus células morían. Pero no aceptó morir, al menos no sin dignidad. Para sobrevivir un día más necesitaba un mínimo de proteínas. En aquella mazmorra fétida y fría, los insectos, como arañas y cucarachas, comenzaron a transformarse en golosinas. Comió todos los que pudo.

Intentaba mantenerse lúcido, pero era muy difícil, pues su metabolismo cerebral agonizaba. Imaginó incontables veces que estaba con Kate en un restaurante, deleitándose con vinos, abundante comida y sus delicados besos. Imaginó el parto de su esposa, se imaginó aferrándole las manos. Vio crecer a su hijo, lo vio correr tras él entre los árboles. Esas imágenes nutrían su mente.

Viktor Frankl se volvió para él un *vendedor de esperanza*. A medida que pasaban los días, comenzó a dar crédito a sus personajes. Ya no sabía qué era real o fruto de su confusión mental. La máquina del tiempo fue cruel con el sencillo profesor. Willi Berger, el oficial de las SS a quien había engañado, quería que muriera poco a poco, pues una bala en la cabeza equivaldría a un premio. Nadie salía vivo de aquella mazmorra. Mas, motivado por sus imágenes mentales, se obstinó en vivir. Cuando salió del confinamiento solitario era un despojo humano. Estaba confuso, deshidratado, no era más que piel y huesos. Lo condujeron con lentitud a su pabellón. Perturbado, preguntaba a sus amigos:

—¿Quién soy? ¿Dónde estoy?

El doctor Kurt, condolido, agachaba la cabeza e intentaba animarlo.

—Usted es un profesor brillante, un viajero del tiempo.

—¿Yo? Eh... ¿Un viajero del tiempo? ¿Dónde está mi cuarto?

—Éste es su hermoso cuarto —respondió el doctor Frankl, afligido.

—¡Frankl! ¡Qué bien! ¿Dónde está mi televisor?

—¿Televisor? ¿Qué es un televisor? —indagó el médico vienés.

—¿No sabe qué es un televisor? Llame a Kate.

—¿Quién es Kate?

No respondió. Guardó silencio. Estaba tan delgado y abatido que ya no recordaba su misión. El pasado y el futuro se mezclaban y parecían ser una masa atemporal. El doctor Kurt comenzó a desconfiar de que Julio Verne siempre hubiera sido un lunático inteligente y nada más. Todos los hechos que había descrito eran irreales.

Viktor Frankl no desistió. Sobornó al *Kapo*, que también alimentaba ya cierto aprecio por Julio Verne, para conseguir una ración extra. Y con un anillo de oro sobornó también a los policías de las SS que contaban todos los días a los prisioneros, para que Julio Verne permaneciera unos días en el pabellón, sin trabajar. Debilitado como estaba, lo acribillarían. Además, empezó, dentro de los límites de la prisión, a ayudarlo de manera terapéutica. Primero, con ejercicios mentales. Julio parecía distante, tenía una mirada vaga y alienada.

—No permita que destruyan su identidad, Julio Verne.

—Hum...

—Piense en la Historia. ¿Cuándo nació?

—En 2012...

—¿En qué año estamos hoy?

—2045.

El doctor Viktor Frankl creyó que deliraba.

—Piense en lo que usted más ama y en lo que cree.

Julio se puso a gritar llamando a su esposa, pero su voz estaba muy débil.

—¡Kate...! ¡Kate...!

—Silencio —le pidió el doctor Frankl. No quería llamar la atención en el pabellón.

Fue una tarea difícil, pero poco a poco comenzó a dar resultado...

—Traiga a su mente algo que pueda darle esperanza.

Él atrajo las imágenes que había construido en la celda. Era fácil perder la humanidad y la racionalidad en aquel corral inhumano, pero poco a poco Julio Verne empezó a reanimarse y a vivir y pensar con coherencia. Con el paso de los días, se puso a hablar de los hechos históricos que conocía para continuar conectándose con la realidad. El doctor Frankl observaba perplejo su conocimiento. O era un gran fraude, o un hombre suprainteligente. Decía al psiquiatra vienés:

—En 1939, poco después de la invasión de Polonia, comenzaron las deportaciones a los guetos polacos, pero la clara decisión de Hitler sobre el exterminio en masa surgió en la campaña contra Rusia.

Y continuaba sacando más recuerdos de los sótanos de la memoria. Respiraba hondo, meditaba y después decía:

—El discurso del 31 de marzo de 1941 sobre la «misión particular» de Himmler a los altos oficiales en la zona de retaguardia representaba la primera indicación de un plan de exterminio en gran escala. —Hablando consigo mismo, el profesor expuso—: El 31 de julio de 1941, Göring dio al jefe de la Seguridad, Reinhard Heydrich, la orden de «proceder a la solución final de la cuestión judaica», el exterminio en masa.[38] ¡Göring, bruto psicópata, estoy aquí por tu culpa! —Se escupió las manos y se alisó el pelo con la saliva, y después continuó dando clases, para sí mismo y para sus amigos.

Los demás prisioneros oyeron su conversación con el doctor Frankl y comenzaron a tenerle compasión. David comentó al doctor Kurt:

—Verne se volvió loco.

—Mejor así. Los locos son más felices —dijo Esaú.

El diálogo terapéutico entre el doctor Viktor Frankl y Julio Verne continuaba, a pesar de todas las limitaciones de tiempo y libertad. El doctor Frankl comenzó a dormir más cerca de Julio Verne, para seguir manteniendo esos breves diálogos. Eran dos intelectuales que debatían ideas.

El doctor Frankl y el famoso profesor conocían, cada uno en su tiempo, hombres millonarios que se sentían deprimidos y sin ninguna motivación para vivir. Eran ricos por fuera, pero miserables por dentro. Julio Verne sabía que en el futuro, en el siglo donde había nacido y vivido, las estadísticas eran perturbadoras:

—Cada cuarenta segundos, una persona se quita la vida, y cada cuatro segundos una persona intenta suicidarse. Millones de personas viven en aquel tiempo en un campo de concentración emocional. Los traumas existenciales, los conflictos sociales y los factores genéticos no logran explicar por completo ese campo de concentración emocional, que incluye no sólo a los ricos, sino a todos los estratos sociales.

—¿Por qué la desdicha psíquica no es un privilegio únicamente de la primera mitad del siglo xx? —indagó el doctor Frankl a Julio Verne, con la intención de ponerlo a prueba y estimular su conciencia crítica.

—Los seres humanos modernos no saben proteger su emoción como la más excelente de las posesiones. Compran pólizas de seguro de todas las cosas, pero no hacen un seguro emocional. Estudian desde preescolar hasta el posgrado, pero no aprenden en ningún caso a filtrar los estímulos estresantes, a gestionar sus pensamientos o a contemplar lo hermoso. La humanidad, en especial la juventud mundial, se vuelve cada vez más triste en pleno apogeo de la industria del entretenimiento.

Los amigos, incluso el psiquiatra vienés, no sabían si Julio Verne deliraba o tenía una imaginación fértil. Lo cierto era que sus ideas tocaban lo más profundo del psiquismo de aquellos hombres debilitados.

—¿Qué diferencia hay entre contemplar lo hermoso y admirar lo hermoso? —preguntó el doctor Frankl.

—Hasta los psicópatas como Adolf Hitler saben admirar la belleza —respondió Julio Verne, para espanto de los que lo oían.

—¡Imposible! —protestó, exaltado, Esaú.

El profesor se explicó:

—El *Führer* es capaz de acariciar con cariño a su perra *Blondi*, pero al mismo tiempo también es capaz de dar órdenes de exterminar a innumerables personas en estos fétidos campos de concentración de Polonia. Contemplar lo bello exige refinar el proceso de observación, ponerse en el lugar de los demás y hacer de las pequeñas cosas un espectáculo para los ojos.

175

Al fin sus amigos entendieron ese fenómeno psicológico. Hitler fue uno de los mayores coleccionistas de cuadros y obras de arte de la Historia. Admiraba la belleza, pero no la contemplaba.

—De acuerdo con la teoría de las ventanas de la memoria, contemplar lo hermoso forma una plataforma de ventanas *light*, que se torna un núcleo de cobijo saludable del Yo, dando así estabilidad y profundidad emocional —comentó Julio Verne, ahora no como profesor de Historia, sino como psicólogo inspirador—. En mi tiempo hay muchos desdichados que viven en palacios, pero que no aprendieron a contemplar la belleza.

El mundo ya no sabía contemplar lo hermoso. Viktor Frankl y el profesor usaron mecanismos de defensa para cultivar la belleza en sus mentes y transformar el infierno de Auschwitz en algo no placentero, pero al menos soportable. El sentido de la vida nacía no del ambiente sucio e inhumano del campo de concentración, sino del territorio de la emoción y de los suelos de su imaginación.

Y así se sucedieron las noches. El profesor seguía hablando del mayor sociópata de la Historia, lo que lo fortalecía y lo conectaba con la realidad.

—Hitler es emocionalmente débil, intelectualmente tosco, de bajo nivel de diplomacia... Dice lo que le viene a la mente ante un hatajo de aduladores ciegos, que admiran su oratoria y su liderazgo...

El profesor hablaba de manera tan cautivadora que los esqueléticos judíos que se hallaban más cerca entraban en su delirio y lo aplaudían. Felizmente, estaban tan debilitados que los aplausos no despertaban al *Kapo*.

Cierta noche, tras una exposición del profesor, Viktor Frankl entró en escena y completó su razonamiento.

—Peor que un líder estúpido es la caterva de aduladores

que no tienen opinión propia. Hitler no esconde su vulgaridad, su beligerancia, pero la industria de destrucción sistemática de nuestra raza es tan horrenda y carente de toda justificación política, social y científica, que resulta por completo demente...

Julio Verne respiró hondo y añadió:

—Los patrocinadores de este sadismo social disimulan el destino de los larguísimos trenes que deportan a nuestro pueblo. Somos judíos. Somos seres humanos, pensamos con la misma dignidad y complejidad que cualquier otro pueblo. Tenemos derecho a la vida...

Unos aplausos más. El profesor completó:

—Son muchos los que lloran. Ni los propios judíos, al subir a esos vagones, saben adónde van. Tratan de engañarlos con rumores maliciosos.

—¿Cuáles son los motivos reales para deportarnos y eliminarnos? —quiso saber David.

—Según los nazis, los judíos portan enfermedades contagiosas, son resistentes al régimen, son responsables de la crisis económica... —dijo el profesor, disconforme.

—¿Qué enfermedades portamos? —cuestionó Esaú.

—¿Qué peligro significamos para el gobierno? —indagó el doctor Kurt.

—¿Qué crisis económica causamos? —interrogó David.

Tenían sed y hambre de explicaciones, pero se hallaban en estado de inanición intelectual. No había respuestas que explicaran el hecho de haber sido transformados en esclavos. De repente, el *Kapo* se acercó al grupo de amigos. Preocupados, todos se fueron a dormir. Los ojos se cerraron, pero la mente no se sosegó. Todos sufrieron insomnio.

20

PESADILLAS DE UN INTELECTUAL

En el siglo xxi había personas que no creían que los campos de concentración habían existido, o que, si de verdad habían existido, que hubieran sido tan dramáticos. Eso siempre perturbaba a Julio Verne. Ahora que experimentaba en carne propia el drama del campo de concentración, una vez más se sentía avergonzado por las clases de Historia que daba en el siglo xxi. Aunque sus clases expositivas fueran didácticas y elocuentes, no estimulaban lo suficiente el pensamiento crítico. No generaban mentes libres, pensadores autónomos. Sólo comenzó a cambiar ese cuadro cuando pasó a teatralizar sus clases, algo que ocurrió después de sufrir pesadillas con la Segunda Guerra Mundial.

Ahora se acordaba de todo eso. Cierta noche le resultó particularmente angustiosa, en especial porque recordó que los países aliados demorarían en darse cuenta de que el genocidio judío estaba en pleno proceso.

—¡Son lentos! ¡Lentos!

—¿Quiénes? —preguntó David.

El profesor empezó a contar que los gobiernos, como los de Francia y Holanda, subyugados por el poder nazi, se hicieron colaboracionistas. Continuaban apresando y deportando judíos de sus tierras. Finlandia se negó a entregar a sus dos mil judíos. En Dinamarca, la población escondió a sus siete mil judíos. No pocos fueron enviados a la neutral Suecia.[39]

Julio Verne, al citar tales datos, demostraba que había recobrado plenamente su serenidad, pero una serenidad que no era cómoda. Debatía ideas con Viktor Frankl para aliviarse. En cierto momento hizo un interesante e inteligente paralelismo entre la filosofía de Estados Unidos y Europa, y expuso por qué esa filosofía estadounidense no había producido una paz social estable y duradera.

—Will Durant, autor estadounidense, trató de explicar, en su libro *La historia de la filosofía*,[40] por qué Europa tenía una filosofía más rica y madura que la de Estados Unidos: «En Inglaterra pasaron ochocientos años desde su fundación hasta Shakespeare, y también en Francia pasaron ochocientos años desde la fundación hasta su filósofo Montaigne. Estados Unidos no tuvo tiempo para contar con una filosofía madura, porque debían explotar minas, arar la tierra».

—Estados Unidos tuvo que arar sus tierras y explotar sus minas para sobrevivir, mientras que el abundante continente europeo dispuso de tiempo para filosofar —afirmó Viktor Frankl. Sin embargo, comentó disconforme—: Es increíble que Europa, cuna de los pensadores más brillantes, se haya convertido en escenario del terror más inimaginable.

—La rica filosofía europea, capitaneada por Spinosa, Kant, Descartes, Locke, Rousseau, Voltaire, Schopenhauer, Kant, Hegel, Nietzsche y tantos otros, no resultó una vacuna eficaz para prevenir el drama de las dos guerras mundiales. Y ¿por qué falló la filosofía europea? Porque no logró salir de las páginas de los libros para penetrar en las páginas del psiquismo de la juventud de las naciones de ese noble continente, no formó líderes nacionales en cantidad y calidad suficientes.

—Usted tiene razón, Julio. Es fácil culpar al sistema político-social por las atrocidades cometidas en los suelos de este viejo continente. Pero la propia filosofía, en particular los productores de conocimiento y sus transmisores, tienen que hacer un examen de conciencia, tienen que reconocer sus errores. Se quedaron encasillados en las universidades.

—En la Europa de mi tiempo, doctor Frankl, los líderes, con el objetivo de que jamás otra guerra asolara el continente, unieron la moneda y las tarifas, y permitieron el libre tránsito de personas y productos. Fueron actitudes acertadas, pero no promovieron la enseñanza sistemática de los más nobles pensadores, no promovieron una educación que contemple la capacidad de pensar como humanidad y no apenas como pueblo, cultura o raza. En la era de oro del consumo de productos, el consumo de las ideas va perdiendo su privilegio. La filosofía perdió encanto. El país «Europa» está unido por la moneda, pero no en el alma; continúa dividido en su esencia. Es un barril de pólvora que, si no se desarma, puede estallar en el siglo XXI o XXII...

Luego el profesor comenzó a comentar cómo Hitler secuestró a la sociedad alemana y por qué ese secuestro podía repetirse en el futuro. El 21 de marzo de 1933, Hitler no era aceptado con unanimidad. Había asumido el poder hacía poco y aún se lo consideraba un líder estrafalario, tosco, verborrágico, lo que llevó a la prensa internacional y no a pocos alemanes a pensar que caería pronto. Pero en esa fecha fatídica, él creó el primer campo de concentración para confinar allí a sus rivales políticos, los alemanes considerados peligrosos, los enemigos del régimen nazi. Muchos marxistas, que formaban el grupo político que más combatía a los nazis, fueron torturados y asesinados.

—Pero no fueron Hitler y sus secuaces los que inventaron los campos de concentración. Ellos sólo los construyeron en escala industrial. Erigieron más de mil ochocientos campos, de los cuales se volvieron famosos apenas unos pocos.

»Aunque los nazis hayan llevado la violencia y la crueldad hasta las últimas consecuencias en esos campos, Estados Unidos también construyó los suyos. Miles de japoneses que eran ciudadanos estadounidenses fueron confinados en campos de concentración después de que Japón atacara Pearl Harbor. No los mataron y torturaron, pero sí los hirieron en su libertad fundamental.

»En Brasil, el gobierno de Getúlio Vargas, así como en otros países latinoamericanos, incluida Argentina, miraban con simpatía el fascismo de Hitler. Pero el 7 diciembre de 1941 Japón cometió su mayor error de política internacional: atacó Pearl Harbor, lo que causó que Estados Unidos declarara la guerra a Alemania, Italia y Japón.

»Representantes de veintiún países de América se reunieron en la Conferencia de Río de Janeiro, en el Palacio Tiradentes, para debatir la urgencia de garantizar la navegabilidad del Atlántico. Oswaldo Aranha, entonces ministro de Relaciones Exteriores de Brasil, rompió relaciones diplomáticas con el Eje, formado por Alemania, Italia y Japón.[41] Era el 28 de enero de 1942. Pero el país continuaba formalmente neutro.

»El alineamiento de Brasil con los Aliados despertó la ira del intolerante Hitler. En un ataque de rabia ordenó que sus submarinos torpedearan los navíos con bandera brasileña. Era tanto una forma de represalia como de prevención, pues temía que esos buques suplieran las necesidades de los Aliados en el Atlántico. Brasil pasó a ser considerado un enemigo al que había que abatir.

»En total, 35 navíos brasileños fueron atacados entre 1941 y 1944; 33 se hundieron, con un saldo de 1.081 muertos. Un número significativo, más de 25.000 brasileños participaron en la Fuerza Expedicionaria Brasileña y combatieron en la Segunda Guerra Mundial, en especial en Italia. De los militares brasileños, 42 eran judíos y tenían un motivo más para liberar Alemania del yugo de Hitler.

Después de esa exposición del profesor, Viktor Frankl comentó:

—El instinto de preservación de la especie humana está inscrito en su carga genética, sobre todo en la relación entre padres e hijos. Hay relatos que testimonian que frágiles madres africanas se enfrentaron a leones para proteger sus hijos. Pero en la Alemania nazi ese instinto de conservación fue abortado.

—El ser humano, cuando se ve amenazado, despojado, presionado… en fin, cuando se encuentra bajo presión, si no tiene un Yo educado para ser gestor de su Historia, entra en una ventana Killer, cuyo volumen de ansiedad cierra el circuito de la memoria y bloquea miles de ventanas sanas —discurrió el profesor.

—Con eso disculpa a los alemanes, profesor —protestó David—. Ellos son mil veces culpables. Son malos en su esencia.

—No, no lo son. Hitler devoró el inconsciente colectivo de los alemanes, para después devorarnos a nosotros, David. Esos jóvenes que nos azotan y nos matan también son esclavos del síndrome del circuito cerrado de la memoria.

—¿Qué clase de explicación es ésa? ¡Los policías de las SS son monstruos! ¡Nacieron monstruos! —afirmó Esaú.

—No, Esaú. Esa teoría genética es justamente la teoría en la que creen los nazis.

A continuación Julio habló de la teoría multifocal de la inteligencia, que incluía la teoría de las ventanas de la memoria. Profundizó:

—*Los psicópatas clásicos son esclavos de ventanas traumáticas o Killer, localizadas puntualmente en la corteza cerebral. Tales ventanas son forjadas por los rigores de la infancia y la adolescencia, como privaciones, violencia infantil, abusos y frustraciones graves. Mientras que los psicópatas funcionales o no clásicos, como los casos de Hitler, Himmler y millones de otros nazis, no fueron forjados por traumas es-*

182

pecíficos en la infancia y la adolescencia, sino por un sofisticado aprendizaje patrocinado por ideologías sociopolíticas radicales y fundamentalismo religioso, cultural o filosófico. Esas ideologías construyen una plataforma de ventanas traumáticas diferentes de las ventanas traumáticas del psicópata clásico, tanto en cantidad como en calidad, lo que los diferenciaba, por ejemplo, de psicópatas como Jack el Destripador. Éste cerraba el circuito de la memoria ante algunas víctimas específicas, mientras que aquéllos, los nazis, desarrollaron una plataforma enferma como morada del Yo. Son capaces de matar a una niña judía y, minutos después, discutir música clásica con sus pares, besar a sus hijos, regar sus flores. Además, muchos nazis aman la música, tocan instrumentos, pero al mismo tiempo también son maestros de la mayor sinfonía de terror de la Historia. Los psicópatas funcionales, a diferencia de los clásicos, no necesitan, por lo tanto, un foco de tensión o un ritual específico para abrir sus ventanas Killer y herir a sus víctimas. Estas ventanas son tan incontables y están tan diseminadas en grandes áreas de la corteza cerebral que se abren espontáneamente en situaciones comunes.

Comprendiendo esa nueva teoría, el doctor Kurt, notable jurista y un icono como defensor de los derechos humanos, se quedó pasmado. Comentó:

—Ahora entiendo por qué millones de jóvenes y adultos de esta noble Alemania, esta patria encantadora que abracé como mía y que tenía un pueblo pacífico, se volvieron protagonistas de las atrocidades que hoy vemos y presenciamos. Dios mío, ¡hasta dónde puede llegar nuestra especie!

El profesor prosiguió sus complejas explicaciones:

—Un relato de Wladyslaw Szpilman, contenido en un libro que se escribirá en el futuro, pero sobre hechos que están ocurriendo hoy, El pianista,[42] es elocuente en cuanto al cierre del circuito de la memoria sin necesidad de importantes focos de tensión. La descripción de Szpilman sobre los psicópatas fun-

183

cionales es para desgarrar el corazón: «*Un niño de unos diez años aparició corriendo por la calle. Estaba tan pálido y asustado que se olvidó de quitarse la gorra para saludar a un policía alemán que iba en sentido contrario. El alemán se detuvo, sacó el revólver sin decir una palabra, lo apoyó contra la sien del niño y disparó. El policía guardó con calma el arma en la funda y siguió su camino. Lo miré; no tenía facciones particularmente brutales, ni parecía enfadado. Era un hombre normal, tranquilo, que acababa de desempeñar uno de sus muchos pequeños deberes diarios*».

Viktor Frankl lloró al escuchar la exposición del profesor y la descripción de ese último relato. Los demás amigos también quedaron atónitos con su explicación. Luego Julio comentó que los psicópatas clásicos hieren a algunos, pero rara vez a las masas, pues sus limitaciones intelectuales les impiden conquistar el poder en una sociedad.

—Mientras que los psicópatas funcionales pueden conquistar a las masas, sea por el voto o por las armas —concluyó el psiquiatra vienés.

—Exacto —confirmó Julio Verne—. Y, además, se valen de incontables argumentos para justificar sus atrocidades. Cuando tales líderes asumen el poder, aun desconociendo la teoría de las ventanas de la memoria, usan estrategias para plantar ventanas Killer en el inconsciente colectivo y adiestrar la mente de sus seguidores: refuerzan conflictos socioeconómicos existentes, crean enemigos de la sociedad y se autopromueven como mesías generosos para rescatar a su pueblo. Generan una cárcel emocional en su sociedad. Fueron esos fenómenos psicológicos los que hicieron que la culta Alemania prenazi abortara su conciencia crítica y vendiera su libertad a esos toscos e incultos nazis —señaló.

Iluminado, Manasés concluyó:

—No hace falta que un ser humano sea devorado en la in-

184

fancia para que se convierta en un devorador de los demás al llegar a adulto. Por desgracia, puede aprender brutalidades inimaginables, incompatibles con su pasado.

—Himmler fue mentalmente adiestrado y es un adiestrador de mentes incautas al dirigir la mayor industria de destrucción humana de la Historia, las SS —aseguró el profesor—. El cuerpo de combate que hoy nos esclaviza, las SS, comenzó tímido, como una pequeña guardia pretoriana de protección personal a Hitler, compuesto al principio por ocho hombres, y se expandió de manera aterradora. Himmler dedicó su vida a la expansión de dicho cuerpo. En 1934, poco tiempo después del ascenso de Hitler al poder, ya contaba con una fuerza de doscientos mil policías.[43] Himmler la comandaba con mano de hierro. No era un comandante, sino un Dios ante sus secuaces o seguidores ciegos, capaces de obedecerlo sin cuestionarlo. Las SS se convirtieron en una fuerza militar particular de proporciones gigantescas para proteger no sólo a Hitler, sino también para guardar el ideal nacionalsocialista y luchar por él con uñas y dientes. Entre los policías de las SS únicamente se admite un biotipo, el de «alemán puro».

—Los nazis fueron secuestrados en el único lugar en que debían ser libres, dentro de sí mismos —afirmó el doctor Kurt.

—Nuestras escuelas están enfermas. Nuestros alumnos se convirtieron en gigantes en la ciencia, pero niñitos en madurez psíquica —afirmó Viktor Frankl.

—Nuestros alumnos aprenden las matemáticas numéricas, pero no las matemáticas de la emoción, donde dividir es aumentar: dividir las lágrimas aumenta la capacidad de superarlas —confirmó Julio Verne, en sintonía con el psiquiatra vienés.

—Nuestros jóvenes aprenden la física lógica, donde una acción genera una reacción, pero no aprenden la física de la emoción, donde una acción genera la capacidad de pensar antes de reaccionar y no una reacción inmediata —concluyó Esaú con sensibilidad.

—Quien vive en función del fenómeno «el que pega gana» se vuelve un animal, no un ser pensante —afirmó el doctor Kurt.

Fue por medio de esos fascinantes viajes intelectuales como Viktor Frankl y el profesor Julio Verne, así como sus amigos más próximos, aunque fueran esclavos severamente maltratados, se hicieron libres. Libres en el único lugar en que no es admisible ser un esclavo. La sabiduría brotó en el suelo de la locura...

21

ELIMINAR A HIMMLER

A la noche siguiente el profesor, al recordar algunos hechos históricos, empezó a sentir escalofríos, pero no porque tuviera fiebre, sino de preocupación. Le preocupaba no sólo su supervivencia, sino la de sus amigos y su pueblo. De pronto preguntó:

—¿Qué día es hoy?

Una pregunta recurrente para alguien que decía ser un viajero en el tiempo. Pero esa vez sus amigos no lo sabían con certeza. Todos habían perdido la noción del tiempo. Los días eran iguales, inmundos, humillantes y agotadores. No había fines de semana, días de descanso o festivos. Sólo la lucha por la supervivencia. De repente, un judío matemático que se obstinaba en contar los días y esperaba al Mesías y la redención de Israel, o, por lo menos, que Alemania perdiera la guerra, comentó:

—16 de julio de 1942.

—¡No, imposible! ¡Mañana Himmler hará una visita a Auschwitz! Mañana, 17 de julio.[44]

Sería la segunda visita de Himmler a Auschwitz. En la primera, el 1 de marzo de 1941, había inaugurado, junto con dirigentes de la IG Farben, las plantas químicas Buna-Monowitz. En esa ocasión ofreció la mano de obra más barata posible, cuarenta mil prisioneros-esclavos.[45] En esa segunda visita al campo, se encargaría de elevar al máximo las dosis de terror. Iba a inspeccionar directamente si se estaban ampliando las cámaras de gas y los crematorios conforme a sus órdenes.

—¿Himmler vendrá aquí? —preguntó el doctor Kurt—. ¿Qué viene a hacer en este depósito de cuerpos esqueléticos?

—Eh... Eh... —El profesor no podía contar cuál era el objetivo de la misión del verdugo; si lo hacía, todos sufrirían un colapso nervioso.

Por la fecha, Julio Verne sabía que estaban experimentando con una fábrica de destrucción masiva de judíos y otras minorías. El propio Himmler ordenó la construcción de esas fábricas de aniquilación, tras una visita a campos de exterminio por fusilamiento. Los verdugos que mataban a personas inocentes, aunque se convirtieran en sociópatas profesionales, no eran emocionalmente inmunes a las atrocidades. No pocos se deprimían; algunos se suicidaban. El propio Himmler se puso histérico y casi le dio un síncope al presenciar un fusilamiento.[46] Algunos pedazos de las víctimas ejecutadas se esparcieron por todo el lugar. Pero él no interrumpió el proceso de exterminio; al contrario, pidió a un «ingeniero» de las SS, Arthur Nebe, que lo perfeccionara.

Himmler alentó a Nebe a desarrollar un método menos penoso, pero no para las víctimas, sino para los ejecutores.[47] Nebe sufrió una fuerte impresión cuando Kohn, su chófer, atentó contra su propia vida. Kohn, a causa del horror de presenciar las atrocidades cometidas contra los judíos, cayó en un estado depresivo, de confusión mental. Extraviado, no lo soportó y se suicidó.

Nebe comenzó a hacer experimentos utilizando gases de escape de su coche, un Horch de ocho cilindros. Como camarógrafo aficionado, filmó con entusiasmo el resultado. Matar seres humanos en masa lo excitaba. Después de terminada la guerra, se encontró en Berlín una película en la que se veía una cámara de gas que funcionaba con los gases de escape de un camión. Según datos no confirmados, Arthur Nebe, nacido el 13 de noviembre de 1894, murió el 21 de marzo de 1945. Hubo quienes sospecharon que no murió, sino que adoptó otra identidad.

Especialistas en técnicas de exterminio con gas fueron a asesorar acerca de la construcción de cámaras de gas en el campo de concentración de Belzec, cuya capacidad de matar era escasa al principio. El objetivo inicial se centró en eliminar a los judíos incapacitados para trabajar. No obstante, con el tiempo resultó evidente que se proponían aniquilar a todos los judíos polacos. Las operaciones de exterminio masivo en Belzec comenzaron en la primavera de 1942, y en Auschwitz, en el otoño de ese mismo año.[48]

Los asesinatos masivos en furgones de gas empezaron con matanzas de enfermos mentales y físicos, y luego se extendieron a toda la población de judíos. Se cumplían los designios de *Mein Kampf* [Mi lucha], el libro de Hitler. En mayo de 1924, Hitler ya trabajaba en el primer volumen, elaborando ideas durante su juicio penal e inmediatamente después. En esa época estaba preso por el alzamiento contra el gobierno, conocido como el Putsch de la Cervecería de Múnich.[49]

El título inicial de su libro no era atrayente: *Cuatro años y medio de lucha contra mentiras, estupidez y cobardía.*[50] Sólo en la primavera de 1925 se lo cambió por *Mein Kampf.* Ideas radicales, extremismo ideológico y débiles nociones de ciencias políticas y económicas impregnaban su obra. Para que no resultara tan árido a los lectores, se introdujeron numerosas mejoras estilísticas.

El primer volumen tenía características más autobiográficas; el segundo, escrito después de salir de la cárcel, en 1926, abordaba de forma más extensa la naturaleza del Estado. Lo editó la propia editorial del Partido Nazi, ya que no tenía grandes probabilidades de publicarlo en una editorial seria. Pasaron los años y *Mein Kampf* no cosechó el éxito que Adolf esperaba. Hasta 1929, el primer volumen había vendido veintitrés mil ejemplares, y el segundo, trece mil, en una Alemania de ochenta millones de habitantes que, aun con la economía debilitada, apreciaban la lectura. Hitler fue frustrado, pero no derrotado.

Con el éxito del partido nazi en 1930, aumentaron las ventas de la obra. Los dos volúmenes alcanzaron ochenta mil ejemplares vendidos en 1932. Y a partir de 1933, cuando Hitler fue nombrado canciller de Alemania, se convirtió en un «mega-*best seller*», que lo hizo millonario. Tenía tanto dinero que, en un gesto de propaganda demagógica, rechazó su salario de canciller.

Hasta 1945 se vendieron más de diez millones de ejemplares en Alemania, y casi otros tantos en el exterior. No fue el contenido de la obra en sí la razón de tamaño éxito, sino el poder político. *Mein Kampf* encarnó la matriz ideológica de un partido de extrema derecha, pese a su bajo nivel de planeamiento estratégico, político, social y económico. Dependía de la fuerza de un hombre que hipnotizaba a una nación mediante las gesticulaciones y el terror. Por increíble que parezca, hasta los discapacitados visuales podían leerlo: en 1936 ya había una versión en Braille.

—¿Por qué lo afecta tanto el día de mañana, profesor? —indagó David.

Julio Verne trató de ocultar su temor. Todavía tenía la mente confusa por los deprimentes días de confinamiento. Sabía que en Auschwitz las cámaras de gas no funcionaban con gas carbónico, sino con un pesticida terrible, que asfixiaba los pulmones.

—Lo que me afecta es que quiero matar a Himmler.

Todos los amigos rieron... El héroe escuálido no tenía fuerzas ni para matar una mosca.

Al ver que todos consideraban imposible su misión, intentó provocarlos para que colaboraran con él. Comentó:

—Hitler ya generaba ideas radicales y exclusivistas en 1919 y 1920. Y después desarrolló esas ideas en su libro. En 1920 ya hablaba de eliminar la tuberculosis racial matando al «agente causante: los judíos».

Las imágenes bacterianas demostraban que había que tratar a los judíos del mismo modo que a los gusanos: mediante la aniquilación. En *Mein Kampf*, Hitler escribió: «La nacionalización de nuestras masas sólo tendrá éxito cuando, además de toda la lucha positiva por el alma de nuestro pueblo, sean exterminados todos sus envenenadores internacionales».

—En esta cloaca nos consideran bacterias. ¿Vamos a quedarnos callados? ¡Hitler quiere el genocidio! —concluyó Julio Verne.

Cuando pronunció la última palabra, todos aquellos hombres quedaron más perplejos de lo que ya estaban. Si hubieran sospechado que Hitler ambicionaba el genocidio judío, se habrían valido de todos los medios para huir de Alemania antes de que asumiera el poder, como habían hecho numerosos judíos. Pero fueron muchos los que no creyeron en las amenazas de ese político radical y teatral. Julio Verne sabía que en cualquier sistema político, incluso en las democracias maduras, existe esa clase de individuos, pero no tienen el caldo de cultivo adecuado para desarrollarse.

Eran casi las diez de la noche. Necesitaban descansar para hacer frente a otro día abrumador. Nadie se animó a tramar una conspiración contra Himmler. Primero porque pensaban que el profesor no era muy digno de crédito; el asunto del viaje en el tiempo les resultaba más una distracción para mitigar el dolor en Auschwitz que una historia creíble, a pesar de que por momentos les pareciera un genio. Segundo, porque, si apenas conseguían cargar con el peso de sus propios cuerpos, mucho menos podrían empuñar un arma, y ni hablar de robarlas. Además, en Auschwitz había ocho mil policías de las SS armados hasta los dientes. Cualquier rebelión provocaría una carnicería en represalia.

En los últimos días, la cantidad de judíos presos en el campo disminuía con rapidez. Las cámaras de gas eliminaban no sólo a los que llegaban en los vagones de tren, sino también a los esclavos más debilitados. La crueldad de los nazis superaba los límites de lo impensable. Además de matar judíos en masa, menospreciaban sus creencias; creencias que, por paradójico que parezca, había influido en toda la sociedad alemana. En la entrada de la cámara de gas ponían esta leyenda: «En este lugar entran los justos del Señor». Unos entraban llorando; otros, pronunciando sus oraciones.

Al día siguiente, 17 de julio de 1942, por la mañana, una vez más se formaron las interminables filas dobles de los prisioneros de cada barracón. Primero los contaban y luego, como siempre, caminarían hasta las plantas químicas. De pronto aparecieron seis policías de las SS, en busca de un judío específico. El que los lideraba era un oficial de uniforme impecable, quepis bien colocado, con aires de dios. Todos se inquietaron. El oficial gritó con voz altisonante:

—¿Quién es Julio Verne?

Una vez más buscaban al profesor. Él no podía mirar al sujeto que lo llamaba a gritos por su nombre, porque quien dejaba la formación de la fila era castigado con una bala. Había pasado la noche imaginándose que atrapaba a Himmler en una emboscada. Al oír que lo llamaban, pensó: «¿Me habrán descubierto...?». Pero ¿quién? Imposible que lo hubieran denunciado o leído los pensamientos. Se le ocurrió, entonces, que Willi Berger había acudido en persona a Auschwitz, junto con Himmler, para cortarle la garganta.

—¿Quién es Julio Verne? —bramó de nuevo el oficial alemán, que no lograba identificar a nadie entre aquellos cuerpos escuálidos.

Al ver que el oficial iba a tomar su arma para empezar a matar judíos indiscriminadamente hasta dar con su blanco, el profesor se presentó, con el corazón palpitante.

—¡Soy yo, señor!

El oficial se acercó despacio, sacó la pistola de la funda y la apoyó contra la nuca del profesor. Enseguida le dijo:

—¡General! Está irreconocible.

Julio Verne sintió que le temblaban las piernas y le lloraban los ojos, pero no de desesperación, sino de alegría. Conocía esa voz. Era de Rodolfo... su amigo genio, si bien tenía comportamientos de enfermo mental. Rodolfo, siempre aparatoso, representaba un buen papel en Auschwitz. Sabía que si pretendía rescatar a su amigo, tenía que atenerse a la disciplina militar.

En ese momento un batallón de soldados de las SS caminaba escoltando a una celebridad militar. Era el mismísimo Himmler. En cuanto vio la cara redonda, el profesor lo reconoció; le temblaban los labios. Era su punto de mutación de la Historia. Moriría en el intento, pero si eliminaba a Himmler, podría cambiar sucesos importantes.

Himmler, el perro guardián de Hitler, caminaba sin prisa; adolecía de la necesidad neurótica de atención social, le encantaba que lo adularan. Llevaba la fusta en una mano y de vez en cuando la hacía chasquear contra la bota de cuero negro, para transmitir un mensaje subliminal a todos los subordinados. El todopoderoso de las SS pasó entre los esclavos del campo, los miró de arriba abajo como si fueran insignificantes y él tuviera poder sobre sus vidas. Paso a paso Himmler se acercó al profesor. Éste, sin dudar, hizo un pedido suicida a Rodolfo, aunque en voz baja.

—¡Dame tu revólver, Rodolfo!

Sin embargo, Rodolfo, pese a su trastorno psiquiátrico, se negó. Aquel día estaba particularmente consciente. Replicó:

—Si lo logra, hoy no quedará un solo judío en este campo. Morirán todos.

Tal vez Rodolfo tuviera razón. Cuando, el año anterior, 1941, asesinaron a Reinhard Heydrich, el mismo al que Göring autorizó para «proceder a la solución final de la cuestión judía», se desató una represalia dantesca en la ciudad de Lídice. Sus mil setecientos habitantes varones, incluso los que no habían tenido nada que ver con el caso, cayeron asesinados. Las consecuencias de la muerte de Himmler resultaban inimaginables. Pero el profesor estaba ciego.

—¡Dame el revólver, Rodolfo!

Como Rodolfo titubeó, Julio Verne juntó sus escasas fuerzas y le aferró las manos. De inmediato lo atacaron dos policías, que lo derribaron frente a Himmler. Al jefe de las SS le sorprendió la osadía de aquel judío. Los judíos suelen ser pasivos, incluso a las puertas de la muerte.

—¡Qué gusano descarado! ¡Lo eliminaré yo mismo!

Cuando iba a disparar a la cabeza del profesor, intervino Rodolfo.

—No, señor, no lo haga.

Al instante Himmler apuntó el arma hacia él.

—¡Un traidor a la causa aria!

Pero Rodolfo, intrépido, saludó marcialmente y dijo:

—Señor, ¡soy oficial médico! ¡Este judío apestoso se ha contagiado una terrible bacteria! Mírele los ojos amarillentos. Observe esos puntos negros en la piel. Si lo mata aquí, contaminará todo el campo, incluso a usted.

Himmler miró a Julio Verne y, como era sugestionable, emocionalmente inmaduro, obsesivo y fóbico a las enfermedades, observó lo que le señaló el supuesto médico de las SS.

194

—¿Dónde está Josef Mengele?

Josef Mengele era el terrible médico de Auschwitz, que practicaba experimentos quirúrgicos con judíos, sin aplicarles anestesia.

—No quiso venir, para no infectarse —respondió Rodolfo.

A Julio Verne le gustó el ardid de Rodolfo y le siguió el juego, actuando como si se hubiera infectado con una bacteria mortal. Con gestos exagerados, como si ya se muriera, suplicó con voz pastosa y ronca:

—Me muero... —Y, sin dejar de fingir, pidió—: ¡Máteme...!

Himmler, receloso, ordenó:

—Mate a ese miserable, y bien lejos de este campamento.

Deseoso de salvar a los demás, el profesor señaló a sus amigos.

—Ellos también se contagiaron...

Insensible, Himmler echó una mirada a los judíos más próximos y se marchó enseguida, para no contaminarse con el aire que ellos respiraban.

22

EL SABOR DE LA LIBERTAD

Rodolfo pidió que los acompañaran sólo un chófer y dos policías, pues el riesgo de contagio era grande. Eligieron a diez individuos, entre ellos el doctor Kurt, Esaú, David y otros. Rodolfo quería llevar más, pero los policías que vigilaban su comportamiento en el proceso de selección ya se mostraban desconfiados. No eligieron a Viktor Frankl. Aquel día se había retrasado treinta segundos al entrar en la fila, por lo cual se hallaba a quince metros de distancia del grupo de los «contaminados».

Julio Verne se volvió, intentó suplicar que lo incluyeran, pero fue en vano. No veían en él los mismos síntomas que en el profesor.

Julio acabó por resignarse, ya que sabía, por la Historia, que el médico sobreviviría al caos. Así partieron hacia un lugar que distaba tres kilómetros del campamento. Durante el trayecto, Julio Verne dijo que se salvarían. Una vez más sus amigos pensaron que deliraba.

El profesor estaba inquieto. Los dos policías y el chófer podían matarlos a todos. «¿Cómo va a dominarlos Rodolfo? ¿Los matará? Es tan torpe...», iba pensando.

Tres kilómetros más adelante, llegaron a un determinado punto donde había una gran zanja, donde yacían enterrados montones de judíos. Era una escena de inigualable tristeza. Rodolfo, como jefe de la misión, pidió a los judíos que se alinearan de frente, uno junto al otro.

Y dio una orden a los dos jóvenes.

—Atención. Apunten...

Julio Verne se angustió. Una vez apuntadas las armas, era casi imposible que no murieran. «¿Por qué Rodolfo no termina con esto de una vez por todas?», pensó.

—¡Manténganse firmes! —gritó Rodolfo—. Vamos, empecemos de nuevo. Atención, soldados de Hitler. Apunten y... ¡a los abrazos!

Y de repente los dos soldados y el chófer corrieron a abrazar a los desdichados que temblaban de miedo. Nadie entendía nada... No eran policías de las SS, sino jóvenes furiosos con la injusticia que fomentaba Adolfo Hitler. Los supuestos policías eran hijos de madres judías y padres alemanes. Arios impuros, vivían en la clandestinidad, aunque tenían rasgos germanos. Y, al igual que Rodolfo, no eran mentalmente «normales».

—¡Casi nos matas del susto, Rodolfo!

—Queríamos ver cómo les funcionaba el corazón, general. *Bye*, Hitler!

—*Bye*, Hitler!

Hacía meses que los desventurados de Auschwitz no sonreían, pero cuando oyeron el saludo «¡Chau, Hitler!», echaron a reír de buena gana. Contemplaron los árboles, que nunca les parecieron tan hermosos. El viento sur les envolvió los cuerpos, y nunca valoraron tanto una brisa. Con lágrimas en los ojos, tocaron las hojas, los troncos y la tierra. Respiraron la libertad y sintieron que su sabor es indescifrable. Un día libre vale más que cien años preso, pensaron.

Como nadie del grupo regresó a Auschwitz, las SS descubrió el engaño y salió a darles caza por toda la región. Sabiendo que los perseguían, recorrieron más de ciento cincuenta kilómetros por zonas inhóspitas. Buscaban alguna granja, pasturas altas y abundantes árboles, así les resultaba más fácil esconderse. Cualquiera que fuera el lugar por donde pasaran, el paisaje era de una belleza única. La libertad los alentaba a contemplar lo bello. Dormían en el camión. Como no disponían de dinero para comprar alimentos ni mantas, con pequeños hurtos satisfacían sus necesidades básicas. Hasta que los denunciaron, y tuvieron que batirse en retirada. A medida que pasaban los días fueron ganando peso y salud. Al fin, en una zona de difícil acceso, encontraron una casa vieja, en apariencia abandonada debido a los bombardeos sufridos en la invasión de Hitler a Polonia. Vivía allí una pareja de ancianos, que los recibió armas en mano.

—Empiecen a rezar, porque se van al infierno —amenazó el anciano.

Todos se alarmaron. Rodolfo le preguntó:

—Dígame, ¿usted simpatiza con Hitler, o lo detesta?

—Odiamos a ese canalla.

—Nosotros también. Somos fugitivos —informó el profesor.

Superada la resistencia inicial, el matrimonio los atendió con regocijo.

Durante la cena, el hombre les dijo que dos grupos de policías de las SS habían pasado por allí en busca de fugitivos. Todos se inquietaron.

—¿Vinieron hasta aquí? —quiso saber el doctor Kurt.

—Tenemos que dividirnos hasta que Inglaterra gane la guerra —propuso el doctor Kurt.

Si los atrapaban, en el mejor de los casos los llevarían de vuelta al infierno de Auschwitz. Tal vez los colgaran cabeza abajo frente a todos los prisioneros. El grupo resolvió dividirse de dos en dos y se dispersaron por los campos. Así aumentarían sus probabilidades de sobrevivir. Por primera vez en la

Historia, un continente ya no tenía lugar para albergar a un pueblo. En Europa no había ya ningún lugar seguro.

Un rato antes, cuando el doctor Kurt habló de mantenerse ocultos hasta que Inglaterra ganara la guerra, Julio Verne esbozó una leve sonrisa de ironía. Sabía que los Aliados todavía demorarían casi tres años en vencer. Una eternidad cuando uno vive huyendo de sus cazadores.

Rodolfo y el profesor iban juntos. Como las armas eran pocas, las dejaron a sus amigos.

Pasaron dos meses desde la huida de Auschwitz. El profesor engordó doce kilos. Pidió perdón a Dios por no seguir los preceptos de la tora y comía todo que se le cruzaba en el camino, porque ignoraba si al otro día habría algún alimento. Recordar el hambre padecida en el campo de concentración cerraba el circuito de su memoria y le provocaba una desesperación por comer.

La madrugada del 17 de septiembre de 1942, el profesor y Rodolfo dormían en una casa mutilada por el tiempo a la orilla de un río de diez metros de anchura. Julio Verne se hallaba sumido en un sueño profundo. Aquella noche lo asaltaron múltiples pesadillas. Soñó con la misión del Proyecto Túnel del Tiempo. Había aceptado la formidable misión de intervenir en los hechos históricos y tratar de revertirlos, pero ahora se sentía el más fracasado de los hombres. El exterminio en masa de los judíos y otras minorías ya estaba en pleno funcionamiento, y él era apenas un fugitivo ansioso por salvar su propio pellejo.

No había cambiado un capítulo de la historia, ni siquiera una página, porque no fue él quien salvó a los miserables «contaminados» que huyeron de Auschwitz, sino Rodolfo. Y, además, era probable que ya hubieran capturado a la mayoría. A continuación soñó con Kate y le pidió disculpas por no haberla escuchado.

—Discúlpame, Kate. Soy un antihéroe. Discúlpame.

Se despertó sobresaltado. Rodolfo, mucho más tranquilo que el profesor, dormía profundamente. En un rato Julio volvió a adormecerse, pero su sueño fue liviano y agitado, no pudo descansar. Veinte minutos después de haber cerrado los ojos, el ancla de su memoria se afirmó en zonas de su corteza cerebral que guardaban registros de hechos históricos ocurridos antes del estallido de la Segunda Guerra Mundial. Parecía que, a pesar de ser un antihéroe, su inconsciente se esforzaba por encontrar soluciones al drama que vivía la humanidad.

Tuvo una pesadilla particularmente desconcertante, con el ministro de Asuntos Exteriores y hombre fuerte de Polonia, Józef Beck. Antes de invadir Polonia y desencadenar la Segunda Guerra Mundial, Hitler presentaba una propuesta a los líderes polacos; si la aceptaban, tal vez se evitara la invasión de Polonia. Inglaterra y Francia no declararían la guerra a Alemania y, por tanto, la Segunda Guerra Mundial no tendría lugar. Era una apuesta interesante, valía la pena pagar para verlo, aunque Hitler era ambicioso y artero.

En su pesadilla, el profesor discutía con Beck para que éste aceptara la propuesta de los nazis de devolver la pequeña ciudad polaca de Danzig, que antes de la Primera Guerra Mundial pertenecía a Alemania. Y también la propuesta de ceder a Alemania un «corredor» que le permitiera el paso en una eventual guerra con Rusia, ya que Hitler detestaba a los comunistas. Pero Beck se resistía.

Julio Verne le rogaba en nombre de las futuras decenas de millones de víctimas... Pero nada. Beck no creía en ese cuento de otra guerra mundial y millones de víctimas. Desde el momento en que Hitler fue nombrado canciller, los dirigentes polacos no lo tomaban en serio, lo consideraban un político radical y estúpido, que caería muy pronto. Pero no cayó. El predador se armó. Carente de habilidades diplomáticas y mentalmente quebrado, el profesor perdió los estribos y se puso a gritar al ministro de Asuntos Exteriores de Polonia:

—¡Usted está loco, Beck! ¡Va a atizar el fuego en Europa!

Se despertó sobresaltado y jadeante, mientras su compañero seguía roncando de lo más relajado. Media hora después volvió a dormir. Eran las cinco de la mañana. El astro que dirige la orquesta del día pronto los despertó con sus tímidos rayos. Los dos compañeros comenzaron los preparativos para el «desayuno», sin pan, leche, manteca; apenas un suculento pescado de dos kilos cocido a las brasas, atrapado la tarde anterior.

Mientras devoraban el pescado oyeron un ruido extraño en los alrededores. Miraron por la ventana y vieron que se aproximaban dos policías de las SS. Contuvieron la respiración, por el miedo. Como no tenían armas, sabían que si los descubrían, tendrían que luchar. Apagaron con rapidez el fuego, escondieron el pescado e intentaron esconderse, encogidos, detrás de unos muebles estropeados. Pero los policías habían visto de lejos el humo que salía por la chimenea.

Sin pedir permiso, derribaron la puerta y buscaron a los habitantes. La casa constaba de dos ambientes; una sala-cocina y un pequeño cuarto. Como no se presentó nadie y no encontraron un alma en la sala, sospecharon que en la habitación contigua se escondían los fugitivos que habían engañado al poderoso Himmler.

No dudaron. Ametrallaron el cuarto. Primero matarían a los ocupantes, y después les preguntarían cómo se llamaban. Acción típica de los nazis. Pero el profesor y Rodolfo se ocultaban en la parte más alta de una litera, de modo que no los alcanzó la andanada de balas. Cuando vieron entrar a los policías, les saltaron encima como depredadores y los atacaron en una pelea cuerpo a cuerpo. Los derribaron y empezaron a golpearlos, pero los nazis eran fuertes y estaban bien entrenados.

Pronto revirtieron la desventaja y acometieron contra el profesor y Rodolfo.

Uno de los policías, el que luchaba con el profesor, consiguió retirar el revólver de la funda y le apuntó al pecho. El estado de tensión del profesor alcanzaba el punto máximo. Eran sus últimos segundos de vida... Cuando el policía iba a disparar, se oyó de pronto un estruendo en el pequeño aposento y los deslumbró una luz intensa. Se abrió una cuerda cósmica. De alguna manera, el estado de pánico del profesor accionó de nuevo la máquina del tiempo, que lo transportó a un lugar imprevisible, pero aún en Polonia.

No se sabe qué ocurrió con Rodolfo, pero el profesor, al menos por el momento, había escapado de la muerte. Y esa vez, por fin, el más inteligente y débil de los héroes se encontraba en un punto trascendental de mutación de la Historia... Tendría su gran oportunidad de cambiar los sucesos de la Segunda Guerra Mundial.

23

POLONIA ANTES DEL CAOS

Un hombre moribundo estaba acostado en una plaza. Era Julio Verne, con hematomas en el ojo derecho. Eran las tres de la madrugada.

Un viento frío le rozaba el pecho, pero no lo sacó del sueño. Parecía agotado, sin energía para levantarse y caminar. Se despertó por el sol de las siete y media que le molestaba en la cara, y los ruidos de la gente que pasaba, que le zumbaban en los oídos.

—¿Dónde estoy? —se preguntó espantado.

Miró a su alrededor y notó que se encontraba en una ciudad importante, con un tumultuoso tránsito de vehículos de motor y de tracción animal. Preguntó a un anciano que pasaba en qué lugar estaba.

—En la hermosa capital de Polonia, en Varsovia, hombre de Dios —informó el anciano al confundido mendigo.

El profesor, políglota, entendió el idioma del generoso hombre.

—¡Imposible! ¡Si me transportaron, tendría que estar en el futuro! —exclamó Julio Verne, perplejo. Se pegaba en la cara para sentir si todo era real o una pesadilla más. El dolor en la piel no le dejó dudas.

—¿Qué futuro, hombre? —preguntó el anciano, curioso, al «enfermo mental».

Pero él no respondió; sólo hizo otra pregunta.

—Por favor, ¿en qué fecha estamos?

Seguro de que el mendigo desvariaba, pero como parecía que al menos quería integrarse a la realidad, el extraño lo trató con amabilidad.

—Hoy es 26 de agosto de 1939.

—¿26 de agosto de 1939? Entonces la Segunda Guerra Mundial no ha empezado.

—¿Segunda Guerra Mundial? ¿De qué habla? —indagó el señor canoso, que había luchado como capitán en la Gran Guerra. Sabía que Europa no soportaría otra guerra mundial.

Julio Verne no respondió. Se levantó de un salto, reanimado, y se puso a brincar de alegría.

—¡Todavía hay tiempo! ¡Todavía hay tiempo!

La Segunda Guerra Mundial empezaría en una semana exacta, el 1 de septiembre de 1939, fecha en que las fuerzas nazis invadirían Polonia. El 3 de septiembre, Inglaterra y Francia declararían la guerra a Alemania.

El tiempo conspiraba contra el profesor, que tendría su gran oportunidad de ayudar a la humanidad, pero debía tomar decisiones urgentes. Su última pesadilla había contribuido a transportarlo a ese fundamental punto de curvatura de la Historia. Tenía que encontrar a Józef Beck, el influyente, obstinado y recalcitrante ministro de Asuntos Exteriores de Polonia, y convencerlo de que, si no cedía a las reivindicaciones de Adolf Hitler, en breve Europa ardería en llamas.

Julio Verne necesitaba ropa nueva, cortarse el pelo y la barba, para lucir más o menos presentable para una futura audiencia con el líder polaco. Hábil para hurtar alimentos, aprovechó esa destreza para conseguir ropa y algún dinero, y mejorar la apariencia. Mientras se vestía, pidió disculpas en voz baja a las personas a las que había perjudicado, pero era por el bien de la humanidad. Se cortó el pelo, se arregló y, tras obtener informaciones precisas e idear un plan, se dirigió al palacio de gobierno.

Józef Beck estaba en una sala de reunión situada a veinte metros de su despacho, discutiendo, precisamente, las propuestas del *Führer*. La reunión había comenzado por la noche y se prolongó hasta la madrugada. El ministro hervía de furia.

—Hitler es un loco. Esto no es más que un bluf, una engañifa. ¡No tendrá coraje para invadir Polonia! Además, Alemania todavía está debilitada. No tiene todo ese poderío que proclama —decía a los líderes polacos, entre los que se contaban miembros de las fuerzas armadas, un grupo selecto de diputados y empresarios de la industria bélica.

La mayoría, influida por él, mostraba también la insensatez de la exigencia del *Führer*. El jefe del Estado Mayor, en actitud grandilocuente, dijo:

—¡Tenemos poderío para afrentar a Hitler!

Pero la necesidad neurótica de poder embriaga la razón y hace ver lo que no existe. Polonia tenía soldados valientes, algunos tanques y aviones y muchos caballos. En pocos días quedaría arrasada por los tanques de guerra y la poderosa aviación militar alemana.

Del otro lado de la puerta de la sala de reuniones varios soldados montaban guardia. Afuera, en el patio y las cercanías del palacio presidencial, más de cien soldados lo custodiaban día y noche. Era un lugar que exigía el máximo de seguridad, porque se temían atentados por parte de la terrible policía secreta nazi. El profesor se valió de una increíble *expertise* para entrar en la fortaleza.

Beck, tras la extenuante reunión, volvió a su despacho a recoger unos papeles antes de ir a su casa a descansar. Era la una de la madrugada. De pronto algo dejó perplejo al líder polaco.

Vio a un hombre bien vestido sentado en su mullido sofá marrón de cuero de búfalo, relleno con plumas de ganso. Ese sillón era el asiento preferido del dirigente, que acostumbraba a sentarse allí a admirar el bellísimo jardín victoriano del palacio.

Cuando iba a llamar a los guardias, el profesor le suplicó:

—Por favor, no llame a los custodios. Estoy desarmado.

Pero tres soldados, que habían oído lo hablado en el despacho y sabían que Beck había entrado solo, invadieron el espacio, armas en mano. Protegido, Beck lo interrogó.

—¿Quién es usted?

—No soy nazi. Soy amigo de Polonia.

El interrogatorio continuó.

—¡Identifíquese y dígame qué hace aquí! —ordenó el líder polaco.

—¿Yo? —Julio decidió que no tenía tiempo que perder. Mejor ser transparente, por muy descabellada que pareciera su misión—: Soy un enviado de un gobierno amigo para tratar de evitar la invasión de Polonia por Alemania.

—¿Enviado de quién? ¿Está loco...?

No podía decir que era un enviado de Alemania, pero no de ésta, de la época de los nazis, sino de la Alemania del futuro, de una Alemania que quería enmendar su historia. Daría lugar a una confusión tan enredada que Beck acabaría pensando que el profesor era un nazi encubierto. De modo que Julio mintió.

—Soy enviado de Inglaterra.

—¿De Inglaterra? Muestre sus credenciales.

El profesor tragó saliva y confesó:

—No las tengo. Las perdí mientras trataba de eludir la custodia para llegar hasta aquí.

—Sin duda usted es un espía nazi.

—¡No, no! Soy Julio Verne. Vine a advertirlo de que en diez días Alemania invadirá Polonia y la devastará.

Al instante recibió una bofetada de Józef Beck. Polonia, que aspiraba a ser una pieza de peso en el tablero de las naciones, no podía ser devastada por ninguna otra nación, según pensaba el poderoso ministro. Debilitado, el profesor casi se desmayó, pero no perdió el ánimo, porque por primera vez tenía la oportunidad de influir en un hecho importantísimo que contribuyó a provocar la Segunda Guerra Mundial. Sin embargo, sabía que, como sus explicaciones carecían de consistencia, corría un serio riesgo de que lo fusilaran; a fin de cuentas, había «invadido» el despacho del paranoico dirigente de Polonia. Intentó otra estrategia.

—Señor Beck, me enviaron del futuro con la misión de evitar la Segunda Guerra Mundial.

—¿Enviado del futuro? ¿Segunda Guerra Mundial? ¡Sí que está trastornado! No voy a perder más tiempo. —Y ordenó a los guardias—: Llévenlo a la cárcel.

—Por favor, escúcheme. Atravesé la barrera del tiempo y del espacio para advertirle de que, si usted no cede Danzig y el Corredor Polaco propuesto por el *Führer* de Alemania, ese megalómano infame de Hitler en pocos días invadirá Polonia y provocará la Segunda Guerra Mundial. Europa se convertirá en un gran cementerio. Morirán más de setenta millones de personas.

El otro soldado iba a golpearlo, pero el profesor, todavía débil a causa del confinamiento en Auschwitz y por las amarguras de la fuga, se protegió la cara con las manos y suplicó:

—Por favor. No... No soy enemigo...

Beck contuvo la ira del soldado. Lo impresionaron los argumentos de Julio Verne, porque había mencionado Danzig y la cuestión del Corredor Polaco. No estaba tan loco. Estaba bien informado.

—¿Cómo sabe de esas propuestas, si son secretas? ¿Cómo sabe sobre Danzig? —indagó con vehemencia el líder polaco.

A Hitler le obsesionaba recuperar la pequeña ciudad de Danzig, en Polonia. No por estrategia militar o económica, sino por una cuestión de honor nacional. Así como el Tratado de Versalles era considerado una deshonra nacional, pues imponía castigo económico y militar a Alemania tras haber perdido la Primera Guerra Mundial, para el *Führer* era un ultraje saber que Danzig pertenecía a Polonia.

—Sé muchas cosas. Sé que ayer, 25 de agosto, Londres firmó el Pacto de Asistencia a Polonia en el caso de una invasión de Alemania.

Beck se quedó impresionado con esos datos, ya que el asunto todavía no había salido en la prensa, puesto que el pacto se había firmado al final de la tarde del 24 de agosto. Y, además, el hecho no se había difundido por radio para evitar que la población entrara en pánico. El profesor rogó a Józef Beck:

—En nombre de la humanidad, le suplico que ceda esa pequeña ciudad y el Corredor Polaco a ese psicópata de Alemania. La soberanía y la identidad de Polonia no se verán comprometidas. Y, además, podrá renovar el Tratado de No Agresión por Hitler.

Todas esas propuestas fueron piezas importantes en el gran juego que antecedió a la Segunda Guerra Mundial. Si Beck no era tan radical, si pensaba con sensatez y cedía, la Historia mundial tendría la posibilidad de reescribirse. Antes de la invasión de Polonia, Adolf Hitler todavía se mostraba bastante moderado y un poco temeroso. No era el depredador que en unos días invadía un país y lo dominaba. Por eso, tal vez las ideas del «profesor del futuro» dieran resultado, incluso porque nada podía ser peor que las atrocidades que se perpetrarían en la Segunda Guerra Mundial. Pero Beck se mofó del profesor.

—¡Usted es un ingenuo! Jamás accederé a las propuestas de

Hitler. Llévenlo a la prisión —ordenó a los soldados—. Se lo someterá a juicio.

El profesor derramó lágrimas. Y mientras se lo llevaban arrastrando dos soldados, y otro le apuntaba con un arma a la nuca, jugó su última carta.

—Espere, ministro. Ribbentrop, su colega ministro de Asuntos Exteriores de Alemania, consiguió hace tres días la firma de un pacto germano-soviético de no agresión. Era lo que Hitler necesitaba para invadir Polonia. A principios de septiembre empezará el caos.

De hecho, Hitler, aunque detestaba el socialismo ruso, había hecho un pacto de no agresión con Stalin para que éste no pensara que Rusia sería el siguiente país invadido por Alemania. Stalin, ingenuo, creyó en la ética nazi. Pero el *Führer* no demoraría en poner sus garras sobre Ucrania y Rusia. Beck, alarmado por la información del profesor, se quedó casi sin aliento, pero también sacó su última carta. Pronunció una frase importantísima, aunque poco difundida en la Historia:

—*Con los rusos perdemos la libertad; con los alemanes perdemos el alma.*

La pronunció varias veces, incluso ante diplomáticos franceses e ingleses que habían pedido a Beck que reflexionara acerca de las propuestas de Adolf Hitler. Pero, obstinado, radical, pertinaz y aferrado a viejos conceptos, Beck prefirió mirarse el ombligo, en lugar de preocuparse por la sociedad polaca.

Ante el radicalismo del ministro de Asuntos Exteriores de Polonia, acudió a la mente de Julio Verne el sufrimiento de los niños y las madres judíos asesinados en los campos de concentración, y de los soldados mutilados en combate. Alteradísimo, apretó los dientes y lo embargó un acceso de ira.

Respiraba jadeando como una fiera acorralada pronta a atacar. Se imaginó abalanzándose sobre Beck, arrebatándole el arma y matándolo. Intentó soltarse, pero lo sujetaban dos brutos enormes. Además, podría dispararse el arma dirigida a su cabeza. Trató de gestionar su estrés. Dispondría de algunos días para intentar un milagro, idear otra estrategia.

Mientras lo llevaban, el coleccionista de lágrimas gritaba:

—¡Un gran líder debe tener coraje para avanzar y más coraje aún para retroceder! ¡Los hijos de este noble país serán sirvientes! ¡Polonia será el escenario del mayor horror de la humanidad! Se construirán campos de concentración y exterminarán brutalmente a millones de seres humanos...

Beck se enfureció al oír los gritos del profesor en el pasillo. Ordenó a los soldados que se detuvieran. Se acercó a él y le rugió con fuerza en los oídos, como para dejarlo sordo.

—¡Somos la gran Polonia! ¡Nunca le dé órdenes a un líder! —Y le propinó dos violentas bofetadas.

Dictar órdenes a un líder insensato es lo mismo que empujarlo a aferrarse más a sus creencias, aun cuando éstas sean intelectualmente estúpidas y sociológicamente inhumanas.

Un policía se preparó para asesinar al profesor, pero Beck lo detuvo.

—No. Llévelo para posterior investigación.

Diez metros más adelante, mientras se lo llevaban, Julio pasó cerca de la papelera del despacho de Beck y sintió olor a comida. Desesperado, cerró el circuito de su memoria y reaccionó por instinto. Atacó el recipiente, que contenía restos de comida y unas cáscaras de banana. Para alguien que había vivido en Auschwitz, aquellas sobras eran un manjar. Frente a los ojos espantados de los soldados y el ministro polaco, las masticó como un animal hambriento.

24

UN NUEVO ATAQUE DE PÁNICO

El profesor, considerado un criminal peligroso, se quedó solo en una celda. Si bien su alimentación era incomparablemente mejor que en Auschwitz, su estado depresivo ante la propia impotencia para impedir el estallido de la Segunda Guerra Mundial superó el instinto del hambre; comer no le causaba placer. No cesaba de pensar en la invasión de Polonia. Una vez derrotado el país, Alemania intensificaría la caza de los judíos alemanes e iniciaría las deportaciones de los judíos polacos a los guetos de Varsovia. Tales hechos conducirían a la construcción de Auschwitz y otros campos.

El profesor sabía que había que hacer algo con urgencia. Era el 28 de agosto de 1939. En tres días, el 1 de septiembre, se oirían los ruidos infernales de bombas, cañones y bombardeos. Alemania invadiría y masacraría Polonia. Consciente de eso, el profesor apretaba con las manos los barrotes de la celda e, impotente, intentaba sacudirlas. Imposible romper las cadenas de hierro y las cadenas del miedo. Estaba perdiendo la oportunidad de oro para acometer otro punto de mutación de la Historia y evitar la Segunda Guerra Mundial. Su cerebro estresado le agobiada los pulmones con disnea, falta de aire, y el corazón le latía de manera incontrolable.

—¡Sáquenme de aquí! ¡Llévenme a ver a Beck! ¡Polonia va a arder en llamas!

—¡Cállese de una vez! —gritaban algunos presos.

Pensar en niños como Anne y Moisés, en el doctor Kurt, en Herbert, Esaú y Rodolfo lo llevaba a la desesperación.

—Polonia va a capitular. ¡Sáquenme de aquí!

Gritaba y lloraba, lloraba y gritaba.

—Hagan callar a ese loco —protestaban otros presos.

Acudieron dos guardias y le dieron una paliza.

Pero era imposible silenciar la voz de su mente. Aunque lo amordazaran, él gritaría en sus pensamientos. Fue entonces cuando comenzó a dar clases dentro de la prisión. Y una vez más nutrió la sensibilidad de los que lo escuchaban, al menos de algunos. Eran criminales, pero también seres humanos. Como buscador de perlas, el profesor era capaz de hallar tesoros en terrenos inhóspitos.

Empezó a dar clases sobre Polonia y Alemania. Habló de las condiciones sociopolíticas que se establecieron después de la Primera Guerra Mundial y los riesgos de que se produjera otra contienda mundial. Los presidiarios comenzaron a desesperarse con lo que les decía aquel hombre culto.

Hitler era famoso y admirado en todo el mundo, en especial por personas radicales, fascistas y de partidos de extrema derecha. Muchos criminales de diversas razas lo tenían como ídolo, incluso en la prisión en la que se encontraba el profesor. Aun así, la razón empezó a prevalecer sobre la emoción. Al mostrar la personalidad del *Führer* alemán, su intolerancia racial, beligerancia, brutalidad, su capacidad de vender su imagen en el escenario social y, al mismo tiempo, cometer atrocidades entre bastidores, captó la atención de algunos de los criminales. Él no negó su raza; dijo que era hebreo y habló de las penurias que vivirían los judíos.

—Ribbentrop, ministro de Asuntos Exteriores alemán, manifestó el deseo de deportar a todos los judíos de Europa a la isla de Madagascar, donde quedarían confinados en «asentamientos» o «reservas» bajo mandato alemán, aunque con administración judía. Se realizaron varios estudios con el propósito de llevarlo a cabo. A mediados de agosto de 1940 se elaboraron más detalles del plan para exiliar en la isla africana a cuatro millones de judíos, pero ahora ya sin autonomía administrativa judaica. Los judíos vivirían bajo el control estricto de las SS. La isla se convertiría en un megacampo de concentración. Al final, abortaron esos planes. Prefirieron exterminar a los judíos, desde niños hasta ancianos.

A continuación el profesor les habló sobre los campos de concentración. Explicó que Hitler y otros fanáticos nazis desarrollaron un antisemitismo maníaco, reflejo de una atrofia de la mentalidad humana. Algunos de los delincuentes lloraron.

—¡Soy un asesino! Cometí un robo a mano armada. Fui a robar y, cuando se me opusieron resistencia, maté. Soy culpable, pero ¡jamás imaginé que existiera gente capaz de asesinar gratuitamente a niños y mujeres inocentes! ¿Cómo puede ser? —exclamó, indignado, un prisionero.

—En pocos días Hitler dominará Polonia y aniquilará a los prisioneros.

—¿Por qué? —quiso saber otro preso, incrédulo.

—Para vaciar las prisiones y disponer de espacio para encarcelar a los líderes políticos de Polonia.

Para algunos de los criminales el impacto fue tan fuerte que querían salir de la cárcel a cualquier costo y liberar a Julio Verne, pero el presidio era una verdadera fortaleza. El infeliz profesor nunca se sintió tan impotente. La noche del 31 de agosto contaba cada minuto, pues sabía que al día siguiente perdería su propia guerra. Su cerebro estaba muy estresado. También los criminales estaban intranquilos. Descontrolado, Julio proclamaba:

—Guardias, es la madrugada del 1 de septiembre. ¡No queda más tiempo! ¡No queda tiempo! —decía entre lágrimas. Y bramaba—: ¡Dios! ¿Por qué no me ayudas? ¿Por qué no tienes compasión de esta humanidad enferma? Dios ¿dónde estás? —clamaba sin parar.

Sudaba frío, demasiado alterado, delirando. Golpeaba el cuerpo contra las rejas, para romperlas. Corría el riesgo de morir por los traumas. Los presidiarios de las celdas contiguas lo miraban con compasión y temor. Los más distantes, sin saber qué pasaba, maldecían a ese loco.

—¡Cállate, maldito! O te mataremos nosotros. Queremos dormir.

En un ataque de rabia, el otrora dócil profesor sentenció a gritos:

—Las bombas los dejarán sordos y los fusiles los matarán. —Y se sentó desconsolado en el frío suelo de la prisión.

No se relajaba ni un segundo. Cualquier sonido le parecía el ruido estridente de las bombas. Y, así sentado, una vez más se volvió un coleccionista de lágrimas. Su mente continuaba asaltada por todas las imágenes presenciadas en Auschwitz. Casi sin darse cuenta recitaba con voz dolida el nombre de sus amigos.

—Rebeca, doctor Kurt. Discúlpenme. Fallé... Fallé...

Era un hombre por completo fuera de sí, profundamente descontrolado. De repente, su estado de pánico, la tensión mental y el alma desgarrada por el dolor se volvieron tan agudos e intensos que provocaron que su mente accionara otra vez una cuerda cósmica. Hubo un estruendo gigantesco en la prisión. Sin saber qué sucedía, el profesor fue transportado en el tiempo. Esa vez no necesitó experimentar una pesadilla, al menos no durmiendo.

Fue transportado, extrañamente, a apenas unos días antes del tiempo en que estaba. Se encontraba en un puerto imponente, en la costa francesa. Pero vestía las prendas rayadas de un presidiario polaco. Confuso, se topó con dos hombres que se acercaban. Hablaban en inglés. Muy bien vestidos, caminaban escoltados a cierta distancia por otros tres policías.

Quedaron atónitos ante la imagen del personaje que veían diez metros más adelante. A medida que avanzaban, notaron no sólo la ropa rara que vestía, sino los hematomas y las lesiones de la cara. Compadecidos, arrojaron unas monedas al mendigo.

—¿Dónde estoy? —les preguntó Julio.

—En Francia, claro —respondió uno, que parecía francés.

—¿Francia? ¿En qué día y año estamos?

Uno miró al otro. El inglés decidió hablar, pues el extraño lo preguntó en su idioma.

—18 de agosto de 1939.

El profesor sonrió.

—Por suerte gané unos días más.

El otro, con acento francés, se dirigió a su acompañante:

—Vamos, Michael, no tenemos tiempo que perder. Debemos anticiparnos a Hitler.

El profesor miró bien a aquellos hombres; parecían diplomáticos.

De repente su mente se abrió y se dijo: «¡No es posible! ¿Serán ellos...?». Cuando los dos ya se encontraban a unos quince metros de distancia, el profesor gritó:

—¡Michael Key!

Uno se volvió espantado hacia el profesor, como si así se llamara en verdad.

—¿Nicholas Dominique?

—Sí, soy yo —confirmó el de acento francés.

Con una sonrisa rara de ver en un mendigo, en estado de éxtasis, Julio dijo para sí: «Mi mente conspira para cambiar la Historia». El profesor se encontraba frente a un nuevo punto de mutación de la Historia.

—Los dos brillantes diplomáticos de Inglaterra y Francia encargados de interrumpir el acuerdo germano-soviético que dio vía libre a Hitler para invadir Polonia. Hitler sabía que Stalin conocía su aversión a los marxistas. Los barrió de Alemania cuando lo nombraron canciller. Sabía que invadir Polonia equivaldría casi a declarar la guerra a Rusia, porque ambas compartían las fronteras.[51]

Los hombres quedaron estupefactos con las informaciones del extraño profesor, pero valoraban lo trivial y no lo esencial.

—¿Cómo sabe nuestros nombres? —indagó Nicholas.

—Y ¿cómo sabe que ese tratado está en curso? —agregó Michael.

—Soy un hombre muy bien informado, señores.

—Nicholas, creo que nos estamos haciendo famosos —bromeó Michael. Y le preguntó al profesor—: ¿Quién es usted?

—Parezco un mendigo, pero soy profesor de Historia.

—¿En qué podemos ayudarlo? —ofreció Nicholas.

—Señores, ustedes pueden cambiar el curso de la Historia. Un acuerdo entre Alemania y Rusia atizará las ambiciones de Hitler y calmará a Stalin, el paranoico secretario general del Partido Comunista. Impedir ese tratado podría refrenar el ímpetu megalómano de Hitler y cambiar los acontecimientos por venir. Se lo ruego: no tomen un vapor; tomen un avión, lleguen antes que ellos para evitar que se firme el tratado de no agresión entre Hitler y Stalin.

—Quédese tranquilo. Stalin sabe que Hitler detesta a los comunistas —afirmó Nicholas—. No se apresurará a firmar un acuerdo.

—Se equivoca, señor. En cinco días el ministro de Asuntos Exteriores de Hitler, Ribbentrop, sellará un acuerdo de no agresión entre Rusia y Alemania, por diez años.

—¿Cuándo? —indagó Michael, incrédulo.

216

—El 23 de este mes de agosto.[52] —Y, sudando frío, el hombre del futuro confesó—: El 1 de septiembre invadirán Polonia. Y los países de ustedes dos declararán la guerra a Alemania, con lo que estallará la Segunda Guerra Mundial. Por amor a la humanidad, actúen con rapidez. Anticípense a Ribbentrop.

—¿Cómo sabe usted que va a suceder eso?

—El hecho es que lo sé, y también sé que, si ustedes fracasan, la Segunda Guerra Mundial matará a más de setenta millones de personas. Será un desastre sin precedentes para este continente y para la humanidad. Les suplico: tomen un avión, no vayan en barco. Convenzan a Stalin antes de que le hable Ribbentrop.

El profesor se hallaba ante el mayor punto de mutación de la Historia que hubiera visto. Sabía que, si convencía a los diplomáticos francés e inglés, quizá la Segunda Guerra Mundial no aconteciera. Como siempre, cinco minutos podrían cambiar la Historia para bien o para mal. Lamentablemente, Michael miró a Nicholas y arrugó la frente como si se enfrentara a un trastornado.

—¿Ribbentrop? ¿Ese charlatán va hacer un acuerdo con Stalin? Lo dudo. —Y se mofó del profesor—: Es innegable que estamos ante un mendigo intelectual, pero que conoce poco de la diplomacia alemana.

—No se preocupe. Nos encargaremos de Ribbentrop —afirmó Nicholas.

Pero el profesor era obsesivamente insistente.

—Señores, no estoy nada tranquilo. En cualquier momento sufriré un colapso. Aunque Stalin no sea un canalla como Hitler, si no impiden ese tratado, la ambición geopolítica de Hitler ya no tendrá freno. Invadirá Polonia y el éxito de esa campaña lo llevará a realizar ataques relámpago en todo el continente.

Julio Verne tenía razón. La victoriosa campaña contra Polo-

217

nia inflamaría la megalomanía del *Führer*. No mucho tiempo atrás el propio Hitler había confesado que en la Primera Guerra Mundial era un simple soldado, un simple corredor que transmitía informaciones. Pero Alemania había perdido, y ahora ese soldado rescataría el imperio al cual creía que Alemania estaba destinada. Había dicho: «Ahora obtendremos la victoria que no alcanzamos en 1918. El corredor que iba desde el frente hasta el cuartel general ahora está predestinado a salvar a Alemania y volver a encender el sueño imperialista nacido al fin del período de Bismarck».[53]

Hitler conocía la debilidad de las fuerzas armadas alemanas ante la posibilidad de una coalición enemiga. Por eso, necesitaba aplacar los ánimos de Rusia. No podía mantener guerras de larga duración. Debía concentrarse en ataques cortos a focos determinados, de manera que pudiera expandir poco a poco su economía, su industria bélica, su sistema de defensa, hasta que se encontrara en condiciones de enfrentar una guerra mundial. Tales ataques rápidos y devastadores fueron denominados «ataques relámpago».[54]

No obstante, antes de adoptar esa estrategia militar alemana, Hitler utilizó la estrategia de exaltar de forma constante la raza aria y su superioridad. Al calor de una autoestima exaltadísima sustentada por la industria de propaganda de Goebbels, millones de jóvenes alemanes se entregaron a su ideología.

Después de la victoria sobre Polonia, en el discurso del 23 de noviembre de 1939, cuando quería preparar a los altos mandos para invadir lo antes posible otros países de Occidente, una vez más mostró su falsa modestia al exaltarse a sí mismo por encima de todos los alemanes. Decía que ningún ario se le comparaba. Se consideraba el único capaz de dirigir Alemania. El austriaco tosco, inculto y verborrágico vendía su imagen como nadie.

Después de oír hablar del poder bélico de Hitler y sus posibles ataques relámpago, Nicholas, herido su orgullo francés, dijo en tono categórico al profesor:

—Hitler es un engaño, una ilusión. Su máquina militar no tiene poder suficiente para llevar a cabo lo que pretende. No sea ingenuo, hombre.

—Señor, Francia capitulará en una semana.

—Usted está loco —reaccionó agresivamente el diplomático francés—. ¡Nuestra flota de guerra es más poderosa que la de Alemania! Y también nuestro ejército y nuestra fuerza aérea son más poderosos que los de ellos.

La irritabilidad y la autosuficiencia de Nicholas, aunque subestimaban la astucia del estratega Hitler, no carecían de fundamento. Antes del 1 de septiembre de 1939, día de la invasión de Polonia por Alemania, la marina alemana no sólo era inferior a la escuadra inglesa, sino también a la francesa.[55] Además, el ejército de Hitler consistía en 102 divisiones, pero apenas la mitad estaba activa y disponible.

Por otro lado, la fuerza aérea nazi era fortísima. Disponía de la gigantesca cantidad de 3.298 aviones. Después de la campaña contra Polonia, las reservas de munición disminuirían a la mitad, de modo que no habría sido posible continuar la guerra de forma activa por más de un mes. Por ende, un ataque conjunto de las potencias occidentales, que incluyera no sólo a Francia e Inglaterra, sino también a Estados Unidos —que sólo entraría en la guerra el 7 de diciembre de 1941, tras el ataque de Japón a Pearl Harbor—, habría vencido a las fuerzas alemanas y, en consecuencia, provocado la decadencia de Hitler. Pero Occidente no se unió para dar una respuesta rápida y cabal contra el nazismo. El precio de la inacción siempre fue más caro que el de la acción.

Los diplomáticos franceses e ingleses actuaron con una lentitud imperdonable en cuanto a impedir el acuerdo entre Alemania y Rusia. Se burlaron de Julio Verne. Nicholas convenció a su colega inglés de seguir sus planes.

—Vamos, Michael. El barco nos espera.

—Sí, vamos. Nos hace falta un viaje relajante. A fin de cuentas, hemos trabajado mucho —respondió Michael.

—En la era de los aviones, con un mundo a punto de explotar en llamas, ¿tomarán un mísero vapor para ir a Rusia? Es una herejía diplomática —opinó el profesor, conmocionado, apretando los dientes por la ansiedad—. ¡Señores! La Segunda Guerra Mundial va a devastar Europa.

—Tranquilícese, hombre. La diplomacia exige serenidad —contestó Michael.

—Pero también rapidez. Van a morir casi seis millones de judíos. Y marxistas, eslavos, homosexuales, gitanos, masones... Francia saldrá más humillada que los alemanes por el Tratado de Versalles. Arrasarán ciudades inglesas. Y además...

Nicholas miró a Michael, luego de nuevo al profesor.

—¡Termine con esas fantasías! —replicó.

—¿Está loco? Si Hitler invade Polonia, lo derrotaremos enseguida —afirmó Michael.

Y ambos se marcharon.

El profesor seguía apretando los dientes, furioso. Un viaje, un simple viaje, podía, si todo salía bien, evitar el sufrimiento de millones de seres humanos. Un punto altísimo de mutación de la Historia se desvanecía ante sus ojos. Alterado, Julio Verne perdió la noción de peligro: dio un salto e intentó arrebatar el arma de uno de los guardias, para presionar a los diplomáticos a cambiar de idea.

—¡Asesinos! ¿Prefieren la comodidad de un viaje en barco mientras el ministro de Auntos Exteriores de Alemania toma un avión para cautivar a Stalin? ¡Si no cambian de idea, les vuelo los sesos!

220

Estaba tan trastornado que no vio que se aproximaba otro soldado, vestido de paisano. Sintió un golpe en la nuca, cayó al suelo y los otros lo atacaron a puñetazos y patadas. Lo llevaron a la prisión casi muerto, por tentativa de asesinato de dos altos funcionarios de la diplomacia anglofrancesa. Un delito grave. El reloj no interrumpía su marcha. El tiempo adquirió sabor, las horas se tornaron amargas como hiel.

El Proyecto Túnel del Tiempo se había frustrado una vez más. La mente del profesor lo empujaba a cambiar la Historia, y hasta conseguía hacerlo en puntos periféricos de los acontecimientos, pero los capítulos centrales parecían inmutables. La Historia generada por las actitudes humanas seguía de modo inexorable su propio curso. Millones de vidas silenciadas por unos minutos de decisiones erradas... Minutos fundamentales, pero que pocos conocieron...

25

EL RETORNO AL FUTURO

La prisión francesa era menos oscura, lúgubre y fría que la polaca, pero no menos asfixiante, pues él mismo, Julio Verne, se castigaba por no haber tenido la habilidad intelectual suficiente para convencer a los diplomáticos franceses e ingleses de tomar un avión para cerrar un acuerdo con Stalin. Había conseguido modificar el pensamiento de un *Kapo* y de algunos nazis, pero no de los cultos diplomáticos.

El profesor estaba física y mentalmente agotado. Las agresiones sufridas en las últimas semanas, la responsabilidad de cambiar la Historia, su sensación de impotencia y su comportamiento autopunitivo le producían una sobrecarga cerebral dantesca. Un ser humano puede desarrollar trastornos psiquiátricos, aun cuando haya tenido una infancia saludable. Basta con sufrir un nivel de estrés que supere los límites soportables durante un tiempo prolongado, como en el caso del profesor Julio Verne. La máquina del tiempo se volvería para él una máquina de enfermedad mental.

El otrora mesurado y lúcido profesor estaba trastornado y desequilibrado. Se olvidó de su amigo Viktor Frankl y de la búsqueda del sentido existencial. Ni siquiera le importaba si estaba enfermo o sano, porque la Segunda Guerra Mundial convertiría el mundo en un manicomio global. Incapaz de gestionar sus pensamientos, el profesor echó a gritar en la prisión, como si el tono de voz pudiera ejercer algún efecto en la Historia, o por lo menos en la suya, en particular.

—¡Locos! Sáquenme de aquí. Francia va a capitular. Sáquenme de aquí. —Y volvía a golpear el cuerpo contra las rejas. Era el más débil de los héroes. Había olvidado el proverbio militar de los miembros del Proyecto Túnel del Tiempo: *no me pregunte si soy capaz; dígame mi misión y pondré hasta la última gota de energía para cumplirla.*

El profesor ya no tenía energía para pensar en ninguna otra estrategia. Estaba en un campo de concentración mental. Compartía su celda con dos asesinos. Cuando oyeron los gritos, los dos le descargaron unos puñetazos. Silenciaron su voz. Para sobrevivir, la boca calló, pero no la mente.

Sabía que Francia caería un día y, cuando el mariscal Pétain, jefe del Estado francés, colaborara con Hitler, empezaría la deportación masiva de judíos franceses hacia los campos de concentración. Pero aún le quedaba algo de tiempo para intentar huir de la prisión. Pensar en vivir un solo día más en un campo de concentración lo aterraba, pero no lograr cambiar la Historia le provocaba pánico.

Se sentaba en un rincón de la celda y liberaba su imaginación. Kate tenía razón. Tratar de cambiar la Historia era jugar a ser dios. El profesor no era dios, se sentía el más mortal de todos los seres humanos. Era un hombre herido.

Pasaron los días y poco a poco, con sus gestos, palabras y enseñanzas, empezó a conquistar a aquellos asesinos recios y radicales. Recobró la lucidez y se reconcilió con su misión. Contribuir al enriquecimiento psíquico de los dos asesinos lo llevó a rescatar su sentido de vida. Una vez más constató la tesis que lo guiaba: «Todo ser humano es un arca. No existen mentes impenetrables, sino llaves equivocadas».[56]

Comía mucho, incluso las sobras de los compañeros de celda, no sólo porque tenía hambre, sino por la crisis de ansiedad que lo abrumaba. El campo de concentración había alterado su relación con la comida; ahora sentía un hambre compulsiva. Pero con los alimentos conseguidos después de salir de Auschwitz, así como en la cárcel polaca y ahora en la francesa, recuperó casi todo el peso perdido.

A medida que pasaba el tiempo, aumentaba su ansiedad por salir del presidio. El plazo para hacer algo para evitar la guerra se agotaba otra vez. Pidió ayuda a los amigos de celda, pero se sentían igualmente impotentes.

Quería correr por las calles de París hasta el palacio presidencial, o por las avenidas de Londres para alertar a las autoridades acerca de la sangre que derramarían los hijos de Europa y el dolor que los haría gemir. Pero al parecer sólo había conquistado a esos miserables con su elocuencia y sus clases de Historia.

Un día logró al fin provocar un alboroto: prendió fuego a su colchón. La confusión fue tal que conmocionó la prisión. Seis policías entraron en la celda y lo molieron a golpes. A fin de cuentas, el profesor era considerado altamente peligroso. Matarlo significaría un alivio para aquel infierno, serviría de ejemplo para los demás prisioneros.

De repente, el estrés mental de los episodios recientes, sumado a la brutalidad que sufría, abrió una vez más una cuerda cósmica y transportó al profesor hacia otro tiempo.

Al principio no supo dónde estaba. El ambiente era oscuro. Había oxígeno, pero sus pulmones reclamaban aire. Apenas llegaba a verse las manos. De pronto se abrió una escotilla y penetró una luz intensa que le agredió las retinas. Se apresuró a taparse los ojos con las manos, y se limitó a observar por entre los dedos.

Cuando menos lo esperaba, dos hombres vestidos con uniformes blancos pronunciaron su nombre:

—Profesor Julio Verne, permítanos ayudarlo.

—¿Dónde estoy?

—En el lugar del que no salió nunca, profesor.

—¿Qué me quiere decir?

—Dentro de la máquina del tiempo.

—¿Cómo...?

—Yo no respondo preguntas, señor. Pero según parece la máquina falló otra vez.

—¿Cuánto tiempo estuve en la máquina?

—Apenas dos minutos, señor.

—¡No puede ser!

Pero para el profesor dos minutos en el presente habían sido una eternidad en el pasado.

Entonces se dio cuenta de que había retornado al futuro, a su propia era. Estaba en la máquina del tiempo.

—Por favor, póngase la ropa.

—¿Que ropa?

—La que se quitó dentro de la máquina.

En ese momento el profesor notó que estaba desnudo. Ignoraba qué había sido del uniforme de la prisión francesa. Se cubrió con una manta y cuando salió de la máquina del tiempo ya vestía de nuevo su mono especial.

Cuando ya salía de ese ambiente, se encontró con Kate, que lo besó:

—Querido, ¿qué te ha pasado? ¡Estás todo magullado!

—He fracasado, Kate. Fracasado.

—¿Cómo que has fracasado? Por lo que parece, no viajaste en el tiempo.

—Si te contara, pensarías que estoy enloqueciendo.

Enseguida los científicos del proyecto sujetaron a Kate por los brazos, para indicarle que se apartara de su marido. Era necesario internarlo para que hiciera reposo todo el día y se recuperara.

Julio permaneció treinta y seis horas incomunicado. Lo sometieron a varios análisis de sangre, porque querían averiguar el estado de sus células. También le practicaron una serie de pruebas bioquímicas. Le rebanaron mil veces el cerebro con un sofisticado programa 3D. El profesor, a pesar de la deshidratación y los hematomas en la cara, el tórax y los miembros inferiores, estaba bien.

Después de ese lapso, Kate pudo visitarlo. Quedó perpleja con todo lo que le contó su marido. Hizo mil preguntas. Le costaba creer todos los hechos ocurridos en el pasado, ya que en el presente daba la impresión de no haber salido del lugar. Si no lo conociera bien, pensaría que no era profesor de Historia, sino inventor de ficción.

El profesor pasó otra vez por una batería de pruebas psiquiátricas y psicológicas, con los mismos profesionales que lo atendieron en el primer viaje. El neuropsiquiatra, el doctor Runner, de nuevo muy frío, hacía preguntas en tono ríspido. Parecía que su diagnóstico ya estaba confirmado desde la primera vez que lo interrogó. Era el jefe del equipo; Laura, la psicóloga, lo asistía. Como militar, obedecía las órdenes del doctor Runner, aunque no opinara igual que él. Para el neuropsiquiatra, el paciente había enloquecido:

El señor Julio Verne presentó deterioro en su estado mental general. Si bien sigue siendo locuaz y comunicativo, no expresa pensamiento crítico. Su racionalidad roza la realidad, y persiste en un marcado contenido persecutorio: cree que casi murió varias veces en manos de verdugos nazis y de policías polacos y franceses. Y, algo aún más grave, cree también, y sin margen de duda, que su mente posee poderes sobrenaturales para teletransportarlo de una realidad a otra,

de un tiempo a otro. Así, además de la psicosis paranoica, presenta delirios de grandeza como tentativa de
superar los fantasmas que él mismo creó. Por tanto,
recomendamos que se interrumpan de inmediato las experiencias con el profesor, porque de lo contrario corre el riesgo de desorganizar su mente de manera irreversible.

DR. RUNNER BRANT
Mayor del ejército y especialista
en psiquiatría forense

26

BOICOTEADO POR LOS MIEMBROS DEL PROYECTO

A la mañana del día siguiente, a las diez, todos los científicos y militares responsables del Proyecto Túnel del Tiempo se hallaban reunidos alrededor de la gran mesa roja de caoba. Todos habían leído ya el diagnóstico del doctor Runner y estaban preocupados. No hizo falta que consultaran los libros de Historia para comprobar que el profesor no había logrado cambiarla. Para ellos, la máquina que habían construido presentó fallos en el teletransporte. Habían mentido al profesor cuando le dijeron que ya habían realizado pruebas con éxito.

Las pruebas no fueron completas ni plenamente confiables. El profesor era la gran cobaya. En el fondo, el sagaz Julio Verne lo sabía. Pero era un hombre apasionado por la humanidad y creía que con tal de ayudarla valía la pena el riesgo.

La primera impresión que tuvieron ante la presencia del profesor fue que estaba debilitado. De veras tenía aspecto de haber estado en una guerra, pero tal vez hubiera sido una guerra consigo mismo. Estaba más flaco, herido, deshidratado y parecía un moribundo que deambulaba por las calles.

Julio Verne comenzó a contar sus perturbadoras aventuras. Como era profesor, trató de ser didáctico. Abordó caos por caos, crisis por crisis. Los demás lo escuchaban atentamente y se miraban unos a otros, confundidos. Julio habló primero del encuentro con la familia del doctor Kurt y después describió su drama en el campo de Auschwitz. Habló sobre el doctor Viktor Frankl y narró los increíbles diálogos que mantuvieron en la cárcel.

Mientras contaba sus fascinantes y horripilantes experiencias, los miembros del proyecto encontraron extraños algunos de sus comportamientos, que antes no se habían manifestado. Con la memoria debilitada, le faltaba precisión en las ideas. Repetía algunas informaciones...

—¿Ya he contado esto? —preguntó a los presentes.

—Sí, profesor —respondió Eva con delicadeza.

—Ah, discúlpenme.

Mientras proseguía con sus relatos, se daba palmaditas en la cabeza, como si deseara probar que, de verdad, estaba ahí, vivo, real, presente en la reunión. Sospechaba que ese encuentro fuera una trampa de su imaginación. Parecía perturbado.

—Increíble. Simplemente increíble todo ese relato. Y ¿trajo alguna evidencia que demuestre que estuvo en todos esos lugares? —preguntó el general Hermann Müller, el líder militar del Proyecto Túnel del Tiempo.

—¿Pruebas? No, señor... Pero espere. Intente encontrar el nombre de las personas a las que ayudamos Rodolfo y yo. Ellos salieron de Auschwitz vivos.

Los otros aceptaron la sugerencia. Por medio del superordenador del proyecto, buscaron los nombres de todos los judíos liberados: Dr. Kurt, Herbert, David, Esaú...

—Por desgracia, todos fueron asesinados en Auschwitz. Nadie está vivo.

—Qué pena... Los recapturaron a todos... —murmuró Julio, conmovido, con lágrimas en los ojos.

—¿Recapturaron? —repitió Theodor, jefe del equipo de los científicos—. Pero no hay registros de que hayan huido y después los recapturaran.

—En ese infierno había pocos registros. Y los nazis, sabiendo que cometían un crimen contra la humanidad, quemaron las informaciones que poseían.

—Necesitamos una prueba, profesor Julio Verne. Usted estuvo apenas dos minutos en la bendita máquina —insistió Hermann, irritado.

—No fui en un viaje de investigación —repuso, también irritado, el profesor. Pero enseguida se recompuso—: Discúlpeme, general. No estoy bien.

—¿Quiere concluir la reunión y continuarla mañana? —ofreció Angela Feder con paciencia. Pero el profesor le cambió el nombre.

—No, Eva... O, mejor dicho, Angela. Podemos continuar. Tal vez mi ropa pudiera servir de prueba de que viajé en el tiempo, pero no sé lo que pasó. Fui vestido y volví desnudo.

—Se movió mucho dentro de la máquina —comentó Angela—. Al parecer, se agitó tanto que se quitó la ropa.

—¿En dos minutos?

—Discúlpeme, profesor, pero en dos minutos se pueden hacer muchas tonterías —afirmó el brigadier Arthur Rosenberg, otro militar de alto rango del proyecto.

—Mire mis hematomas. Y ¿no he adelgazado cinco kilos?

—Automutilación, deshidratación, evaporación, radiación. Hay muchas explicaciones para eso —afirmó el general Hermann.

—¿Piensan que mi marido está loco? —cuestionó Kate, en defensa de Julio Verne—. Sus historias parecen absurdas, pero el propio proyecto es absurdo, raya en la locura.

—Sólo queremos pruebas, señora Kate. Nosotros, más que cualquier persona en el mundo, queremos creer en sus historias. Pero somos científicos, y, por ser militares, tenemos una disciplina lógica rigorosa.

230

—Aunque mi marido tenga el raciocinio levemente fragmentado, sigue siendo un hombre elocuente, vibrante y profundo. El relato de sus vivencias en el campo de Auschwitz es crudo, convincente y chocante.

—Sentí que los ojos se me llenaban de lágrimas mientras lo escuchaba —dijo el general Hermann—. Sus palabras penetraron en nuestro sistema auditivo y literalmente nos invadieron el cerebro. Aun así, necesitamos pruebas. Tenemos un informe psiquiátrico con una evaluación negativa de Julio Verne.

—¿Informe? ¡Lo sabía! El doctor Runner, con perdón de la palabra, parece un médico... —Julio iba a decir «nazi», pero no quería ser cruel. Se corrigió a tiempo. —... radical. Valora lo trivial, y no lo esencial.

—Ésa es su función —afirmó Theodor. Y preguntó—: ¿Cuánto tiempo cree usted que pasó en Auschwitz?

—Más de un mes, sin duda.

Los científicos se miraron, desconfiados.

—Y ¿en las prisiones polaca y francesa?

—En la polaca, estuve desde el 26 hasta el 30 de agosto de 1939. En la francesa, entré el 18 y no salí hasta el 27 de agosto de 1939.

—Espere un momento. Usted fue primero a Polonia, después estuvo preso desde el 26 hasta el 30 de agosto, y después su mente abrió una cuerda cósmica y estuvo preso desde el 18 hasta el 27 de agosto. Así que estuvo preso en dos lugares diferentes al mismo tiempo —señaló Erich, el científico más joven.

—¡Eso es imposible! —afirmó Arthur Rosenberg.

Se hizo un silencio. En ese momento parecía que todo lo que el profesor había contado eran fantasías de su cabeza, un verdadero brote psicótico. Pero el profesor lo rebatió.

—No sé cómo. Estuve en dos lugares diferentes, pero no al mismo tiempo. Estaba preso en el tiempo-espacio polaco y después fui transportado al tiempo-espacio francés. Eran dos tiempos diferentes. La máquina entra en sintonía con mi estrés mental y produce distorsiones que no comprendo. Pero una cosa sí sé: no estoy loco. Por ahora, al menos...

Se dio unas leves palmadas en la cara. Parecía que no le importaba la observación de los otros. Parecía alienado en su mundo. Kate se echó a llorar. Veía cómo se deterioraba el psiquismo de su marido. Quizás el doctor Runner tuviera razón; la experiencia de la máquina del tiempo estaba destruyendo al hombre al que amaba. Había que acabar con eso.

—Los tiempos son equivalentes. Dos minutos en el presente fueron vividos como casi sesenta días en el pasado —concluyó Eva Groener. Y agregó—: Soy especialista en estadística. Sus relatos van contra las leyes de las matemáticas. Nuestra máquina no se proyectó para que la accione una mente creativa.

Perturbada con esa información, Angela, que apreciaba mucho el intelecto del profesor, intentó defenderlo antes de que confirmaran el diagnóstico. Planteó una explicación:

—Tal vez la energía mental del profesor haya sufrido una alteración por la energía de la máquina del tiempo. Ella misma se volvió una micromáquina del tiempo capaz de ser accionada en los focos de tensión.

—Pero ¿cómo es posible, Angela? —cuestionó Bernard, otro notable científico.

—La energía mental del sujeto que es introducido en la máquina del tiempo puede retornar a una cuerda cósmica ya existente y, así, viajar en el pequeño agujero negro creado por ella. Y de ese modo ir y volver al pasado, y crear, por tanto, una cuerda cósmica propia. Nunca lo pensamos. Parece un delirio.

—Ustedes me incluyeron en este proyecto. Corrí riesgo de vida, estuve preso, me torturaron, sufrí el dolor del hambre y la culpa... Y ¿ahora me tratan de mentiroso? —cuestionó el profesor, profundamente ofendido.

232

Theodor se volvió hacia él:

—Disculpe, profesor. La ciencia está por encima de nuestras pasiones. Sólo hacemos conjeturas sobre nuestro conocimiento del tiempo y del espacio.

Tras un breve momento, el general Hermann dijo:

—Profesor, usted es honestísimo. No nos cabe duda de que, de hecho, viajó. Sólo dudamos si viajó concretamente o en su mente.

—No lo sabemos. Pero así como usted viajó en sus pesadillas, la máquina del tiempo puede haber activado sus recuerdos y simulado viajes como si fueran reales —agregó Eva Groener.

Angela tenía amplios conocimientos de biología molecular. Se levantó, pidió permiso y examinó los traumas de Julio Verne.

—Es extraño, pero la coloración y la densidad de algunos hematomas indican que se produjeron en las últimas semanas, no en los últimos dos días.

—La radiación puede cambiar la evolución natural de los hematomas —comentó Theodor—. No es una prueba concreta.

El diplomático inglés, Michael, el francés, Nicholas, el ministro de Asuntos Exteriores de Polonia, Józef Beck, el verdugo nazi, Willi Berger, el doctor Kurt, así como sus amigos del campo de Auschwitz, todos habían envidiado su mente, pero también, unos más, otros menos, lo consideraron un impostor. Ahora, los miembros del más audaz y complejo proyecto científico que hubiera concebido la humanidad se sumaron a la fila de sus verdugos.

El umbral de tolerancia a las frustraciones del profesor estaba casi agotado. Pero recordó el pensamiento del gran amigo que tanto lo había ayudado, Viktor Frankl: «Si no tienes esperanza, estarás en un campo de concentración peor que el de Auschwitz». Era normal que no lo creyeran; tal vez él mismo desconfiara de alguien que contara una historia semejante a la suya. Más tranquilo, se acordó de los mensajes del doctor Frankl cuando estaba en la mazmorra del campo. Respiró hondo, se acomodó en la silla y por primera vez se relajó, por lo menos un poco.

Todos notaron que le cambió el semblante, incluso Kate.

Angela, por consideración al profesor, se adelantó y propuso poner fin al proyecto.

—¿De veras será posible cambiar la historia? Somos humanos, no dioses.

—Yo siempre creí que *el que vence sin riesgos sube al podio sin glorias...* —se expresó poéticamente Hermann, algo insólito en un general—. Pero ahora veo que los riesgos son enormes. Podemos destruir la mente de nuestros héroes. —Se volvió hacia el profesor y se disculpó—: Lamento mucho haberlo puesto en esta situación.

—Pero, general, y ¿todos los sucesos que viví? Piense en los nazis que me perseguían. En el Anillo de las SS y tantos otros elementos...

—Lo sé, profesor. Es innegable que hubo una distorsión en el tiempo y el espacio que propició los fenómenos incomprensibles que usted ha experimentado. Siempre lo consideré inteligentísimo, desde el primer día que lo invité a conocernos; pero estoy, y creo que también todos los presentes, más confundido que convencido después de que usted entrara en la máquina del tiempo. La máquina es inestable. Parece afectar el cerebro del que la usa. Es mejor aplazar el proyecto, antes que abortarlo. Hay que hacer muchos ajustes, que tal vez demoren años, para poder continuar.

Kate se alegró, pero el profesor, después de salir del escenario del aula y vivir las atrocidades perpetradas por los nazis, ya no era el mismo y no quería desistir. Aunque lo tacharan de loco, resolvió de nuevo insistir en que había cambiado la suerte de algunos nazis, incluso la de un *Kapo*, y de varios prisioneros polacos y franceses. Y dijo:

—Después de todo lo que vi y viví, no puedo desistir de este proyecto. Ustedes podrán ir a restaurantes y comer con placer, pero mis comidas nunca serán las mismas después de Auschwitz. Ustedes podrán dormir y abrigarse con sus cobertores, pero para mí no habrá mantas que me liberen del invierno de mi emoción.

Tras esas emocionantes palabras, para espanto de todos, Julio aseguró con todas las letras:

—Acabo de recordar. Tengo una prueba de que estuve en Auschwitz. Tengo una prueba de que la máquina del tiempo funciona.

Todos se quedaron paralizados. Él pidió permiso y fue en persona a buscar su prueba. Era el mensaje que le había escrito el doctor Frankl, cuando él se hallaba en la celda solitaria. El mensaje que también había aparecido misteriosamente en su cuarto.

Estimado Julio Verne:

La mayor locura es vivir sin un sentido existencial. Sin sentido vivimos por vivir, la vida no tiene brillo, el caos no nos ayuda a madurar, la cultura no lleva a la sabiduría. Sin propósito, los alimentos, por muy abundantes que sean, nutren el cuerpo, pero dejan hambrienta el alma. Sin propósito, vivimos en un campo de concentración mental, aun rodeados de jardines. No tema morir en Auschwitz; tema vivir una existencia sin sentido.

VIKTOR FRANKL

Cuando el profesor les llevó la nota, todos quedaron impresionados con el papel envejecido por el tiempo. Era de una textura diferente, con palabras escritas y firmadas por el doctor Frankl. Ahora disponían de un material para analizar. El viaje en el tiempo no sería sólo un discurso; podrían ponerlo en jaque. Disponían de medios para efectuar la datación con carbono y averiguar la antigüedad del papel. Podían realizar un examen grafotécnico y cotejar la letra del doctor Frankl, fallecido en el siglo anterior.

Todos estaban ansiosos por el resultado, que no tardó en llegar. Veintiséis horas después, al abrir ante todos el contenido del informe, el general Hermann puso una expresión de insatisfacción. En realidad fue un intento de bromear con su equipo, cuyos cerebros estaban abrumados de agotamiento y estrés. Pero enseguida, dijo altisonante:

—«La textura del papel ya no se fabrica hoy en día. Las fibras se produjeron en una región específica de Polonia en la primera mitad del siglo xx. El examen grafotécnico es completamente compatible con la caligrafía del doctor Frankl, el famoso médico vienés. La tinta, si bien parece fresca, paradójicamente ya no se produce en la actualidad». Señores, celebrémoslo: ¡la máquina del tiempo funciona!

Todos se levantaron y aplaudieron al profesor, que no dijo nada; sólo derramó lágrimas conmovidas. También Kate se emocionó. Ella y el hijo que se desarrollaba en su útero debían correr otros riesgos, debían esperar para tener de vuelta a su marido y su padre. Julio Verne haría otro viaje...

Él miró a la esposa y dijo:

—Después de todo lo que pasé, todas mis células claman para que huya de la máquina del tiempo, pero, después de todo lo que viví y vi, mi vida no tendría sentido si no intentara una vez más cambiar la Historia. Una vida sin sentido es un cielo sin estrellas, vacío y frío.

—Pero tú no eres un mesías —repuso Kate, angustiada.

Todos escuchaban atentos el diálogo de la pareja.

—Ya lo sé. Soy un simple e imperfecto mortal. Pero si me echo atrás, los alimentos que comeré hoy no me darán placer, mi casa no me dará solaz y mi cama no me dará descanso. —Y, recordando a Anne y Moisés, agregó—: Ni siquiera las sonrisas de mi hijo o hija me alegrarán.

—Pero no tienes control sobre la máquina del tiempo.

—Estoy estresado y amedrentado, pero quizá no haya usado las herramientas apropiadas. Quiero eliminar a Hitler. Quiero acometer el más impactante punto de mutación de la Historia...

—¿Has decidido intentar asesinar al Hitler niño? —indagó Hermann, mostrando una expresión de alegría, pues ésa era su primera opción como militar.

—¡No! Quiero eliminar a Hitler antes de que se convierta en el poderoso y despiadado canciller alemán. Y tengo una estrategia.

Julio Verne no era un héroe, pero recordó una frase que siempre lo acompañaba y que también Hermann había mencionado: *El que vence sin riesgos y derrotas, subirá al podio sin glorias...* Los riesgos moderados forman parte de la Historia de un vencedor. Entre tanto, algunos insoportables aguardaban al profesor.

27

LA GRAN ESTRATEGIA PARA RETORNAR
AL TIEMPO CORRECTO

La paradoja del abuelo que siempre había perturbado a los miembros del equipo del Proyecto Túnel del Tiempo parecía viva. Esa paradoja demostraba que un nieto no podría viajar en el tiempo, pues si en uno de esos viajes encontrara a su abuelo antes de que hubiera tenido hijos, y, aun involuntariamente, lo eliminara, su padre no existiría, y tampoco el nieto. Por consiguiente, sería imposible viajar en el tiempo.

Entre tanto, el mensaje de Viktor Frankl al profesor era una prueba concreta de que él había viajado en el tiempo, lo que entusiasmó muchísimo a todo el equipo. Sin embargo, algunos, en el fondo, aunque no lo confesaban, creían que sólo era posible cambiar puntos marginales y no puntos centrales de la Historia.

La energía necesaria para hacer funcionar la máquina del tiempo era dantesca y cada vez más inestable. Una explosión podía ser catastrófica, pondría en riesgo las vidas de muchísimos seres humanos. Los militares, los científicos y Julio Verne no tenían mucho tiempo que perder. Tenían que enviarlo hacia el tiempo correcto, a un momento único para eliminar Hitler. Pero ¿cómo hacerlo?

El mayor problema no era la inestabilidad de la máquina del tiempo, sino la inestabilidad de otra máquina, más compleja y difícil de controlar: la mente humana, la mente de Julio Verne. El profesor sabía que su energía metafísica dirigiría el viaje a través del «agujero de gusano», la cuerda cósmica. Por eso, en la reunión siguiente, sin demora comentó:

—Mi desafío es conseguir una sobrecarga mental con el psiquismo de Hitler para dirigir la máquina del tiempo y hacer que me lleve hasta el tiempo en que él era el «cabo bohemio», un sujeto desprotegido, y así apresarlo antes de que se proyectara nacionalmente. No puedo viajar al tiempo en que Hitler salió victorioso en las urnas, porque lo encontraría rodeado de guardaespaldas de las SS. Me gustaría viajar al tiempo del Putsch de la Cervecería de Múnich.

—¿Qué fue lo que pasó allí? —preguntó Bernard, confesando que la Historia no era su especialidad.

El profesor comentó que, inspirado en el éxito de la Marcha sobre Roma de 1922, que llevó al poder a Mussolini, Hitler, ante una inflación galopante, llegó a la conclusión, en el otoño de 1923, de que la economía de Alemania entraría en colapso. Reunió a sus amigos, como Hermann Göring y Ernst Röhm, y planearon tomar el gobierno regional de Baviera, utilizando la fuerza de las SA. El jueves 8 de noviembre, un Hitler fanático instigó a los hombres de las SA, así como a borrachos, desempleados y otros radicales, a tomar el poder. La fracasada revolución y el juicio en que conquistó a los jueces, que le dieron una pena blanda, lo hicieron famoso.[57]

Al hablar de esos asuntos y destacar el Putsch de la Cervecería de Múnich, el profesor Julio Verne reflexionó que, si Hitler no hubiera promovido ese levantamiento, por una simple gripe o por hallarse en una cárcel privada, o incluso si hubiera participado en el Putsch de Múnich, pero los jueces lo hubieran castigado de manera ejemplar, la Historia mundial podría haber sido otra.

Después de que el profesor describiera ese episodio, Angela preguntó:

—Pero ¿cómo la máquina va a llevarlo a esos momentos fundamentales de la Historia? Por lo que nos ha contado, lo llevó a tiempos indeseados, en los cuales la Historia sería irreversible, como cuando ya habían instalado el campo de Auschwitz. ¿Cuál es la estrategia para que su mente no lo traicione o lo sorprenda?

El profesor respiró hondo, se pasó las manos por la cara y la frente y dio su contundente respuesta:

—Mi estrategia es conquistar una sobrecarga psíquica sobre la personalidad de Hitler antes de que asuma el poder.

—¿Qué quiere decir? —preguntó curioso el general Hermann al intrépido profesor.

—Debemos examinar las características enfermas de la personalidad de Hitler: psicopatía, falacias, radicalismo, arrogancia y necesidad neurótica de poder. Todas esas informaciones podrán quedar registradas de manera privilegiada en mi memoria, y así formar una plataforma de ventanas que, cuando yo esté en la máquina del tiempo, me conduzcan directamente al Hitler en ascenso o quizás al cabo débil que luchaba en la Primera Guerra Mundial, que transmitía informaciones del cuartel al frente. Para que yo pueda eliminarlo con éxito, tengo que retornar a una época anterior a la formación de la poderosísima SA, la policía paramilitar del partido, y las SS, la policía de protección de Hitler y de la «raza aria».

—La estrategia es buena —opinó Theodor.

—Sí, estoy de acuerdo. Y, por increíble que parezca, la otra noche pensé mucho en exactamente ese método —comentó Eva Groener—. Propongo que todos investiguemos sobre el psiquismo de Hitler y hagamos un debate enérgico sentados a esta mesa, en presencia de Julio Verne.

—Brillante idea —afirmó Bernard.

—Pero no tenemos mucho tiempo para investigar —comentó el general Hermann.

240

De hecho, el tiempo conspiraba contra los miembros del equipo.

Entonces la psicóloga Kate planteó su incitante propuesta:

—¿Qué les parece la participación de psiquiatras forenses?

—No entiendo lo que propones —dijo Angela.

—Ya que no hay tiempo para perder y Julio Verne no puede errar el blanco, ¿qué tal si convocamos por lo menos a tres destacados psiquiatras forenses para que den su diagnóstico sobre la mente enferma de Hitler? Pienso en dos o tres psiquiatras porque la opinión de un solo profesional no produciría un debate acalorado.

—Excelente idea —aprobó Julio Verne, al tiempo que tomaba las manos de la esposa—. Esas informaciones me ayudarán a formar de manera más rápida y consistente una plataforma de ventanas de la memoria que necesito.

—Tienes mi aprobación. Esos profesionales podrían discutir con nosotros sus observaciones, en particular con Julio Verne, y caldear el clima emocional y afectarlo positivamente en su viaje —comentó Angela Feder.

—Tiempo, ésa es la cuestión. Debemos apresurarnos —dijo el brigadier Arthur.

—No sólo el tiempo, Arthur, sino el secreto absoluto es nuestro dilema —recordó el jefe militar, el general Hermann—. Todos saben que el Proyecto Túnel del Tiempo es ultrasecreto. Si la sociedad y la prensa lo descubren, estaremos acabados. Lo difícil será asegurarnos de que esos psiquiatras emitan su parecer sin saber jamás por qué fueron convocados.

—Bien, podemos convocar al doctor Runner, el psiquiatra del proyecto. Muchos lo consideran un genio, un especialista en mentes de sociópatas. Él sabe de nuestras investigaciones, sabe sobre la máquina del tiempo, pero ignora nuestro el propósito de eliminar a Hitler. Lo bueno es que está bajo secreto militar. En cuanto a los otros dos psiquiatras, tendremos que mantener la máxima discreción.

—No me gusta ese doctor Runner. El hombre cree que soy un psicótico. Sueña con internarme —se apresuró a objetar Julio Verne.

Fue tan contundente que todos se rieron.

—Tal vez el hecho de que no te agrade sea una ventaja para tener una sobrecarga mental adicional sobre la personalidad de Hitler.

El profesor movió la cabeza en gesto afirmativo. Además del doctor Runner, convocaron a otros dos psiquiatras famosos. Theodor planteó que sería mejor decirles que participarían en una mesa redonda patrocinada por las fuerzas armadas para analizar el perfil de grandes dictadores. Ese estudio tendría una función pedagógica para prevenir el ascenso de otros psicópatas en el mundo moderno, tanto en Europa como en otros continentes.

El profesor Julio Verne se quedó satisfecho con el apoyo de los miembros del proyecto. El cuerpo de informaciones que recibiría sobre la mente de Hitler podría ayudarlo no sólo a retornar al tiempo adecuado, sino también a idear tácticas para borrarlo de la Historia.

28

EL PRIMER PSIQUIATRA:
LA PERSONALIDAD ESQUIZOIDE DE HITLER

Eligieron sumo cuidado a los otros dos psiquiatras. Al convocarlos, les explicaron los «motivos» de la misión y les dieron setenta y dos horas para estudiar día y noche la personalidad de Adolf Hitler. Los avisaron con anticipación porque ya eran especialistas en mentes criminales y ya habían escrito artículos sobre la mentalidad del *Führer*.

En la fecha acordada, los tres ilustres psiquiatras forenses entraron en la sala de reuniones. Les dieron plena libertad para expresarse. Con una condición: que, mientras desarrollaban su enfoque, el equipo pudiera cuestionarlos.

Julio Verne estaba convencido de que el objetivo central de ese debate sobre la mente de Hitler no era encontrar conclusiones absolutas, ya que sabía que en el campo de la psiquiatría y de la psicología el conocimiento total era un fin inalcanzable, aunque no pocos profesionales de la salud mental creyeran en verdades puras, inmutables.

Fue una interesantísima experiencia reunir sagaces psiquiatras en una mesa redonda junto con notables científicos de la física y brillantes y pragmáticos militares para estimular un caldero de emociones acerca del hombre que había aterrorizado a Europa y el mundo. Todo eso bajo la mirada de un crítico profesor de Historia. Nadie imaginaba que Adolf Hitler tenía una personalidad tan sofisticada.

Cada psiquiatra haría su exposición en un período del día: mañana, tarde y noche. El debate se caldeó pronto, por la mañana, con la exposición del primer psiquiatra, Runner Brant, de cuarenta y siete años, el mismo que participaba en el proyecto. Era lúcido, lógico, contundente, tenía un raciocinio esquemático y opiniones fortísimas. No era hombre de hacer concesiones en sus argumentos. Cuando vio a Julio Verne en el centro de la mesa redonda se sintió incómodo. Pero sin medias palabras comentó:

—Adolf Hitler, el hombre que dominó esta nación y tenía la ambición de dominar este continente y el mundo, no había perdido los parámetros de la realidad; al contrario, tenía conciencia de sus actos y planeaba milimétricamente sus actitudes. En mi firme opinión, el *Führer* de Alemania tenía un trastorno de personalidad esquizoide.

—¿Es una psicosis? ¿Una esquizofrenia? —preguntó Eva Groener.

—No, no es una psicosis esquizofrenia. —Y en ese instante Runner miró a Julio Verne, como diciendo «¡Éste sí es un esquizofrénico!», y completó su razonamiento—: Como dije, Hitler siempre estuvo integrado en la realidad. Tales personajes son incomprendidos y suelen ser muy inteligentes.

—¿Cuáles son los síntomas de ese trastorno? —preguntó curiosa Angela Feder.

—Los individuos que tienen una personalidad esquizoide[58] presentan una serie de síntomas bien definida. —Y, como el doctor Runner era profesor universitario, enumeró de manera didáctica cada uno de los síntomas—. Primero: pocas actividades les producen placer.

El psiquiatra explicó que Hitler era un hombre intimista, dado a reflexiones. Pocos estímulos nutrían de alegría sus emociones, salvo las artes y las grandes victorias.

244

El profesor Julio Verne interrumpió el raciocinio del doctor Runner y discordó parcialmente.

—A Hitler le gustaban los animales, siempre los tuvo, incluso durante la Primera Guerra Mundial. —Y citó informaciones que el psiquiatra no tenía—. El cabo Adolf Hitler tenía un perro llamado *Foxl*, probablemente un fox terrier. El propio Hitler comentó sobre ese perro: «Cuánto me gustaba ese animal. Siempre que alguien se me acercaba, Foxl se ponía furioso. En las trincheras, todos lo querían. Durante las marchas corría alrededor de nosotros; lo observaba todo, nada lo distraía. Lo compartíamos todo. Por la noche dormía a mi lado».[59]

Todos quedaron impresionados con los conocimientos de Historia de Julio Verne; apenas el doctor Runner se sintió incómodo, porque tuvo que tragarse la crítica del profesor. Julio prosiguió:

—Hitler vivía en una mazmorra psíquica. Amaba a los animales y apreciaba las artes; además, fue el político que más obras de arte coleccionó en la Historia,[60] pero no estoy de acuerdo en que era un hombre dado a reflexiones, por lo menos profundas. Vivía en la superficie intelectual, llevaba una existencia sin gran sentido. Amaba a los perros y las pinturas, pero no a los seres humanos. No obstante, disfrutaba de otros placeres, típicos de una persona mentalmente enferma: la necesidad neurótica de atención social y de controlar a los demás.

Al doctor Runner le impresionó el raciocinio del hombre al que él había diagnosticado como psicótico. Pero le dio un ataque de rabia porque lo había criticado desde el comienzo en el enfoque que hizo del primer síntoma de Adolf Hitler. No obstante, como militar, se esforzó por mantener la disciplina.

—Es sorprendente que ese hombre haya mantenido una relación marcadamente afectiva con los perros y tan destructiva con los seres humanos —comentó el general Hermann.

—Es más fácil lidiar con perros. Obedecen las órdenes, no piensan, general —afirmó Eva Groener.

A continuación el doctor Runner abordó el segundo síntoma de la personalidad esquizoide de Hitler, que definió como frialdad emocional, afectividad distanciada o embotada.

—Hitler desarrollaba sus proyectos y comandaba las batallas con una afectividad distanciada, como si el dolor humano no existiera. Un comportamiento típico de un líder con sólidas convicciones.

—Estoy de acuerdo —dijo Julio Verne—. Pero usted, doctor Runner, aborda esa característica y la explica en un tono de voz que sugiere que era positiva, como si admirara Hitler.

El psiquiatra cerró el circuito de la memoria, no soportó la afrenta. Golpeó enojado con el puño derecho en la mesa.

—Me está provocando. Usted, que no es más que...

—¿Un enfermo mental, quiere decir? Quien se muestra desequilibrado es usted —replicó Julio Verne.

—Tranquilos, señores. Éste es un debate civilizado —intervino Theodor, jefe del equipo de científicos.

El doctor Runner miró a sus superiores y se controló.

El profesor, tras una pausa para respirar, completó:

—Hitler detestaba Alemania.

—Yo disiento —replicó el doctor Runner con vehemencia—. Los métodos de Hitler pueden cuestionarse, pero él amaba a la gran Alemania.

—¡No le importaba un comino, doctor! Hitler era capaz de mirar los mapas y mandar ejércitos al frente sin preocuparse en absoluto por los hijos de Alemania. Llevó millones de jóvenes arios al suicidio. Detestaba Alemania.

El ambiente se caldeó otra vez, para contento de los miembros del equipo, pues el debate podría resultar útil para que el profesor Julio Verne viajara en el tiempo.

El psiquiatra continuó enumerando los síntomas del trastorno de Hitler.

—En tercer lugar, citaríamos la capacidad limitada para expresar sentimientos tiernos y cariñosos. Hitler no vendía bien su imagen emocional, le costaba mostrar sus sentimientos más afectuosos.

Cuando el doctor Runner citó y explicó ese síntoma, Julio Verne manifestó su disentimiento sin medias palabras.

—No estoy de acuerdo, doctor Runner. Hitler fue el mayor experto en marketing de la Historia. Mostraba actitudes cordiales cuando le convenía. Se dejaba fotografiar en posiciones que reflejaban afecto, sencillez y respeto por la naturaleza. Además, se lo consideraba el soltero más codiciado de la Alemania nazi. Se inclinaba ante las mujeres de la alta sociedad y les besaba la mano con inigualable gentileza,[61] pero después hacía una llamada telefónica para ordenar la eliminación de miles de inocentes mujeres judías en los campos de concentración. No obstante, coincido en cuanto a un punto de esa característica: como psicópata clásico, Hitler no internalizaba y no expresaba sentimientos profundos, como culpa y arrepentimiento.

El doctor Runner carraspeó; quería comerse vivo al profesor. Defendió su tesis.

—A Hitler le costaba mostrar afecto. Con algunas personas que lo admiraban y en ambientes controlados, mostraba sentimientos fraternales. Usted no estaba dentro de él como para juzgarlo, profesor. Su preconcepto es estúpido.

—Y ¿usted entró en mí para juzgarme y declararme psicótico, doctor? Usted me redujo a un diagnóstico de manera no menos estúpida.

Enseguida intervino el general Hermann e hizo esta observación:

—En ambientes controlados, como las reuniones de cúpula

política o militar, Hitler de hecho mostraba sentimientos cordiales, contaba chistes, era divertido, pero si lo contrariaban, perdía el control.

—Exacto, general. El hombre que dirigía Alemania no dirigía su propia mente. Era emocionalmente inmaduro —afirmó el profesor.

Entre tanto, para espanto de todos los que participaban de aquel debate, el doctor Runner siempre parecía justificar a Hitler.

—La personalidad del *Führer*, general, no es muy diferente de la de muchos líderes de la actualidad que detestan las críticas y rara vez reconocen sus errores y piden disculpas.

—Es verdad, la mayoría de esos líderes se corrompe con el poder, no está preparada para ejercerlo, tiene la necesidad neurótica de ser perfecta —intervino el profesor—. Pero la diferencia, doctor Runner, es que quien no opinaba igual que Hitler caía en desgracia. Hitler no admitía competidores.

El psiquiatra, incómodo con la aseveración de Julio Verne, abordó otro síntoma de la personalidad esquizoide de Hitler.

—En cuarto lugar: indiferencia a los elogios o las críticas. El *Führer* creía firmemente que tenía un destino, una misión, una meta existencial que cumplir. Y, con independencia de si nosotros lo aprobamos o no, era un gran líder. Y, como gran líder, las críticas y los elogios no lo desviaban de su trayectoria —concluyó con cierto aire de satisfacción.

El profesor miró directo los ojos del psiquiatra, se pasó las manos por la cabeza y le dijo indignado:

—Si hubiera manejado máquinas, Hitler podría ser considerado un gran líder, pero como lideraba seres humanos, se convirtió en un monstruo. Doctor, quien no es capaz de escuchar críticas no es digno del poder de que está investido. Él se imponía como un mesías inhumano.

La brillante psicóloga social y profesora universitaria Kate, que era cristiana practicante, intervino una vez más. Comparó a dos grandes mesías históricos.

—Uno de los mayores conflictos de Adolf Hitler radicaba en que el hombre más admirado en Alemania era un judío: Jesús. Astutísimo, se valió de un intenso marketing de masas para destruir la imagen del Jesús-judío en el inconsciente colectivo de los alemanes y así, poco a poco, imponerse como mesías de una nueva Alemania, el protagonista de un nuevo orden mundial, en la raza aria tendría supremacía.

—Por eso decía constantemente: «*Yo* soy el alemán de los alemanes, nadie ama más Alemania que *yo*, *yo* la saqué del calabozo económico, *yo* la liberé de la humillación del Tratado de Versalles». Él promovió la cultura del yo —afirmó Julio Verne.

Angela Feder se quedó impresionada con esa observación.

—Me quedé pensando en el odio que sentía el mesiánico Hitler por las biografías de Jesús, los llamados evangelios. Le resultaba difícil de tragar que Jesús jamás hubiera pasado por encima de un ser humano para realizar su misión, mientras que él lo hacía constantemente.

El doctor Runner daba la impresión de retorcerse en su asiento. Estaba impaciente. Kate, en sintonía con Angela, le dijo:

—Correcto, Angela. Jesús no impidió ni siquiera la traición de Judas Iscariote. En la Última Cena, le dio un trozo de pan y le dijo: «Lo que has de hacer, hazlo pronto». Era tan generoso que reprendía en privado y elogiaba en público. Horas después, en el Monte de los Olivos, llamó «amigo» al mismo Judas en el acto de la traición. No temía que lo traicionara; tenía miedo, sí, de perder un amigo. *Nunca alguien tan grande se hizo tan pequeño para volver grandes a los pequeños.*

—Por eso Hitler consideraba la sensibilidad y la ética de Jesús características femeninas —comentó el profesor.

Theodor, que era ateo, se conmovió con la exposición de Kate. Concluyó:

—Para el hombre Jesús, el ser humano estaba en primer lugar. Pero para el sociópata psicópata Adolf Hitler, la meta ocupaba el primer lugar. Adolf Hitler tenía la necesidad neurótica de ser aplaudido y aprobado, pero con el paso del tiempo ni los elogios lo animaban. Vivía de migajas de placer. En cuanto a las críticas de sus generales y mariscales, Hitler tenía reacciones antagónicas: o se enfurecía o simplemente las ignoraba. Nada lo detenía.

El doctor Runner comentó que el poder aísla a las personas.

—Hitler era un individuo solitario e infeliz. Detestaba la rutina de la política. Era un hombre poco comprendido —afirmó, para explicar un síntoma más de la personalidad esquizoide del líder nazi, es decir, su preferencia casi invariable por actividades solitarias.

—Acepto su parecer, pero con reservas —expuso el profesor de Historia—. A Hitler le encantaban las demostraciones grandiosas, los espectáculos militares, la ópera, pero no apreciaba la interacción interpersonal. El poder, de hecho, invita a la soledad, aísla a las personas, y en Hitler ese aislamiento alcanzaba su máxima expresión. El *Führer* participaba a disgusto en las reuniones de trabajo, vivía en su búnker, encarcelado en sus pensamientos.

—¿Incentivaba el deporte?

—Mucho. Deseaba que los alemanes tuvieran un cuerpo sano.

—De hecho, Hitler incentivaba el deporte, pero no lo practicaba, porque se decía un pésimo deportista. A causa de su necesidad de ser el centro de atención, descartaba cualquier cosa que lo pusiera en segundo plano.

—En verdad era un hombre extraño con una personalidad...

¿Cuál es su diagnóstico, doctor Runner? —indagó el general Hermann.

—Esquizoide.

—¿Ha terminado o hay otros síntomas que caracterizan la personalidad esquizoide? —preguntó el compenetrado militar Arthur.

—Sí, hay otros —confirmó el doctor Runner—. Pero no encajan mucho en su perfil psicológico. Se trata de la preocupación excesiva por la fantasía y la introspección.

—Sí que encajan —afirmó Julio Verne—. Hitler solía pasar horas y horas echado en un diván, en actitud sombría de meditación. Se sumía en el barro de sus ideas morbosas, con espíritu distante, alienado del presente, con un cachorro de su perra *Blondi*. Con una mano acariciaba al perrito y con la otra daba órdenes de eliminar a niños de nuestra especie... Más de un millón de niños y adolescentes judíos fueron asesinados por los nazis.

A excepción del psiquiatra, todos quedaron perplejos con esa paradoja enfermiza que manifestaba la personalidad de Hitler. A continuación el doctor Runner abordó el penúltimo síntoma de la personalidad esquizoide, la falta de amigos íntimos o confidentes.

—Con toda certeza —sentenció el psiquiatra—, Adolf Hitler no presentaba ese síntoma. Tenía muchos amigos y algunos confidentes.

—Los amigos son fundamentales para regular nuestras acciones y cuestionar nuestras verdades —apuntó Theodor, impresionado con la complejidad de la personalidad de Hitler—. ¿Por qué esas personas no lo disuadieron de entrar en guerra, de eliminar a los enfermos mentales alemanes, y de asesinar en masa a los judíos, eslavos, gitanos y homosexuales?

—En realidad no influyeron en él porque entraron en su

delirio —comentó el profesor—. Desde el Putsch de la Cervecería de Múnich, Hitler ya no tenía amigos, sino un hato de aduladores.

—Recordemos que Goebbels, el genio de la propaganda nazi, se mató junto con sus hijos para no abandonar a Hitler cuando fue derrotado —comentó Angela—. Goebbels no era un amigo, sino un sirviente.

—Como Hitler era un individuo deprimido, cerrado, que casi no expresaba sus emociones, sus aduladores lo consideraban una persona madura, ricamente introspectiva, y así no tenían conciencia de que era un niño el que dirigía la nación —expuso el profesor.

—¡Usted exagera! —protestó el doctor Runner—. ¿Por qué motivos está tan convencido de que Hitler fue un monstruo?

—¿Ha olvidado que tengo un doctorado en Historia? Y, por si necesita más: yo estuve ahí...

Los militares fruncieron la nariz, pues Julio Verne debía mantener el proyecto en secreto. Pero, como el doctor Runner ya lo había entrevistado, se calmaron. El psiquiatra aprovechó la oportunidad.

—Usted estuvo ahí... Por eso dictaminé mi diagnóstico.

—¿Con respecto a quién? ¿A Hitler o a mí?

—A ambos.

El clima hervía, y Kate, siempre altruista, intentó calmar los ánimos:

—Incluso en el inconsciente colectivo de la sociedad como un todo el gesto de levantar el brazo derecho y saludar «Heil, Hitler!» era la forma de exaltar a un hombre que vendió la imagen de un líder único, espectacular.

—Pero a los ojos de las ciencias sociales él no estaba preparado para dirigir ni siquiera un bar —repuso Eva Groener.

—Me parece que usted no lee Historia, señora Eva —comentó el psiquiatra con ironía—. Hitler, en pocos años, proporcionó trabajo a siete millones de desempleados. El alto grado de inflación se controló. La economía debilitada se fortaleció.

—Creo que tampoco usted lee Historia, doctor Runner. Es cierto que Hitler fortaleció la economía. Invirtió sobre todo en la industria bélica, como ningún otro. Y con eso generó una deuda enorme. De no estallar la guerra, la economía alemana sufriría una implosión. ¿Dónde está el estadista? ¿Dónde está el hombre que piensa a largo plazo? —preguntó el profesor.

Y por fin el doctor Runner comentó el último síntoma de una personalidad esquizoide: la típica insensibilidad a las normas y convenciones sociales.

El psiquiatra no quiso explayarse sobre ese síntoma. Sabía que lo bombardearían. El profesor, con un nudo en la garganta, tampoco quiso explicarlo. Estaba demasiado triste. Se limitó a decir:

—Las reglas jurídicas, la Constitución del país, no tenían valor alguno para ese dios...

Parecía que su mirada viajaba en el tiempo. Recordó que los nazis consideraban a los enfermos mentales, como su amigo Rodolfo, y a los niños especiales alemanes, tan necesitados de atención y protección, una clase inferior, destinada a la eliminación. Recordó a los niños judíos como la pequeña Anne, y al doctor Viktor Frankl y todos los desdichados de Auschwitz. Seres humanos valiosísimos y complejos que fueron considerados leprosos sociales. Cansado, con un gesto de las manos indicó que, para él, el debate de aquella mañana había concluido.

29

EL SEGUNDO PSIQUIATRA:
LA SOCIOPATÍA DE HITLER

A las dos de la tarde, el segundo psiquiatra entró en la sala y poco después de las presentaciones formales comenzó su exposición. Era más joven, más articulado, osado, conciso e intrépido. Walter Lepsius tenía treinta y cinco años y era profesor y doctor en Psiquiatría en la Universidad de Berlín, así como especialista en mentes de sociópatas. Abordó sin rodeos el diagnóstico sobre la personalidad de Hitler, para después defender su punto de vista con extrema seguridad.

—Hace años que he analizado la historia del protagonista del holocausto judío. Estoy plenamente convencido de que Adolf Hitler tenía un trastorno de personalidad antisocial.[62] Fue un *sociópata* de primera magnitud. Un sociópata es un psicópata potenciado, capaz de poner en riesgo a toda una sociedad.

—Hitler, en la actualidad, ¿pasaría un test de salud mental? —cuestionó Bernard.

—Si en la actualidad la personalidad de Hitler fuera analizada por psiquiatras y psicólogos, incluso de nivel medio, no lo encontrarían apto para ingresar en la carrera política ni para ser candidato a nada. Pero, en aquella época, la gran mayoría de los psiquiatras guardó vergonzoso silencio sobre su potencial de destructividad, incluido el brillante filósofo Heidegger. La ciencia tiene una deuda impagable con la Historia.

—El doctor Walter Lepsius tiene razón sobre la grave sociopatía de Hitler. Pero no estoy de acuerdo en cuanto a que en los tiempos actuales no engañaría a algunos psiquiatras y psicólogos. Hitler era teatral, mentalmente sofisticado, carismático y, por encima de todo, simulador —afirmó el profesor Julio Verne.

—Cuando el *Führer* asumió el poder, la mayoría de los psiquiatras no sólo calló, sino que colaboró con las ideas nazis —comentó Kate.

—Así es, Kate. Perdieron su autonomía, sus opiniones personales. Los propios psiquiatras entregaron a sus enfermos mentales para que los mataran con el fin de purificar la raza alemana. Negaron lo obvio: que los enfermos mentales son tan complejos como los «sanos». Y ¿quién está verdaderamente «sano»? —indagó el profesor Julio Verne, que a continuación dio cifras aterradoras.

»Los nazis asesinaron por lo menos a doscientos mil alemanes, entre niños, mujeres y hombres, con sobredosis de drogas y principalmente en cámaras de gas, porque tenían alguna deficiencia física o mental. Además, entre 1933 y 1939 esterilizaron a cuatrocientos mil ciudadanos alemanes considerados genéticamente inferiores. Y, de ésos, murieron cinco mil en el postoperatorio.

Había por lo menos nueve enfermedades o alteraciones que obligaban a los alemanes a ser esterilizados contra su voluntad, entre ellas: alcoholismo, epilepsia, deficiencia mental, esquizofrenia, malformación física, enanismo, sordera y ceguera.[63]

—Hablando de ceguera, ¡los nazis eran una banda de ciegos! —dijo horrorizada la inteligente científica Angela Feder.

—Lo increíble es que Adolf Hitler, en su afán demente de purificar a los alemanes, olvidó que él se situaba por debajo del término medio. Ni siquiera pasó la prueba de alistamiento militar el 5 de febrero de 1914, en Salzburgo —acotó el general

Hermann—. El veredicto fue: «No apto para el servicio militar y tropas auxiliares; muy débil. Incapaz de cargar un arma».[64]

—Pero lo más increíble, general, es que quince años después de terminada la Primera Guerra Mundial, ese soldado simple, radical, pero teatral y astuto dominaba a los militares de más alto rango de las fuerzas armadas de Alemania —comentó el profesor.

—Dios mío, ¡hasta dónde llega el marketing de masas! Si en esa época sólo existía la radio, ¡imagínense lo que sería hoy, en la era de Internet y las redes sociales! —agregó Kate, especialista en relaciones sociales.

Julio Verne argumentó que ya había pasado el tiempo en que hacía falta un gran líder, partido, sindicato o medio de comunicación para unir las voces. En el presente asistían a la revolución de los anónimos, pero, al mismo tiempo, él creía que, si no había una capacidad de filtrar las informaciones, las redes sociales podían perder autonomía y servir de masa de maniobra.

El psiquiatra Walter Lepsius, al escuchar todo este debate, se quedó impresionado con el nivel intelectual del grupo, pero volvió a tomar la palabra para discurrir sobre Hitler:

—Tras ser rechazado, Hitler regresó a Múnich y celebró la declaración de guerra, el 1 de agosto, con estas palabras: «Mi corazón, como millones de otros, rebosa de alegría y orgullo».[65] Su personalidad antisocial bullía en la juventud. —Y empezó a citar los síntomas básicos para defender tal diagnóstico—: En primer lugar, indiferencia por los sentimientos ajenos.

El psiquiatra comentó que el dolor de los otros no tocaba la emoción del *Führer*.

Al oír ese síntoma, el profesor hizo un comentario:

—Cuando Hitler iba perdiendo la guerra y ya se habían perdido millones de vidas, incluso alemanas, no mostraba remordimientos de conciencia. Insistía en que había sido demasiado generoso con sus enemigos.

—El mundo giraba en torno a sus necesidades; el resto estaba de más —afirmó Eva Groener—. Lo que no entiendo es cómo millones de alemanes se dejaron persuadir por ese loco.

—Hitler tenía múltiples caras, Eva. Con una mano acariciaba, y con la otra clavaba el puñal. Con una mano escribía poesías, y con la otra ordenaba la matanza de niños.

Y, para asombro de los presentes, incluido Walter Lepsius, el profesor se explayó sobre una faceta de Hitler que pocos conocían: la de «poeta». Recitó:

Con frecuencia sigo en noches frías
el Roble de Odín en el calmo bosque
tejiendo con negra magia una unión.
La Luna traza runas con su hechizo
¡y su mágica fórmula humilla
a los que se llenan de orgullo a la luz del día!
Forjan sus espadas en fulgurante acero
pero, en vez de luchar,
se congelan como estalagmitas.
Así se distinguen las almas: las falsas de las verdaderas.
Penetro en un nido de palabras
y distribuyo dádivas a los buenos y los justos
y mis mágicas palabras les traen bendiciones y riquezas.[66]

—¿En qué época escribió esa poesía, profesor? —preguntó el psiquiatra.

—Durante la guerra de las Trincheras, en 1915. Hitler tenía veintiséis años —informó Julio Verne.

—Por tanto, ya tenía una personalidad estructurada. En esta poesía él declara su marcha como un caminante en la lóbrega noche social: «Con frecuencia sigo en noches frías»... y se mofa de los líderes que viven a la luz del día. Los consideraba falsos e hipócritas: «Pero, en vez de luchar, se congelan»... —interpretó Walter Lepsius.

—Y en esa poesía declara su mesianismo: «Y distribuyo dádivas a los buenos y los justos... mis mágicas palabras les traen bendiciones y riquezas»... —declaró Kate.

A continuación, el doctor Walter Lepsius comentó otro síntoma de la personalidad antisocial del *Führer*: las actitudes flagrantes y persistentes de falta de respeto a las normas, reglas y obligaciones sociales.

Angela planteó que los dos primeros síntomas aparecían también en el trastorno de personalidad esquizoide defendido por el psiquiatra doctor Runner. Julio Verne se mostró de acuerdo y pasó a decir:

—En mi opinión, doctor Lepsius, en la base de la construcción de esos síntomas está la educación de Klara Hitler, la madre.

—Explíquese mejor, profesor —solicitó el compenetrado almirante Hans Oster, otro militar del proyecto. Hombre de pocas palabras y muchas acciones.

—Es muy probable que Hitler no haya pasado importantes privaciones y violencias que justifiquen su personalidad enferma. Pero hasta los buenos padres pueden contribuir a generar hijos enfermos. La madre era una mujer afectiva, dedicada y tenía gran apego al pequeño Adolf. Por los elementos históricos de que disponemos, fue un niño sobreprotegido. Incluso cuando nació otro hijo, cuando Adolf tenía cinco años, ella no dejó de prodigarle atenciones.

—Pero eso por sí sólo no explica su sociopatía —cuestionó Hans Oster.

—Correcto. Pero puede explicar el embrión de la formación

de ese trastorno —replicó Julio Verne, ahora no sólo como profesor, sino como un intelectual de la psicología—. Un niño sobreprotegido tiene posibilidad de desarrollar tres características enfermas en su personalidad. Primero: bajo umbral para soportar frustraciones o contrariedades. Segundo: falta de respeto a los límites y, por ende, a las normas sociales, pues quiere todo al instante y a su manera. Tercero: indolencia y falta de voluntad para trabajar, porque la sobreprotección hace que un adolescente no necesite hacer grandes esfuerzos para probar su valor.

—Y Hitler poseía esas características en la juventud —confirmó el psiquiatra—. Hitler nunca tuvo un trabajo serio y productivo, ni siquiera de adulto. Pero compensaba su pereza mental con una elocuencia agresiva, de tonos teatrales.

—Exacto, doctor Lepsius, y, por desgracia, esa característica fue interpretada, erróneamente, como la de un gran líder y un gran orador. Observe cómo pronunciaba sus discursos. Aporreaba el aire para disimular su complejo de inferioridad.

Pronto el doctor Walter Lepsius apuntó otro síntoma: la incapacidad de mantener relaciones, aunque no le costara entablarlas.

—Los íntimos trataban a Hitler de «du», el equivalente alemán de «tú». Sólo cinco personas tenían libertad de tratarlo de esa forma, entre ellas Albert Speer, Rudolf Hess, Göring y Himmler —discurrió el psiquiatra.

—En el contacto inicial, Hitler era muy simpático y cautivador. Incluso llegó a conquistar a miembros de la familia real inglesa, como William de Ropp, que estableció una relación personal con él. Pero luego se revelaba su sociopatía —comentó Julio Verne.

—Hasta las mujeres con las que Hitler convivió enfermaban —apostilló Kate.

—Espere un momento. No estoy de acuerdo con su interpretación. No podemos quitar carácter a la personalidad de Adolf Hitler sólo porque queremos eliminarlo. Por lo que sé, tuvo una buena convivencia con Eva Braun —comentó Eva Groener, que alimentaba cierta simpatía por la amante de Hitler, cuyo primer nombre era igual al suyo.

—Él nunca amó a Eva Braun de una manera estable y profunda —afirmó el profesor—. La usó como una pieza de marketing social. Su relación era tan enferma que sólo se permitió casarse con ella cuando Alemania estaba derrotada y el *Führer* era la sombra de un líder. Y, como regalo de boda, dio cianuro a su amante y la llevó al suicidio.[67] —Enseguida agregó—: Pero puedo presentarle, Eva, algunas características sanas de Hitler: determinación, capacidad de unir una sociedad, elocuencia ante públicos numerosos y capacidad de vender su imagen. Entre tanto, las enfermedades saltan a la vista. ¿Sabía que Hitler presentaba cierta tendencia al suicidio?

Concentrada, la científica Eva Groener hizo un gesto negativo.

—Y ¿usted lo sabía, doctor Lepsius?

—Sí, pero, por favor, deme los dados históricos. Usted parece una enciclopedia.

Todos sonrieron. Por esa cultura tan notable habían elegido a Julio Verne como viajero del tiempo.

—Hitler no sólo practicó el suicidio cuando perdió la guerra; también lo intentó después del Putsch de la Cervecería de Múnich en 1923, y es probable que después de determinar la muerte de su amigo Ernst Röhm. —Julio añadió—: Una de sus novias, Mimi Reiter, intentó suicidarse en 1926. Geli, su sobrina y amante, se mató en 1931. ¿Qué piensa de eso, Eva? ¿Coincidencia? Y las relaciones traumáticas no terminaron allí. Renata Müller, otra amiga, se quitó la vida en 1937.[68]

—Convivir con Hitler era una invitación al autocastigo y a la pérdida del encanto por la vida —afirmó el psiquiatra, que enseguida citó otra característica de la sociopatía del *Führer*: bajísima tolerancia a la frustración, acompañada de bajo umbral para descarga de agresión, la violencia incluida. Hitler tenía una personalidad caracterizada por ataques de furia, en especial cuando se hallaba estresado —comentó.

—Pero ¿sabía usted, doctor Lepsius, que Hitler tuvo una formación religiosa superior al término medio? —dijo el profesor, revelando otro dato para mostrar las paradojas de la personalidad de Hitler.

—Para serle franco, no conozco esos hechos históricos de su personalidad.

—El pequeño Adolf Hitler, que entonces tenía seis años, fue monaguillo y cantó en el coro de una iglesia.[69] ¿Pueden imaginar que el niño que cantaba exaltando la compasión de Dios tres o cuatro décadas después se dedicara a destruir a la humanidad?

—Increíble. ¿Quién sería capaz de imaginarlo? —convino el científico Theodor.

El profesor comentó asimismo que Hitler, más adelante, a los quince años, fue confirmado en la catedral católica romana de Linz, conforme el deseo de su madre, que albergaba la esperanza de que su hijo fuera monje. Adolf adoraba a la madre y, cuando murió de cáncer, el 21 de diciembre de 1907, lloró amargamente.

Eva volvió su artillería hacia Walter Lepsius y cuestionó de forma abierta su diagnóstico:

—La formación religiosa de Hitler y el llanto por la pérdida de la madre indican que tenía sensibilidad. ¿Eso no contraría el primer síntoma, la indiferencia por los sentimientos ajenos?

—Un sociópata e incluso un psicópata no carece de sentimientos. Hasta puede llorar en algunas circunstancias y proteger a determinadas personas de su círculo, pero su sensibilidad es puntual. Cuando cierran el circuito de la memoria practican atrocidades impensables —aclaró el psiquiatra.

El profesor lo apoyó:

—El dolor de Hitler no pulió su capacidad de resiliencia. Algunos se reciclan cuando sufren, otros se encierran en una mazmorra. Una personalidad antisocial no siempre surge cuando hay influencia genética, hogares desunidos, familias fragmentadas y privaciones en la infancia.

—Estoy de acuerdo con el profesor, aunque sean casos más infrecuentes —afirmó Lepsius.

Para defender su tesis, el profesor comentó algunos aspectos psicosociales de la historia de la formación de la personalidad de Adolf Hitler. Tuvo un padre, Alois Hitler, financieramente estable, un funcionario público amante de la naturaleza, que poseía colmenas. Es probable que el padre expresara celos de la esposa, dos décadas más joven, y eso afectara al pequeño Adolf. Pero nada que fuera muy diferente de miles de parejas que tienen conflictos de relación.

Hitler no era hijo único. Tuvo varios hermanos, incluso algunos no de sangre, con los que relacionarse. Klara Polzi era una madre afectuosa y sensible, que lo estimulaba a pintar y a desarrollar las artes plásticas. En el plano general, Hitler vivió en una familia razonablemente estructurada, no muy diferente de millones de otras de su tiempo. Por tanto, su sociopatía no se explicaba sólo por el útero familiar. Era necesario observar el útero social, así como las características de su propio mundo psíquico.

—La sobreprotección, la necesidad de ser el centro de atención y la inseguridad de Hitler, canalizadas a través de una agresividad explosiva, distorsionaron su visión de la realidad —abordó el psiquiatra.

—Pienso lo mismo —afirmó el profesor con convicción—. La actitud de la madre de Hitler y su formación religiosa no explican su odio obsesivo por los judíos, ni tampoco el rasgo de antisemitismo que quizá poseía el padre. Hitler aprendió a odiar a los judíos más tarde. Algo que es muy grave. Se puede aprender a ser un monstruo, aun sin haber pasado una mala infancia. La psiquiatría tiene que repensar sus paradigmas.

El profesor explicó que el clima tenso de antes y después de la Primera Guerra Mundial se tornó una fábrica de trastornos emocionales. Múnich no era generosa con los judíos y los inmigrantes. Algunos comenzaron a culparlos por la pérdida de la Primera Guerra Mundial. La crisis económica que siguió también usó a los judíos como chivos expiatorios. Además, hacía siglos que en Europa había propaganda antisemita.

—Esos fenómenos fueron moldeando la personalidad de Hitler, fomentando el radicalismo, el exclusivismo, el humor fluctuante, la intolerancia a estímulos estresantes y la incapacidad de ponerse en el lugar de los demás —concluyó Julio Verne.

—Gracias, profesor. Ha resuelto algunas de mis dudas sobre el carácter de ese devorador de humanos —afirmó Theodor.

—Creo que voy a contratarlo para mi clínica —bromeó Walter Lepsius, sorprendido por el raciocinio de Julio Verne.

Momentos después, describió otro síntoma de la personalidad de Hitler: la incapacidad de experimentar culpa y de aprender con la experiencia, en especial con el castigo.

—Hitler no aprendía de sus errores, pérdidas y frustraciones —concluyó.

—Una persona sólo madura en el plano emocional si utiliza sus errores para repensarse. Quien teme reconocerlos siempre tendrá una personalidad infantil. Ése es uno de los motivos que hacen que muchos líderes no estén preparados para el poder, sea político, empresarial, religioso o académico.

Nadie argumentó más sobre ese síntoma. Era indudable que Adolf Hitler lo poseía. A continuación, el psiquiatra comentó el penúltimo síntoma del trastorno de personalidad antisocial: la marcada propensión a culpar a otros por sus fracasos o conflictos.

—Hitler era un gran simulador. Cuando perdía batallas no volvía a la realidad, sino para culpar a los demás[70] —comentó Walter Lepsius.

El profesor arrugó la frente y recordó un hecho histórico para corroborar las ideas del inteligente psiquiatra.

—Cierta vez, en 1942, en un almuerzo con invitados especiales como Himmler, Hans Heinrich, jefe de la Administración de la Cancillería del Reich, y el coronel Kurt Zeitzler, jefe del Estado Mayor del Ejército, Hitler tuvo el coraje de decir: «Los judíos deben dejar Europa; de lo contrario no se alcanzará ningún acuerdo con los europeos. Cuando lo pienso, creo que soy extremadamente humano... Por mí, me limito a decir que deben partir... No obstante, si se niegan a hacerlo de forma voluntaria, no veo otra solución que el exterminio... A fin de cuentas, ¿por qué los judíos comenzaron esta guerra?».[71]

—Yo no conocía ese episodio presenciado por el jefe del Estado Mayor del Ejército —hizo saber indignado el general Hermann.

—¿Cómo Hitler pudo haber sido tan hipócrita de proclamar que los judíos comenzaron la guerra? Se mentía a sí mismo. Y ¿cómo pudo el coronel Kurt Zeitzler haber aceptado esos argumentos tan dementes? Con sinceridad, cuanto más conozco los bastidores de la Segunda Guerra Mundial, más asco siento por mis pares del pasado.

—Al observar las palabras del *Führer* vemos que no tenía ninguna dignidad como líder. Era una farsa, una pieza teatral. Él disparaba, y enseguida escondía su mano asesina. Y encima se creía extremadamente humano —sentenció Kate.

—No puedo dejar de pensar, Kate... —comentó Julio Verne—. Cuando Hitler dijo esas palabras en un almuerzo regado con vino y finos manjares, Auschwitz ya era un horno que consumía seres humanos inocentes a diario, mediante el hambre o el gas letal... Para mi amigo Viktor Frankl, el líder de Alemania y sus millones de seguidores renunciaron a su humanidad y destrozaron por completo su sentido existencial.

Y, para terminar, el ilustre doctor Walter Lepsius describió el último síntoma del cuadro caracterizado como la sociopatía de Adolf Hitler: los discursos superficiales pronunciados a viva voz o grabados para explicar o justificar comportamientos agresivos, actitudes violentas y destructividad.

—Algunos sociópatas, por medio de discursos prolongados dichos a voz en cuello o grabados, tienden a explicar lo inexplicable, a justificar lo injustificable. Hitler, al tiempo que apreciaba el aislamiento, cuando estaba en público le encantaban los micrófonos, tenía la necesidad neurótica de llamar la atención —discurrió el psiquiatra.

—Los discursos largos y tediosos formaron parte de la historia de muchos dictadores. Cuanto más profundizamos en la mente de ese hombre, más percibimos que, a pesar de su enfermedad impulsiva, de ninguna manera era simplista —expuso el profesor—. El hombre que se escondía en el búnker mientras los jóvenes perdían la vida en los campos de batalla tenía múltiples caras y sofisticados disfraces.

30

EL TERCER PSIQUIATRA:
EL TRASTORNO PARANOICO DE HITLER

Todos los miembros del Proyecto Túnel del Tiempo estaban cansadísimos tras el debate con el doctor Runner y el doctor Walter Lepsius. La fatiga mental contrastaba con la excitación emocional de conocer a Hitler de un modo que nunca antes había tenido oportunidad. Con el fin de aprovechar al máximo la discusión, pasaron el tercer debate a la mañana siguiente.

Al otro día, bien temprano, a las ocho de la mañana, el tercer psiquiatra, Alfred Fromm, presentó su diagnóstico sobre la personalidad de Hitler. Fromm tenía sesenta años bien vividos, era rubio, de ojos azules, culto y sereno. El más viejo de los psiquiatras, parecía el más joven emocionalmente. Con una voz vibrante de quien ha vivido más de tres décadas analizando mentes criminales, dio inicio a la exposición.

—De todas las mentes que he estudiado, confieso que la de Hitler es una de las más difíciles de comprender, ya sea por la escasez de datos, ya por la multipolaridad de su psiquismo. En mi análisis, el trastorno mental de Hitler abarca múltiples diagnósticos, pero se encuadra más en el trastorno de personalidad paranoide.[72] Y adelanto que no tenía una psicosis paranoica. El austriaco Adolf Hitler no era un psicótico, pues si lo hubiera sido, no habría tenido conciencia de sus actos ni responsabilidad sobre ellos.

Y enseguida comentó que entre una psicosis paranoica, capitaneada por la creencia absoluta en delirios persecutorios, y una personalidad paranoica, por la cual el individuo se siente perseguido, pero está integrado en la realidad, hay una diferencia dantesca.

—Como no era psicótico, ¿podía evitar su agresividad si lo deseara? —se apresuró a preguntar Eva Groener.

El profesor Julio Verne tomó la iniciativa y dio su opinión:

—La conciencia del comportamiento es la base fundamental para consolidar el Yo, que representa la capacidad de elegir, para ser gestor de sus actos y, en consecuencia, tornarse autor de la propia Historia.

—¿No es posible que haya habido una psicosis colectiva en la Alemania nazi, que llevaba Hitler y sus discípulos, o incluso a los soldados subalternos, a perder los parámetros de la realidad y ser mentalmente incapaces de decidir? —indagó Theodor.

—El ambiente era tenso, con presiones sociales enormes, pero ningún estímulo estresante sería capaz de abortar la conciencia crítica. Ellos hirieron y destruyeron porque así lo quisieron —afirmó Alfred Fromm.

—Fueron irracionales, pero no inconscientes. En cuanto a los subalternos, es más fácil obedecer a las autoridades que a la propia conciencia —explicó Julio Verne, cuya tesis fue aprobada por el psiquiatra, que comenzó a enumerar los síntomas de una personalidad paranoica:

—En primer lugar, la tendencia a guardar rencores de modo persistente y la negativa a perdonar ultrajes o insultos. Hitler no lograba superar sus heridas. Las guardaba, depositadas en su interior, durante años y años. Jamás olvidó los tiempos de escasez económica y la humillación social en Viena y Múnich. No conocía el pensamiento solemne de los grandes líderes: la mayor venganza contra un enemigo es comprenderlo y perdonarlo —comentó el psiquiatra.

El profesor, en sintonía con Fromm, relató un hecho histórico:

—El *Führer* sufrió un atentado con bomba, engendrado por un grupo de militares alemanes. Consiguió salir casi ileso, apenas con un leve problema auditivo. Su reacción consistió en ordenar una persecución implacable contra esos oficiales. Y fue tan cruel que ordenó colgarlos en un frigorífico y, como ganado, fueron abatidos uno a uno.[73] Profundamente sádico, pidió que filmaran las muertes y después las vio.

—Qué crueldad, Dios mío. ¡La agresividad humana puede llegar a límites inimaginables! —se lamentó Angela Feder.

—Y la capacidad de Hitler de almacenar rencores fue más lejos, Angela —comentó el profesor.

—Nada puede ir más lejos que eso...

—Por desgracia, sí. Hitler no sólo asesinó de manera atroz a los conspiradores, sino que, además, tuvo el coraje de mandar arrestar a todos sus familiares, incluso niños, mujeres, padres y abuelos, que nada tenían que ver con la conspiración. Luego ordenó que esos inocentes alemanes fueran asesinados del mismo modo. Quería barrer la genética de esa gente del tejido de la sociedad.

El doctor Alfred Fromm se mostró sorprendido con lo que acababa de oír. Enseguida, citó otro síntoma del trastorno de personalidad paranoica:

—También es un rasgo determinante la desconfianza continua, acompañada de un sentimiento de que siempre hay alguien que quiere perjudicarlo. La paranoia es una característica típica de los dictadores. Un hombre que hiere el derecho de los demás siempre piensa que alguien está tramando algo contra él; por eso persigue, excluye, mata —afirmó.

El profesor aprovechó la oportunidad y contó un caso chocante que confirmaba esa característica enferma de Hitler. Había conocido a Ernst Röhm en 1920, a los treinta y un años. Héroe de guerra, obstinado y cruel, Röhm fundó la sociedad secreta Puño de Hierro, que reunía militares de extrema derecha, a la cual Hitler se unió. Se hicieron amigos. Röhm ayudó a costear los gastos del desempleado Hitler y luego lo presentó a militares y a políticos influyentes. Después de que Hitler se infiltrara en el Partido de los Trabajadores alemanes (DAP), Röhm también se afilió, con el número 623.

De baja estatura, obeso, rasgos delineados por cicatrices, ese oficial agresivo se volvió gran amigo de Hitler. Decían que Röhm era homosexual.[74] Hitler era un homofóbico violento. Lamentablemente, el prejuicio era el menú diario que nutría el cerebro de los nazis. Para Hitler y sus discípulos, los homosexuales, así como los judíos, no lloraban, no pensaban, no soñaban ni sentían soledad o poseían una mente compleja como cualquier ser humano.

En 1931, Röhm llegó a ser el comandante de la tropa de asalto (SA) del Movimiento Nacionalsocialista.[75] En 1934, esa terrible policía tendría nada menos que 4,5 millones de miembros. Hitler, ahora canciller, temía los tentáculos del poder de Röhm. Paranoico, no veía el momento de quitarlo de en medio. No pasó mucho tiempo antes de que Röhm cayera en desgracia y se lo considerara un traidor. Entre tanto, Hitler, mostrando gran «benevolencia», en vez de mandar asesinarlo, ordenó que le ofrecieran un arma para que se suicidara. Creía que así Röhm, que lo había apoyado durante tantos años, tendría una muerte más digna. Röhm rechazó el suicidio. Fue asesinado.

Tras esta narración de Julio Verne, el psiquiatra mencionó otra característica del cuadro de paranoia: la tendencia a distorsionar las experiencias por interpretar de manera errónea las actitudes neutras o amistosas de los demás y considerarlas hostiles o desdeñosas.

—Hitler, por tener una personalidad paranoica, era un sabueso que olfateaba la traición. Veía amenazas que sólo estaban en su cabeza. Ante la menor sospecha, incluso de un fiel general, imaginaba un acto persecutorio —comentó el psiquiatra.

—Yo conozco algunos intelectuales, amigos míos incluso, que muestran un comportamiento paranoico. Parece que no los han resuelto bien. Siempre interpretan las críticas como si fueran algo personal, un acto contra ellos y no contra sus ideas. Se sienten víctimas en los departamentos de las universidades, por ejemplo —afirmó Eva.

—Hitler fue un especialista en distorsionar el proceso de interpretación durante su ascenso y más aún en el período de caída —acotó el profesor.

Luego comentó que el 30 de enero de 1945, justo doce años después de su designación como canciller, el *Führer* pronunció su último discurso. Interpretando una vez más la realidad de modo erróneo, pronunció frases como «espíritu de resistencia» y «voluntad invencible», que reflejaban el delirio de grandeza de un hombre que jamás se había inclinado ante la verdad.

—El mismo día, Albert Speer dirigió un mensaje a Hitler, en donde le decía que la guerra estaba perdida —completó Julio Verne.

—¿Un arquitecto, Albert Speer, tuvo que alertar al gran estratega militar, Hitler, que Alemania estaba derrotada? ¡Ese hombre era un descarado! ¡Qué líder tuvimos, por Dios! —exclamó el general Hermann.

—Y, en vez de asumir sus errores, el abatido *Führer* no sólo no propuso negociación, sino que tuvo el coraje de sentenciar que «la humanidad era pésima» para que él continuara viviendo.[76] No reconocía que él era el monstruo, no la humanidad. Según él, la humanidad no lo merecía —citó el psiquiatra, que continuó exponiendo el trastorno del hombre que causó la Segunda Guerra Mundial. Mencionó otra característica del trastorno psíquico: un combativo y obstinado sentido de los derechos personales en desacuerdo con la situación real.

—Ese síntoma —afirmó Julio Verne— explica por qué en 1944, en un clima de desespero, en vez de retroceder Hitler echó mano de numerosas divisiones de «granaderos del pueblo», tropas sin gran experiencia, como si fueran paredes humanas, que acabaron por autodestruirse. Al mismo tiempo ordenó que las divisiones tradicionales derrotadas fueran reenviadas a la línea del frente y que «sangraran hasta la última gota».[77]

En ese momento, el austero militar Arthur Rosenberg comentó:

—Ahora comprendo con claridad que el hombre al que Alemania confió su destino tenía graves conflictos mentales. Su espíritu combativo para defender sus ideas, que parecía una virtud, en el fondo era el reflejo de un ególatra, de alguien que sólo pensaba en sí mismo. El 12 de enero de 1945, las fuerzas militares de Rusia que invadieron Alemania no eran superiores en calidad, pero la superioridad numérica era notoria. Cualquier estratega, por muy estúpido que fuera, habría propuesto una negociación para proteger a la población. Pero Hitler no protegió a nuestros jóvenes.

—Para el obstinado Hitler era insoportable el efecto desmoralizante de una derrota, aunque destruyera una nación. Y era tan vengativo que, en vez de mostrar la mínima dignidad como para reconocer su derrota, propuso la política de la «tierra arrasada», o sea, destruir puentes, industrias y carreteras, para que sus enemigos no pudieran utilizarlos. Una vez más demostró que jamás amó a Alemania, su sociedad y sus hijos. Ni mucho menos amaba la raza aria que tanto defendía. Se amaba a sí mismo, el mundo giraba en torno a su ambición. Sin embargo, esa estrategia demente no fue corroborada por algunos de sus fieles escuderos, que incluso en el caos aún razonaban y sentían afecto por su pueblo —dijo el profesor.

Momentos después el doctor Alfred Fromm apuntó otro síntoma del trastorno paranoico de Hitler: las sospechas recurrentes, sin justificación, con respecto a la fidelidad sexual del cónyuge o compañero.

—Ese síntoma refleja que uno de los compañeros sexuales desconfía de la infidelidad del otro sin que haya motivos. En general acomete a los hombres, que someten a sus mujeres a una tortura mental. Los hombres paranoicos presionan, chantajean, acusan y hasta obligan a sus compañeras a confesar una traición que no cometieron. Ese comportamiento enfermo tiene dos filos: tanto excita la libido del individuo que padece el trastorno de personalidad paranoica como lo lleva a ejercer un control humillante sobre su pareja —comentó el psiquiatra.

—No podemos afirmar lo que ocurría entre cuatro paredes con Hitler y sus parejas, pero, como hemos comentado, las tentativas de suicidio que cometieron evidencian que eran infelices y se hallaban sujetas a torturas psíquicas —opinó el profesor.

—El verdugo de los judíos y de otras minorías también lo era con las mujeres que pasaron por su vida —afirmó Kate, al recordar los comportamientos autoritarios del *Führer* con su novia Mimi Reiter, con su sobrina Geli y con Eva Braun.

—Otro síntoma —prosiguió el psiquiatra— es la tendencia a la autovaloración exagerada, manifiesta por una frecuente autorreferencia. En sus discursos, el empleo excesivo de la palabra «yo» indica una autovaloración enfermiza, un egocentrismo exacerbado. El mundo tenía que girar en su órbita.

En concordancia con ese síntoma, el profesor expuso un interesantísimo relato histórico:

—Por favor, escuchen estas palabras de Hitler: «Queda un único factor, que debo incluir con toda modestia, que es mi persona: soy insustituible. Ninguna personalidad militar o civil podría reemplazarme. Los atentados como el del 8 de noviembre de 1939, en el Bürgerbräukeller, pueden repetirse. Estoy seguro de la fuerza de mi cerebro y de mi capacidad de decisión. Las guerras nunca deben terminar, a no ser por la capacidad de total aniquilamiento del adversario... El enemigo no propondría la paz si las reacciones de fuerza nos fueran desfavorables. Por tanto, nada de concesiones. Dureza consigo mismo. Voy a atacar, no a capitular. El destino del Reich depende de mí, y yo actuaré en consecuencia».[78]

Angela, emocionada con todo lo oído, opinó sobre las palabras de Hitler y lo hizo con suma propiedad:

—Como ser humano todos somos insustituibles, pero como profesionales o líderes, todos podemos ser reemplazados.

—El raciocinio militar mesiánico de Hitler era delirante. Evidenciaba el abandono de la racionalidad y el apego a decisiones inmediatistas —afirmó Kate en tono categórico.

—A partir del extraordinario éxito de la primera fase de la guerra, Hitler desarrolló una euforia ciega por invadir naciones y dominar a Europa y el mundo —comentó el general Hermann.

El doctor Alfred Fromm mencionó el último síntoma de una personalidad paranoica: la preocupación excesiva por las explicaciones conspiratorias.

El psiquiatra concluyó que Hitler poseía de manera evidente esa característica.

—Se perdía en medio de los discursos hablando de movimientos conspiratorios contra Alemania. Se perdía en afirmaciones de que existían intenciones de conspiración contra su propia persona. Era un hombre perturbado, inquieto, ansioso.

Vivía con miedo a ser envenenado, incluso por sus médicos o cocineros, o de sufrir un atentado.

—Pero no podemos dejar de considerar que los vencedores de la Primera Guerra Mundial crearon el monstruo que provocó la Segunda Guerra Mundial —opinó el general Hermann.

—No estoy de acuerdo —replicó el psiquiatra.

El profesor, a pesar de tener aversión al *Führer*, salió en defensa del general.

—Los vencedores de la Primera Guerra Mundial pisaron la cabeza de los vencidos, en especial de Alemania, con un tratado insoportable, el Tratado de Versalles, que imponía, entre otras cláusulas, un severo castigo financiero y el control de las fuerzas armadas. Además, la crisis económica, la inflación galopante y el desempleo masivo, en torno de 30 por ciento, que siguieron a la pérdida de la Primera Guerra Mundial, generaron el caldo de cultivo para el surgimiento de un hombre extremista, paranoico, pero al mismo tiempo teatral, carismático y portador de soluciones mágicas.

Culta, Eva Groener contribuyó al crisol de ideas.

—Los extremistas suelen desarrollarse en ambientes inhóspitos. Según relatos, muchos dictadores surgieron en ambientes geográficos de alta escasez hídrica, con menos de quinientos milímetros cúbicos de agua por año. Si Alemania hubiera vivido en un ambiente de seguridad alimentaria, social y de empleo, Adolf Hitler no habría anidado en el seno social.

—Europa es el continente más sangriento del planeta —comentó el general Hermann—. El país «Europa» no puede fragmentarse, porque de lo contrario puede convertirse en un nuevo barril de pólvora. Europa, más que cualquier otro continente, debe luchar para mantener su unidad, socorrer a los países en dificultades. Una Tercera Guerra Mundial sería intolerable.

El debate con los tres psiquiatras llegó a su conclusión.

Todos los miembros del Proyecto Túnel del Tiempo percibieron la complejidad de la mente de Hitler.

—¿Cuál de los psiquiatras estaba en lo cierto? —indagó Angela—. ¿Qué diagnóstico podría ser más adecuado para describir la personalidad del *Führer*?

Todos estaban en lo cierto, concluyó Julio Verne, tanto los militares como los científicos del proyecto. Y dio cierre al complejo debate.

—Hitler tenía una personalidad esquizoide, antisocial y paranoica y, posiblemente, otras más. Por ejemplo, además de esos tres trastornos, tenía marcadas características de una personalidad histriónica: autodramatización, teatralidad de los gestos; expresión exagerada de sus emociones en sus discursos y exposiciones; afectividad lábil, que cambiaba con frecuencia según el ambiente y los estímulos estresantes; necesidad de ser el foco de la atención social y preocupación por el atractivo físico. Hitler exaltaba la raza aria y le encantaba que lo fotografiaran. Su sociopatía y psicopatía eran multilaterales. Tenía que ser una mente muy enferma, con una increíble capacidad de simular, venderse y reinventarse para conseguir, en primer lugar, devorar el inconsciente colectivo de decenas de millones de alemanes, para, después, aniquilar a los judíos, los socialistas, los eslavos, el mundo... Ése fue el hombre que dejó perplejo al mundo y encendió fuego a la humanidad.

31

EL INFORME FINAL SOBRE LA PERSONALIDAD DE HITLER

Los miembros del megaproyecto tenían ahora elementos para hacer un informe final de la personalidad del austriaco Adolf Hitler.

Anhelaban que tal informe produjera en el psiquismo del profesor Julio Verne una carga de tensión mental capaz de dirigir su transporte en la máquina del tiempo hacia un momento especial. Un momento en que se dieran las condiciones para borrar a Hitler de las páginas de la Historia.

El profesor mismo compiló dicho informe, a partir de todos sus apuntes, y se quedó tan impactado que, al leerlo en presencia de todo el equipo del proyecto, de su esposa y de los tres psiquiatras que participaron en el debate, planteó una importante propuesta:

—Sugiero que este informe se divulgue en todas las universidades de todos los países del mundo con el objeto de alertar a profesores y alumnos de todas las culturas para que jamás se dejen cautivar por líderes con las características de personalidad de Adolf Hitler. Quizás él pueda convertirse en una vacuna que ayude a prevenir el ascenso de nuevos sociópatas en el teatro de las naciones si llegan a presentarse algunas características semejantes a las de la Alemania de la preguerra, en especial en tiempos de calentamiento global y escasez de recursos naturales. No podemos olvidar que Adolf

Hitler, aunque detestara la democracia, fue gestado en un régimen democrático.

La propuesta del profesor fue aceptada unánimemente. El único que no se mostró entusiasta fue el doctor Runner, el primer psiquiatra. Se hizo un silencio forzado.

Informe final de las treinta principales características enfermas de la personalidad de Adolf Hitler, algunas de las cuales se hallan presentes en los líderes que cometen crímenes contra la humanidad.

1. Frialdad emocional, afectividad distante o embotada.
2. Capacidad limitada para expresar sentimientos tiernos y afectuosos.
3. Indiferencia a elogios o críticas.
4. Preferencia casi invariable por actividades solitarias.
5. Falta de amigos íntimos o confidentes reales.
6. Marcada insensibilidad para con las normas y las convenciones sociales.
7. Baja capacidad de sentir placer.
8. Indiferencia por los sentimientos ajenos.
9. Incapacidad de mantener relaciones, aunque no haya dificultades en iniciarlas.
10. Humor fluctuante: el cielo y el infierno emocional están muy próximos.
11. Baja capacidad de tolerancia a la frustración.
12. Incapacidad de experimentar culpa.
13. Dificultad de aprender de la experiencia, en especial con los errores.
14. Manifiesta propensión a culpar a los demás de sus fracasos o conflictos.
15. Tendencia a conservar las ofensas de manera persistente.
16. Negativa a perdonar ultrajes, difamaciones o insultos.

17. Desconfianza continua de que siempre hay alguien que quiere acabar con él.

18. Tendencia a distorsionar la realidad de acuerdo con su conveniencia.

19. Tendencia a interpretar erróneamente las actitudes de los otros, aun cuando sean amistosas, y considerarlas hostiles o desdeñosas.

20. Necesidad de autovaloración expresada mediante una frecuente autorreferencia y por el uso del pronombre «yo».

21. Comportamiento mesiánico al considerarse único portador de una misión histórica, lo cual es diferente de la sana búsqueda de un sentido noble para la existencia.

22. Combativo y obstinado sentido de los derechos personales en desacuerdo con los derechos de los demás.

23. Autodramatización, teatralidad de los gestos y gusto excesivo por los discursos.

24. Expresión exagerada de sus emociones en sus comunicaciones públicas.

25. Afectividad lábil, que cambia con frecuencia según el ambiente y los estímulos estresantes.

26. Necesidad de ser el foco de la atención social.

27. Preocupación por ser objeto de atracción social.

28. Sospechas recurrentes y sin justificación en cuanto a la fidelidad de los más íntimos, incluidas la fidelidad sexual del cónyuge o compañero sexual.

29. Preocupación excesiva por las conspiraciones.

30. Actitud de considerar a los opositores no como mentes divergentes, sino como enemigos a los que hay que eliminar.

Además de esas treinta características enfermas de personalidad, el psiquismo de Adolf Hitler expresaba veintidós necesidades neuróticas. El profesor Julio las incluyó en el informe.

1. Necesidad neurótica y compulsiva de hablar.
2. Necesidad neurótica de vender su autoimagen.
3. Necesidad neurótica de escucharse a sí mismo, pero no escuchar a los demás.
4. Necesidad neurótica de aduladores, pero no de opositores.
5. Necesidad neurótica de colocarse por encima de sus pares.
6. Necesidad neurótica de poder.
7. Necesidad neurótica de situarse como mesías político.
8. Necesidad neurótica de controlar a los demás.
9. Necesidad neurótica de no reconocer sus errores.
10. Necesidad neurótica de sublimar sentimientos de culpa.
11. Necesidad neurótica de imponer, y no exponer, sus ideas.
12. Necesidad neurótica de aplausos.
13. Necesidad neurótica de atención social.
14. Necesidad neurótica del culto a la personalidad.
15. Necesidad neurótica de sentirse perseguido.
16. Necesidad neurótica de difundir rumores falsos.
17. Necesidad neurótica de encontrar un placer sádico en las fallas de los opositores.
18. Necesidad neurótica de no reconocer las cualidades de los sujetos que no le agradaban.
19. Necesidad neurótica de creer que los medios justifican los fines.
20. Necesidad neurótica de reaccionar sin pensar en los focos de tensión.
21. Necesidad neurótica de referirse en demasía a los orígenes humildes.
22. Necesidad neurótica de soledad, a pesar del placer de ser el centro de atención cuando está en grupo.

El profesor recalcó que algunas de esas necesidades neuróticas y características enfermizas de personalidad podían encontrarse en muchas personas que no presentaban riesgos para la sociedad, aunque era preciso reciclarlas porque no eran saludables. Además, hasta los propios miembros del equipo del Proyecto Túnel del Tiempo tenían algunas.

El niño Adolf no nació genéticamente sociópata o psicópata. Creerlo así sería como creer en la teoría nazi de que los niños potencialmente destructivos debían ser eliminados. Su historia no era muy diferente de la de millones de otros jóvenes.

—La vida no fue cruel en la infancia de Adolf Hitler, sino que él aprendió con lujo de detalles el arte de ser cruel. Un ser humano que padece una psicosis no tiene conciencia de los parámetros de la realidad. Hitler tenía plena conciencia de sus actos; por eso no era un psicótico. Era un psicópata que ejecutaba sus atrocidades con impresionante detallismo. De haber querido, habría podido reciclarse, pero las cometía adrede, como si fuera un dios que tenía en sus manos la vida y la muerte de otros seres humanos —concluyó el profesor, muy emocionado, tras la lectura final del informe.

Mientras el doctor Alfred Fromm y el doctor Walter Lepsius movían la cabeza en señal de aprobación, el doctor Runner demostró insatisfacción con esa conclusión.

—Todo psicópata se retroalimenta. Después de matar a uno o dos, ya no vuelven atrás. Matar a cien o mil les da lo mismo —afirmó el general Hermann.

—Nunca debemos vender o entregar nuestra libertad a un hombre, un líder, un partido político, una ideología social, una nación o un grupo filosófico. Los riesgos son demasiado graves. Debemos frecuentar grupos, defender sus ideales, pero jamás pertenecer exclusivamente a uno de ellos. Debemos, sí, pensar como especie, pertenecer a la humanidad —remató Angela, bajo los aplausos de todos.

Los psiquiatras no sabían del Proyecto Túnel del Tiempo.

Pero se conmovieron ante la posibilidad de que el informe fuera difundido en las universidades y otras instituciones sociales de todo el mundo.

El doctor Lepsius y el doctor Fromm se despidieron y agradecieron la oportunidad de exponer sus ideas frente a un grupo de agudos intelectuales. Enseñaron y aprendieron mucho. El doctor Runner, que era militar, se quedó. Fue el último en agradecer la oportunidad. De repente, para espanto de todos los presentes, a la salida misma de la sala, elevó el tono de voz y chocó a los presentes con estas palabras:

—Están cometiendo un gran error.

—¿Qué quiere decir con eso? ¿Qué error, doctor Runner? —se apresuró a preguntar el general Hermann. Porque, hasta donde sabía, el mayor Runner, respetado médico psiquiatra de las fuerzas armadas de Alemania, ignoraba los secretos del Proyecto Túnel del Tiempo.

—Viajar en el tiempo para eliminar a Adolf Hitler no es corregir un gran error de la Historia...

Todos quedaron atónitos cuando él mostró que se hallaba al tanto de aquello. Y el psiquiatra completó su razonamiento:

—Van a cometer uno de los mayores errores de la Historia y un gravísimo e imperdonable error científico.

Se hizo un silencio pesado. Ni siquiera el profesor Julio Verne, a quien siempre inquietaban los dictámenes implacables del doctor Runner sobre su salud mental, dijo algo. Desconfiaba de su aprecio por el *Führer*.

Volviéndose hacia el propio Julio Verne, Runner profirió esas palabras:

—Antes de que el profesor haga sus juicios precipitados, quiero confesar que siempre admiré a Hitler, pero no al Hitler asesino, no al promotor de los campos de concentración, no al iniciador de la Segunda Guerra Mundial, sino al líder que sacó a Alemania del caos, del desempleo masivo, de alrededor del 30 por ciento, del ultraje del Tratado de Versalles. Él fue quien consolidó el sentimiento nacional y exaltó nuestra cultura. Era un hombre, a mi parecer, de personalidad esquizoide, pero aun así un gran líder, poco comprendido.

Todos quedaron impresionados al oír esas palabras. No creían que se hallaban ante un admirador del líder nazi, menos aún siendo él militar. A medida que el doctor Runner hacía sus comentarios, se acercaba cada vez más a la puerta de salida, tal vez con la intención de batirse en retirada.

—Después de todo este debate y todo este informe, ¿cómo usted puede seguir apreciando a Hitler, incluso como líder? —preguntó el profesor, furioso.

El psiquiatra, visiblemente tenso y jadeante, respondió:

—Confieso también que todo lo que he escuchado aquí, incluso de mis colegas, ha hecho estremecer mis convicciones. Sus penetrantes argumentos, profesor, fundamentados en hechos históricos, han desfigurado la imagen que yo tenía de Hitler como líder. Estoy conmocionado.

Todos se relajaron al escucharlo. Y el psiquiatra agregó:

—No imaginaba que el gran *Führer* era un hombre con incontables necesidades neuróticas, marcadamente ególatra, que fomentaba el culto a la personalidad y que pensaba en primer lugar en sí mismo. Comprendí que Hitler nunca amó a Alemania, ni siquiera cuando la defendía, sino que la usó.

Cuando todos pensaban que el doctor Runner iba a marcharse cabizbajo y arrepentido, de repente él metió una mano en el bolsillo de su mono blanco, sacó una pistola y apuntó a todos con ella.

—Sin embargo —afirmó—, retornar en el tiempo e intentar eliminar a Hitler, insisto, es un gran error. Un error imperdonable.

—¿Por qué? —cuestionó, recelosa, la siempre sensible Angela.

—¿Por qué? Cerca de setenta millones de personas perdieron la vida en la Segunda Guerra Mundial. La gran mayoría en Europa. Si Julio Verne consigue evitar ese conflicto, el aumento poblacional será explosivo e insoportable. Hoy tendríamos por lo menos doscientos millones de bocas más que alimentar. Europa no tendrá recursos naturales para nuestros hijos. Toda la especie humana sufrirá.

—Pero la humanidad podrá encontrar soluciones para sus problemas —afirmó el profesor—. Crea en la humanidad.

—El ser humano es lento en la búsqueda de soluciones sustentables. La Segunda Guerra Mundial fue inhumana, pero retrasó la implosión del planeta y generó grandes descubrimientos científicos. Pero ¡miren! Ha pasado un siglo y el calentamiento global disminuye la fertilidad de nuestras tierras. Ni Brasil ni los países africanos dan abasto ante las demandas mundiales. El precio de las *commodities*, en especial de los alimentos, es carísimo. No creo en la humanidad, profesor. No creo en usted ni en este proyecto.

El general sentía un nudo en la garganta. Julio Verne contuvo la respiración. Sin duda, el doctor Runner iba a usar su arma. De repente, apuntó al pecho del profesor, pero en un reflejo rápido el general distrajo su atención y accionó la alarma. El profesor se arrojó al suelo. El doctor Runner disparó dos veces. En la confusión, una bala acertó en el tórax de Theodor, el científico líder del proyecto, y otra en el hombro de Eva.

Perturbado con la alarma y los disparos, el doctor Runner se retiró con rapidez. Kate, Arthur y Bernard socorrieron a Eva, cuya herida no le costaría la vida, aunque sí le causó una abundante hemorragia y mucho dolor. El general Hermann, Julio Verne y Angela ayudaron a la víctima más próxima, Theodor.

Por desgracia, su herida fue fatal. Pero, antes de morir, tuvo tiempo de mirar al profesor y hacerle una solemne petición.

—Es su última oportunidad. La máquina es inestable. Usted... nos dijo que una vida sin sentido existencial... es un cielo sin estrellas, vacío y frío. No me deje... morir sin sentido...

El profesor le respondió:

—Se lo prometo, Theodor. Pero no gaste energía...

No hubo tiempo. El inteligente científico expiró.

A partir de ese momento comenzó una implacable búsqueda para capturar al doctor Runner, pero, astuto, él había planeado una fuga a un lugar donde no lo encontrarían jamás: la máquina del tiempo. Como conocía todas las consignas y era un militar de alto rango, consiguió superar el cerco. Dos horas después de haber disparado contra Eva y Theodor, el doctor Runner ya no estaba en su siglo. Había viajado a un lugar desconocido.

Cuando se enteraron, el general Hermann y todo su equipo se quedaron preocupadísimos, por no decir desesperados. Organizaron una reunión de emergencia y el general dijo en tono grave:

—Theodor tiene toda la razón. La máquina es inestable y corre riesgo de implosión. —Después se volvió hacia el profesor y agregó—: En una semana vamos a desconectar la máquina. El Proyecto Túnel del Tiempo se dará por terminado. De hecho, ésta es su última oportunidad.

32

MÚNICH: EL GRAN PUNTO DE MUTACIÓN

Dos años después de la derrota en la Primera Guerra Mundial, Hitler comenzó a cautivar a los habitantes de la región de Baviera, en especial Múnich. El orador agresivo y vibrante consiguió ganar notoriedad al tocar el alma de los abatidos, desempleados, agitadores y alcohólicos. Por frecuentar lugares donde se encontraba la masa descontenta, el austriaco que hacía apenas poco más de seis años que estaba en Alemania conoció las penurias y los anhelos del pueblo alemán de un modo que ignoraban los políticos encerrados en sus despachos. Le encantaba pronunciar discursos en las cervecerías.

Las teorías radicales, la propuesta de soluciones mágicas y los discursos vibrantes de Hitler lo llevaron, en julio de 1921, a asumir por primera vez la jefatura de algo: el control del minúsculo y radical Partido de los Trabajadores Alemanes. Amante de la propaganda, Hitler y algunos amigos pegaban carteles rojos con el resumen de sus discursos.

El idealista Anton Drexler, que había fundado el partido en 1919, ya había creado la política de repudio a los extranjeros y los judíos. Bajo el control de Hitler, el diminuto partido cambió de nombre y pasó a denominarse Partido Nacionalsocialista de los Trabajadores Alemanes. Se formó así el Partido Nazi, que entre otros puntos luchaba por la unión de todos los alemanes en una Gran Alemania, por la anulación del Tratado de Versalles y por la exclusión de los judíos de los cargos públicos. Los discursos de Hitler se intensificaron, y en las reuniones se producían frecuentes palizas contra los marxistas.

Un excabo, desempleado, combativo, explosivo, que tenía habilidad con la palabra hablada, pero que carecía de preparación política e intelectual, se convertiría en un activista político y cautivador. Inspirado en la exitosa Marcha sobre Roma de 1922, que marcó la llegada de Mussolini al poder en Italia, Hitler, que entonces contaba treinta y cuatro años, tras analizar la inflación galopante, en el otoño de 1923 llegó a la obvia conclusión de que la economía de Alemania entraría en colapso.[79]

Reunió amigos, como Hermann Göring y Ernst Röhm, y juntos maquinaron que, mediante el uso de la fuerza de las SA, las Tropas de Asalto del Partido Nacionalsocialista, que sumaba pocos miembros en la época, tomarían el gobierno regional de Baviera, episodio histórico que se conoce como el Putsch de la Cervecería de Múnich. El jueves 8 de noviembre, un fanático e ingenuo Hitler instigaba a los hombres de las SA, así como a ebrios, desempleados y otros radicales, a tomar el poder.[80]

Mientras tanto, un siglo después, Julio Verne se despedía rápidamente de Kate, que por primera vez no estaba demasiado angustiada. Esperaba que su marido alcanzara el éxito en su trascendente y dificilísima misión.

—Mi emoción me pide que te quedes, Julio, pero mi intelecto te suplica: ve y elimina al hombre que odió a la humanidad —dijo Kate, conmovida.

—Volveré y llegaré a ver crecer a mi hijo en tu útero. Y cuando sea expulsado hacia el útero social, seré su mejor amigo en los inviernos de la vida y su mejor compañero en las primaveras de la existencia. No soy el marido y el padre más perfecto, pero seré el hombre que más amará a su esposa y su hijo —proclamó Julio Verne, como la promesa más solemne, olvidando por un momento los valles sórdidos de la Historia que lo aguardaban.

—Lo educaremos juntos con los tesoros de la sabiduría. Le transferiremos un tesoro que ni reyes ni millonarios supieron dar: el capital de las nuestras experiencias —afirmó la psicóloga social.

Y, en perfecta sintonía con ella, Julio Verne añadió:

—Sí, hablaremos de nuestras lágrimas para que él aprenda a llorar las suyas.

—Comentaremos nuestras aventuras para que él rompa la cárcel del tedio y haga de su vida una gran aventura —apuntó ella, como si se hubiera liberado de la mazmorra del miedo.

—Gracias, Kate, por existir y nutrir mi historia con amor.

—Sin ti, Julio, mis mañanas no tendrían rocío, mi emoción no tendría júbilo.

Fue un momento de rara sensibilidad. Se besaron con pasión. No obstante, de repente, para romper el clima, el inteligente, pero austero, general Hermann tocó los hombros de Julio Verne y le dijo con claridad:

—Ya lo he dicho. Deseo que usted retorne al tiempo en que Hitler era niño. Y que en ese momento piense en todos los millones de seres humanos que murieron por culpa de ese canalla. No titubee, ¡asesínelo!

El general Hermann daba significativa importancia a la educación, pero era un hombre pragmático. Dejaba su emoción en segundo plano.

—¡Nunca! ¡Nunca! Si encuentro a Hitler niño, mi opción será la vía educacional, no la militar.

—¡Educación, educación! Es importante, pero las armas resuelven más rápido —protestó, tenso, el general.

—Las armas resuelven los síntomas, pero no atacan las causas —afirmó el profesor.

—¡No sea romántico! —alertó el brillante científico Bernard.

—Piense en el dolor...

Antes de que Bernard terminara, intervino el general.

—Debe morir uno en lugar de millones...

El jefe militar no quería de modo alguno que el Proyecto Túnel del Tiempo fallara. Mucho dinero, mucho tiempo gastado, sin hablar en las consecuencias del éxito o el fracaso del proyecto para la Historia de la humanidad.

Julio Verne, amante de la educación, insistió efusivamente:

—Ya lo dije. Voy a encontrar a Hitler adulto y culpable. Sólo en esa fase optaré por la vía militar.

A continuación cumplió lo más rápido posible con todo el ritual para entrar en la máquina del tiempo. Dentro del aparato giratorio, trató de recordar los puntos principales del informe sobre la personalidad de Hitler. Liberó su imaginación para fijarse en las características más enfermas y en el período histórico en que comenzaron a manifestarse. Le acudió a la mente el Putsch de la Cervecería de Múnich.

La máquina del tiempo giraba a una velocidad tan espantosa que parecía que el cuerpo del profesor fuera a desintegrarse. Le daba la impresión de que su cerebro perdía la identidad y la memoria. Momentos después, su cuerpo ya no se encontraba dentro del aparato.

Se veía a un hombre completamente agotado tirado en un rincón de una cervecería. Parecía que le habían dado una paliza. Era Julio Verne. Apenas podía moverse, pero oía los discursos inflamados de un agitador social.

—¡Vamos a tomar Baviera! ¡Abajo el humillante Tratado de Versalles! ¡Somos alemanes, somos combativos, somos los mejores!

Casi incrédulo, Julio Verne se levantó, se aproximó al mostrador y pidió una cerveza, aunque no tenía dinero para pagar. Había tanta gente en el establecimiento que no consiguió ver el rostro del agitador, pero el sonido no le era extraño. La voz le parecía conocida de las grabaciones de la radio y la televisión.

—¡El momento es ahora! —proclamó el líder, que ya había dicho cinco discursos aquel día. Ése era el último.

De pronto salió del local para comandar el levantamiento. Y entonces, a medida que las personas comenzaban a avanzar por las calles, el profesor se vio mirando directamente al político. Era Adolf Hitler, a sólo cinco metros de distancia. Sus miradas se encontraron como si ambos tuvieran una deuda con la Historia. El profesor no sabía si reía o lloraba.

Se dio una palmada en la cara para ver si todo era real. Estaba fascinado por el hecho de que su estrategia de convocar a psiquiatras para debatir sobre el psiquismo de Hitler hubiera funcionado. Su mente había regulado la misteriosa máquina y él había viajado al tiempo programado.

Julio Verne, eufórico, casi sin respiración, trató de sacar su arma para matar a Hitler, allí mismo, sin demora. En extremo tenso, tomó el sofisticado aparato rectangular que cabía en la palma de la mano. En aquel tiempo nadie sospechó que era un arma poderosa capaz de paralizar el corazón de Hitler. El líder nazi avanzaba en dirección a él, y Julio esperó a que se aproximara, pero cuando iba a tirar lo atropelló la multitud. El aparato cayó y quedó pisoteado. El profesor, como estaba debilitado, también cayó al suelo y también comenzó a ser atropellado por los admiradores ciegos del líder del pequeño y alborotador Partido Nacionalsocialista.

Se levantó enseguida y fue tras Hitler. No podía perderlo de vista. Como no lo había asesinado en el pequeño bar, tendría de hacerlo en espacio abierto. Pero necesitaba un arma para dispararle a quemarropa, pues el tiro al blanco no se contaba entre las especialidades del profesor.

El levantamiento para tomar el poder en Múnich estaba en plena ebullición. El ejército se hallaba alerta para contener la revuelta. Una batalla en las calles sería inevitable... Participar en ella junto a Hitler era un riesgo grande, pero valía la pena intentar mantenerse cerca.

Hitler lideraba la revuelta junto con sus amigos Göring y Röhm, pero nadie era tan audaz y osado como el austriaco. A fin de cuentas, no tenía nada que perder: ni educación superior ni calificación profesional, y encima era un desempleado en una Alemania con pocas oportunidades. Hitler tampoco tenía ciudadanía alemana, era un extranjero. Un jugador que se arriesgaba a todo o nada.

33

EL ENFRENTAMIENTO EN EL TRIBUNAL
ENTRE EL PROFESOR Y HITLER

Como vivía en el futuro, el profesor sabía que el plan de los revoltosos no saldría bien. Hitler, Göring y Röhm eran aficionados, no lograron controlar los medios de comunicación. Error que, cuando Hitler asumió el poder, nunca olvidó. El líder nazi prometía, heroica e ingenuamente, que vencerían en la batalla en Múnich con suma facilidad. Tanto, que Himmler, abanderado, ya había posado, orgulloso, ante la prensa como un vencedor.

Los insurrectos tuvieron que hacer frente a una auténtica batalla campal con la policía estatal y el ejército. Antes del enfrentamiento, el profesor tomó un arma prestada de uno de los amotinados que estaba borracho.

—¡Deme esa arma, soldado! Soy un oficial. ¡Viva Baviera! —dijo a gritos.

El alcohólico, que ni sabía qué estaba haciendo allí, le dio una vieja escopeta y bramó:

—¡Viva!

Enseguida tropezó y cayó de bruces.

El ser humano, cuando se encuentra en grupo, suele contraer su conciencia crítica: minimiza su fragilidad y maximiza sus poderes. La banda que seguía a Hitler era presa de una incontrolable euforia. Con rapidez el profesor comenzó a buscar a Hitler en medio de los centenares de personas que gritaban victoria.

Tras penetrar con dificultad el asedio, de repente se topó con Hitler, que caminaba a zancadas y soltaba gritos alentadores.

—¡Adelante, soldados! ¡Somos imbatibles! ¡Viva la patria!

Todos coreaban rugiendo sus palabras. Cuando llegó a cuatro metros de Hitler, el profesor, siempre caminando, apuntó la vieja escopeta en la nuca de aquel que sería el mayor verdugo de la Historia. Tenía que apuntar el arma y avanzar al mismo tiempo. Y cuando con dificultad se preparaba para tirar, alguien se acercó por detrás y le dio un empujón con toda la fuerza. El profesor cayó y su arma se disparó en dirección al ejército; le dio a un soldado en el hombro. El profesor miró al que lo había empujado y vio un rostro conocido: era el doctor Runner Brant, que había entrado en la máquina del tiempo.

El doctor Runner tomó su pistola.

—¡Cuánto he esperado este momento! Es su fin, profesor. ¡La Historia debe seguir su curso!

Pero, cuando iba asesinar al profesor, comenzó la batalla campal. La policía estatal y el ejército, al socorrer al soldado herido y ver la obstinación de los insurrectos, empezaron a disparar contra ellos. El tumulto fue tan dramático que unos atropellaban a otros. El doctor Runner, empujado de un lado a otro, no logró apuntar al profesor. Por el contrario, segundos después, él mismo fue blanco de un proyectil que le dio en la cabeza, lo que le causó la muerte inmediata.

Murieron tres policías y catorce nazis, incluido el doctor Runner. Göring fue herido y Hitler se dislocó un hombro después de tropezar. Acusados de alta traición, el 26 de febrero de 1924 fueron llevados a juicio en el tribunal de la Escuela de Infantería de Múnich.[81] También el profesor fue preso y, como en la investigación se descubrió que había sido el primero en disparar, lo consideraron uno de los líderes entre los rebeldes y lo acusaron no sólo de alta traición contra la patria alemana, sino también de tentativa de asesinato.

La situación daba para que Hitler fuera sepultado junto con la fracasada revuelta. Pero el austriaco mostró su increíble habilidad para manipular los hechos a su favor. En un golpe de propaganda y de coraje, asumió total responsabilidad por el levantamiento. Su actitud penetró como un rayo la mente de los alemanes. Él, un extranjero, asumía la responsabilidad y, de ese modo, protegía a los alemanes, incluidos Göring, Himmler, Röhm y otros nazis.

Llegó al fin el 26 de febrero de 1924, el día del gran juicio en el tribunal de Múnich. Hitler y el profesor Julio Verne estaban en el banco de los reos, uno separado del otro por unos seis metros de distancia.

En aquellos tensos momentos, el profesor viajó en el tiempo, pero no en la famosa máquina del siglo XXI, sino en otra más compleja, su mente. Viajó dieciocho años hacia delante, a 1942, año en que conoció a la pequeña Anne, Moisés y su padre, el doctor Kurt. Recordó que los niños a los que había ayudado no sobrevivieron. Recordó también que ellos y un millón de otros niños serían exterminados sin piedad en el infierno de los campos de concentración. Revivió en su imaginación los dolores y las privaciones terribles que él y sus amigos sintieron en Auschwitz. Y recordó a su amigo Viktor Frankl. Se preguntó cuál era el sentido de estar en aquel tribunal. Nada sería tan digno como eliminar a Hitler y prevenir el sufrimiento inimaginable por el que en breve pasaría la humanidad. Estaba en el tribunal de infantería de Múnich, cerca de su punto de mutación, pero al mismo tiempo muy distante. Si trataba de tomar un arma y atentar contra Hitler, los policías del tribunal lo asesinarían a sangre fría.

Por unos instantes lo embargó el abatimiento. Sin embargo,

293

pronto ideó una brillante estrategia, más factible: desdibujar la imagen de Hitler y llevarlo a una condena mayor de la que le había dado Múnich. Era preciso convencer al juez de que Hitler era un sociópata, un hombre peligroso para Alemania, un barril de pólvora para Europa.

Si surtía efecto, Hitler recibiría un castigo severo, lo cual lo llevaría a permanecer años confinado. Eso alteraría la secuencia de sucesos de la Historia. El ascenso político de Hitler quedaría abortado.

Toda la prensa de Alemania anunciaba el caso en primera plana. El débil líder de un partido pequeñísimo era la noticia de actualidad. En un determinado momento del juicio, el profesor, al ser interrogado, aprovechó la oportunidad para asumir sus culpas y, al mismo tiempo, atacar la imagen de Hitler.

—Dignísimo juez y demás miembros del tribunal, quisiera confesar mis errores. Soy un traidor a la patria, pero mi compañero Adolf Hitler también lo es.

Los presentes se agitaron al oír esas palabras. Prestaron atención al audaz reo, pero cuando habló sobre la megalomanía de Adolf Hitler todos soltaron carcajadas.

—La intención de Hitler es asumir el poder absoluto de Alemania.

Todos los presentes, desde los jurados hasta los espectadores, miraron al extraño austriaco y no pudieron contenerse. Casi se murieron de risa ante la afirmación de que aquel soldado raro, sin cultura, expresión nacional o representatividad política, aspiraba al poder absoluto de la Alemania democrática. Incluso el juez sonrió.

Afligido, el profesor los previno:

—¡No se engañen! En menos de nueve años, ese simple cabo podrá asumir el control total de las fuerzas armadas.

Más risas. Nunca habían oído tantas bromas en un tribunal

y nunca se engañaron tanto. Todos lo que se hallaban en el juicio sabían del poderío limitado de Alemania, sobre todo después del Tratado de Versalles. Hitler, en el levantamiento por el que lo juzgaban, apenas había conseguido más seguidores que unas centenas de borrachos y agitadores. ¿Cómo podría asumir el liderazgo total de las fuerzas armadas? El tribunal se convirtió en un circo. Sólo Hitler no sonreía. Demostraba que detestaba las burlas. Pero, al mismo tiempo, le gustaba ser el centro de atención.

Como nadie daba crédito al profesor, él, siempre elogiado, comenzó a perder el control. Subiendo el tono de voz, advirtió:

—No se equivoquen. Este hombre odia Alemania, sus preocupaciones sociales son falsas. ¡Va a provocar la Segunda Guerra Mundial!

—Cállese, señor Julio Verne. Usted es acusado en este delito contra el Estado. Usted disparó el primer tiro, y ¡ahora dispara acusaciones contra su compañero de rebelión!

—No estoy bromeando, señor juez, soy un hombre conectado con la Historia. Hitler prenderá fuego a Europa. Millones de judíos serán exterminados, así como marxistas, gitanos y eslavos.

Las risas continuaron. Pero al oír que morirían millones de judíos y marxistas, Hitler se puso de pie y aplaudió a Julio Verne. Parecía que el profesor tocaba música para sus oídos. Era inimaginable que el radical y tosco soldado al que señalaba Julio Verne habría de convertirse en uno de los mayores criminales de la humanidad. No tuvieron en consideración las palabras virulentas que Hitler profería a las masas en las cervecerías de la ciudad. Desdeñaron la noción de que un virus invisible podía matar a un paciente enorme.

Hitler miró a Julio Verne, hizo un gesto como si le apuntara un arma a la cabeza, simuló disparar y movió los labios, formando en silencioso la palabra:

—¡Judío!

Julio Verne era dueño de gran elocuencia, pero cualquier cosa que hablara de Adolf Hitler parecía por completo distante de la realidad de aquel público. El juez nunca había visto que dos compañeros se acusaran. Para no violar el derecho de igualdad, pidió que también Adolf Hitler se pronunciara. Hitler, perito en oratoria, comenzó a conquistar al público.

—Me acusa un hombre que detesta Alemania, un hombre al que no conozco. Y también me juzga este noble tribunal. Pero mi juicio, señores, cabe al eterno tribunal de la Historia... Este tribunal no nos preguntará: «¿Son ustedes culpables de alta traición, o no?». Yo amo Alemania. Este tribunal nos juzgará como alemanes que sólo deseaban el bien de su pueblo y su patria; que deseaban luchar y morir... Si así fuera, pueden sentenciar mil veces a mi culpa...».[82]

Hitler, con esas palabras y otras más, conquistó la simpatía no sólo del juez, sino de todos los presentes y de gran parte de la sociedad alemana.

El profesor reaccionó.

—No se dejen engañar. ¡Este hombre miente! Es radical, quiere acabar con los demás partidos políticos, quiere instalar una dictadura. Y si tiene una cualidad, ¡es que es un especialista en marketing de masas! Va a devorar el territorio de la emoción de los alemanes —gritó angustiado.

¿Marketing de masas? Nadie sabía qué significaba ese término. La radio estaba en plena expansión, pero nadie la usaba para otra función que para difundir hechos y pasar música. Goebbels, el genio de la propaganda de Hitler, le daría otro destino.

—¡Usted es un judío! —afirmó Hitler, bien alto.

Cuando Hitler pronunció la palabra «judío», Julio Verne, tomado por sorpresa, no lo negó. Se produjo un alboroto entre el público.

—¡Yo soy el alemán de los alemanes! ¡Yo sangro por esta patria! Mientras que los judíos, su raza, son la razón de nuestro fracaso social y económico. Amo a los arios hasta lo impensable —sentenció Hitler.

Muchos aplaudieron. El *Führer* ya comenzaba su ascenso. El juez golpeó con el mazo contra la mesa, para imponer orden en el tribunal. Algunos periódicos de expresión nacional cubrían la noticia. La fragmentada Alemania, destrozada política y socialmente, encontraba un héroe, un hombre que, aunque extranjero, tenía el coraje de blandir su lengua contra el Tratado de Versalles y de defender con su vida la patria. Su nombre: Adolf Hitler. Las palabras distorsionan las intenciones, y, a veces, lo que es peor, disfrazan secretos.

Abatido y disconforme, el profesor gritó:

—Hitler es radical, insensible, esterilizará a miles de alemanes, eliminará niños especiales, asfixiará enfermos mentales y asesinará a todos los que se atrevan a levantar la voz contra él... No juzguen a un hombre por las palabras, ¡¡júzguenlo por las acciones!

Nadie siguió escuchando al profesor. Se rebelaban. Empezaron a odiarlo. Hubo que retirarlo de la corte para no echar a perder el juicio. Pero antes de salir, Hitler, con una sonrisa sarcástica, miró a Julio Verne y le envió una nota por medio de su abogado.

Gracias, judío, por alentarme a seguir mi glorioso camino. Gracias por creer que yo puedo dominar Europa y, quizás, el mundo...

Julio Verne intentó abalanzarse sobre Hitler, quería estrangularlo, pero lo contuvieron cinco policías. Siempre había sido un hombre inteligente y mesurado, pero parecía que la máquina del tiempo lo había agotado mentalmente. Su paso por Auschwitz, las palizas sufridas, la responsabilidad de la misión, el abandono de Kate y el hijo, todo eso era un caldero hirviente de angustias y tensión que le quitaba la energía y el equilibrio mental. Y para calentar todavía más ese estresante caldero, el profesor siempre fracasaba en su misión de cambiar la Historia. Se sentía el más frustrado de los hombres.

Ahora, para completar su cáustico desierto, su intervención en el tribunal de infantería de Múnich, en vez de destruir la imagen de Hitler, había realzado y fomentado en él la ambición geopolítica de dominar Alemania y Europa. Julio se sintió asaltado por la culpa. Fue a la cárcel como un loco, un traidor a Alemania, un traidor a un compañero, un judío digno de odio, mientras que Hitler permanecía en el tribunal e iba a prisión como un héroe, el más devoto de los alemanes.

Los jueces, fascinados con Hitler, con su patriotismo, se compadecieron de él y de los insurrectos, con excepción de Julio Verne. Desaprobaron las acciones de los rebeldes, pero exaltaron sus intenciones. No quisieron ver el monstruo en gestación. El austriaco, en un golpe impar de propaganda, comenzó a perturbar y fascinar a una sociedad que no le pertenecía.

Hitler fue sentenciado a cinco años de prisión, pero cumplió apenas nueve meses. Cuando se hallaba preso, aprovechaba para criticar el gobierno incapaz de producir seguridad social, controlar la inflación y resolver las pendencias humillantes del Tratado de Versalles.

Julio Verne fue considerado por todos sus comportamientos una amenaza social. Lo condenaron a veinticinco años de reclusión.

En nueve meses, la sed insaciable de Hitler por el poder ganó musculatura. Escribió en la cárcel el primer volumen de su libro *Mein Kampf*, [83] en el cual expuso sus tesis: odio a los judíos, superioridad de la raza aria representada por los alemanes y la predestinación del *Führer* para imponer el germanismo, que sería conocido como el Tercer Reich, sobre el resto del mundo. El «héroe» tosco, radical y verborrágico, pero carismático, que quería salvar Alemania de la crisis, habría de sumergirla en un caos inolvidable. El tribunal de Múnich perdió la gran oportunidad de juzgar con imparcialidad al mayor reo de la Historia...

34

EL ENFRENTAMIENTO ENTRE JULIO VERNE
Y HITLER EN LA PRISIÓN

El profesor, como lo consideraron violento, amenazador e inso-
lente, quedó aislado en una pequeña celda, a quince metros de
la de Hitler. En los días siguientes, intentó con desesperación
sobornar a los guardias para escapar, pero no lo logró. No tenía dinero. Trató de usar estrategias y técnicas psicológicas
para cautivarlos, pero falló. Los carceleros fueron alertados sobre su peligrosidad. Además, todos eran admiradores de Adolf
Hitler.

Cuando se enteró de la dura condena, entró en estado de pánico. Durante las dos décadas siguientes se pudriría en aquel
presidio lúgubre, tiempo suficiente para que Hitler cometiera
todas sus barbaridades. Tenso, aporreó la celda como un loco
para destruir sus cadenas. Pero nada. Se golpeaba contra las paredes de furia. El elogiado profesor estaba incontrolable. Su
oportunidad de cambiar la Historia se le escapaba de las manos. Y para empeorar su crisis de ansiedad, Hitler intentaba tor-
turarlo desde su celda.

—Yo huelo a una inmundicia judía a kilómetros de distancia —afirmó el nazi.

—Sólo un ciego no ve que en lo trivial somos diferentes,
pero en esencia somos iguales. ¡Somos seres humanos!

—¡Los judíos son subhumanos!

—¡Usted está loco, Hitler! ¡Un hijo mimado por su madre,

Klara Polzi! Un sujeto que teatraliza sus gestos para esconder un complejo de inferioridad.

Hitler se quedó impresionado y furioso al oír que el otro nombraba a su madre.

—¡No ponga el nombre de mi madre en sus sucios labios!

—Su fin será la derrota y después el suicidio —afirmó Julio Verne.

—¿Yo? ¿Yo, matarme, gusano? Seré el amo y señor de Europa. Y, si usted supiera lo que estoy escribiendo en mi libro sobre su raza, le daría un ataque cardíaco —bramó Hitler con una macabra carcajada.

El profesor sabía muy bien lo que Hitler escribía en *Mein Kampf*. Estaba sentenciando a su pueblo al genocidio.

En un acto desesperado, aferró las rejas y las sacudió mientras gritaba, para espanto de todos los presidiarios:

—¿Qué sentido tiene hacer sufrir a inocentes?

—¡Nadie es inocente! —replicó Hitler.

—¿La necesidad neurótica de poder le nubla el raciocinio?

—¿El poder? Ah... Amo el poder. Puedo usarlo para aniquilar las bacterias de la humanidad.

—Los niños, los ancianos y las mujeres no son bacterias. Son personas que piensan igual que usted, sueñan igual que usted, aman igual que...

Hitler interrumpió furioso el razonamiento del profesor Julio Verne. No quería asimilar que los judíos eran sus semejantes.

—¡Mentira! ¡Mentira! Ellos infectan la raza aria. ¡No son nuestros semejantes!

Los prisioneros que escuchaban con atención el debate rompieron el silencio y aplaudieron al intrépido Adolf Hitler, un político en ascenso.

Mentalmente agitado, el profesor recordó las palabras del

brillante médico que había desfallecido en sus brazos cuando estaban en el vagón de tren rumbo a Auschwitz.

—Grábese esta tesis, monstruo: «*Si Dios no existe, los sociópatas como usted rara vez serán castigados a la altura de sus atrocidades, pero si Dios sí existe, y creo que así es, el alma es inmortal y la muerte de los niños y de todos los inocentes no será un punto final, sino apenas una coma, porque el texto continuará escribiéndose en la eternidad*». Cuando usted prenda fuego a su cuerpo en 1945, su muerte tampoco será un punto final. Y yo no quisiera estar en su piel cuando se evalúe su historia...

Hitler entró en crisis, escupió en el suelo y, en un ataque de furia, proclamó, con voz altisonante:

—¡Yo... lo odioooo! La Historia me recordará... como el hombre que desinfectó la humanidad de las razas inferiores. La providencia divina me alabará...

Hitler usó incontables veces las palabras «providencia divina» en sus discursos a lo largo de los años, lo que indicaba que había creado un dios a su imagen y semejanza, un dios que, según él, aprobaba sus vanidades y alababa sus locuras. Cuando asumió el poder y comenzó a usarlo con mano de hierro, consideró que el Jesús judío que transformaba a las prostitutas en reinas, que era amigo de los leprosos y que proclamaba a voz en cuello el arte de perdonar y amar a los enemigos era un gran obstáculo para agigantarse en la mente de los alemanes y desarrollar el nazismo. Por eso hizo lo posible para que los alemanes no frecuentaran las iglesias y se colocó, con ayuda del genio del marketing de masas, Goebbels, como el mesías de un nuevo orden mundial.

Hitler ya no soportaba oír la voz de Julio Verne. Sobornó a los carceleros para que lo golpearan, mataran o lo trasladaran a una celda distante de la suya. El profesor resistió. Tuvieron que reducirle la comida y la bebida como castigo para que menguara su agitación mental. Aislado y angustiado, se autocastigaba diciéndose una vez más:

—Fracasé, fracasé...

El coleccionista de lágrimas vertía gotas que serpenteaban por el teatro del rostro. Era digno de compasión. Cierta noche, estaba tan estresado por la derrota y abatido por la paliza que se durmió profundamente. Y esa madrugada tuvo un sueño por completo diferente de todo lo soñado con Adolf Hitler. No tuvo pesadillas con campos de concentración, con privaciones ni con los errores dementes de los nazis. Soñó con el error grave cometido por una persona muy importante: él mismo. Un error real que tuvo lugar en su carrera como profesor. Julio Verne, siempre mesurado e inteligente como maestro, también había fallado, y mucho. Llegó el momento de analizar sus propios defectos.

35

EL GRAN DEFECTO DEL PROFESOR JULIO VERNE

En su pesadilla, el profesor estaba en el pasillo de la inmensa universidad donde daba clases. Ya era un escritor famoso y un intelectual admirado. Como profesor, pocos de sus colegas tenían una elocuencia como la suya. De pronto, vio que un alumno avanzaba en dirección a él, desanimado y cabizbajo. Al aproximarse, el alumno alzó la cara, pero no lo saludó. Sin embargo, Julio Verne lo reconoció.

—Piter, mi querido alumno, ¿cuánto hace que no te veo?

—Diez aaa... años pro... profesor. Pésimos aaa... años.

Sabía que a Piter le costaba la expresión verbal, pero parecía haber empeorado mucho. Condolido y preocupado, el profesor preguntó:

—Antes eras más seguro. ¿Qué ha pasado? ¿Por qué tanta dificultad para pronunciar las palabras?

El alumno lo miró a los ojos y lo dejó perplejo con la respuesta:

—Una de las cau... causas... fue... fue... us... usted... maa... maestro.

—¿Yo, Piter? ¿Qué hice? —indagó Julio, asombrado.

Entonces Piter le contó lenta y dificultosamente que, en una ocasión, al leer un texto frente a la clase, a petición de Julio Verne, no había logrado articular una palabra. Con intención de ayudarlo, Julio Verne insistió en que volviera a repetir el término. Piter no lo consiguió. El profesor no notó que Piter estaba secuestrado por una ventana Killer o conflictiva, cuyo volumen de tensión bloqueaba miles de otras ventanas, cerrando, así, el circuito de la memoria.

El síndrome del circuito cerrado de la memoria impedía que su Yo accediera a incontables informaciones que sustentarían su capacidad de pensar antes de reaccionar, la seguridad y la osadía.

En aquella época, Julio Verne no admitió las limitaciones de Piter. Lo obligó a repetir múltiples veces el texto. No entendía que *toda mente es un cofre, no existen mentes impenetrables, sino llaves equivocadas*. No individualizó la personalidad de Piter, no percibió que él era diferente de otros alumnos. Intentó abrir por la fuerza el cofre de su mente, usó llaves equivocadas, que jamás deberían usarse.

Los demás alumnos se rieron de la dificultad de Piter, que, tras varias tentativas frustradas y con ojos llorosos, se sentó, colorado, jadeante, taquicárdico y, peor aún, socialmente humillado y psíquicamente incapaz. La humillación pública es una de las experiencias más traumatizantes del psiquismo humano. Julio Verne causó que el fenómeno RAM (registro automático de la memoria) registrara en el centro de la memoria de Piter una ventana traumática con un alto poder de secuestro emocional, llamada ventana Killer doble P (doble poder): *poder* de encarcelar el Yo y *poder* de descolocar la manera de ser y de pensar.[84] Piter, que ya tartamudeaba un poco desde la infancia, amplió su dificultad de articulación de la voz. Nunca más consiguió hablar en público.

El profesor se sintió conmocionado por su error y pidió sinceras disculpas al joven. Y trató de repararlo. En los años posteriores, conoció los fenómenos básicos del complejo proceso de construcción de pensamientos y la teoría de las ventanas de la memoria y, como era psicólogo y al mismo tiempo un buen orador, ayudó a Piter con terapia y le dio clases sobre técnicas de oratoria. Fueron trece meses largos.

Poco a poco, Piter construyó una plataforma de ventanas sanas en la corteza cerebral que se tornó un núcleo de habitación del Yo, que le dio estabilidad para que se volviera autor de su propia historia. El miedo a hablar en público y las dificultades de articulación de la voz fueron dominados en gran parte.

Educar la emoción, plantar ventanas *light*, ponerse en el lugar de los otros, exponer y no imponer sus ideas, expresar altruismo y solidaridad pasaron a ser banderas de ese estimulante educador. Por eso, cuando los militares del Proyecto Túnel del Tiempo lo alentaron a eliminar al Hitler niño, él se negó. Los niños son inocentes. Quería eliminar al Hitler adulto, inhumano, violento, insensible.

La pesadilla con Piter lo llevó a dormir agitado. Una vez más se quedó atónito por haber causado traumas. Sabía que hasta los educadores brillantes, por desconocer las trampas de la mente,[85] cometen errores graves. Parecía que quería alertar a todos los educadores del mundo para que cuidaran la mente de sus alumnos como tesoros de la humanidad. Y de repente, sucedió algo imprevisible. Su pesadilla lo condujo a salir de la esfera de Piter y lo transportó a la historia de un adolescente que también fue traumatizado por un profesor: Adolf Hitler.

El padre, Alois Hitler, quería que el joven austriaco Adolf Hitler se dedicara al arte de la voz, a la música, pero su madre, Klara Polzi, quería que el muchacho se dedicara a las artes plásticas.[86] La madre, más dulce e influyente, ganó. Hitler salió de su pequeña ciudad para inscribirse en la famosa Escuela de Bellas Artes de Viena. Pero para un profesor rígido, para ser un genio en la pintura no bastaba con apreciar las artes plásticas ni sentirse fascinado con pinceles y telas. Era necesario tener un

306

don, habilidades manuales, trazos únicos y, sobre todo, una mente creativa.

El maestro de Viena que evaluó al adolescente Adolf consideró que no poseía tales habilidades, por lo menos no en la medida suficiente. En su pesadilla, Julio Verne intentaba de todos los modos posibles evitar que Hitler desarrollara una ventana Killer doble P. Se debatía en su celda. Su sueño fue tan envolvente y estresante que una vez más abrió un rayo cósmico que lo transportó en el tiempo-espacio.

El profesor estaba dentro de un minúsculo baño, acostado, en posición fetal, como si se hubiera desmayado. Poco a poco empezó a despertarse. Pero por instantes creyó que todavía paseaba por su imaginación en la prisión donde se encontraba Hitler. Oyó gotas de agua que caían de la espita del lavabo victoriano. Experimentó la reacción instintiva de mojarse las manos y pasárselas por la cara. Sintió a temperatura fría del agua. Después se miró las manos y las vio teñidas de rojo. Era sangre. Estaba sangrando debido a las heridas producidas por la paliza de los carceleros.

Al salir del pequeño espacio, después de lavarse el rostro y las manos para quedar presentable, avanzó por un corredor largo y estrecho y vio a un muchacho al que llamaban para una entrevista. Cuando lo miró, casi se desmayó.

«¡No puede ser! Parece que tiene la expresión facial de... de Adolf Hitler», se dijo, eufórico.

El muchacho entró por la puerta para que lo entrevistara un profesor de artes plásticas que despreciaba a los candidatos considerados mediocres. Era un excelente plantador de ventanas Killer, sólo seleccionaba a candidatos destacados o provenientes de las clases más adineradas.

Julio miró de pronto hacia la ventana y vio que brillaba el sol.

De repente distinguió la placa de la institución y tuvo la certeza de que había viajado en el tiempo. La placa decía: Escuela de Bellas Artes de Viena.

Con incontenido júbilo, el profesor sintió que el corazón se le salía por la boca. Se hallaba ante su mayor punto de mutación de la Historia. Al fin tendría su gran oportunidad de cambiar la trayectoria de la Segunda Guerra Mundial. Lo invadieron cuestionamientos tan poderosos que los verbalizó para sí.

—¿Por qué no pensé antes en la educación para reescribir la Historia? ¿Por qué no establecí metas para educar la emoción del adolescente frustrado, Hitler, de modo que no se convirtiera en uno de los mayores psicópatas funcionales de la humanidad?

Le hizo falta soñar con su grave error educacional para reencender la llama de aquello en lo que más creía: la educación como fuente transformadora de la sociedad. Pero no todo es tan fácil. Las trampas de su mente entraron en acción. Lo asaltaron imágenes de Auschwitz. Recordó su cárcel, el verdugo de la medicina, Mengele, y todos los desdichados que allí perdieron su vida. Jadeaba. Mientras esas imágenes lo perturbaban, el muchacho Hitler realizaba su fatídica entrevista.

De repente, el profesor empezó a poner en jaque sus creencias.

—Pero ¿la educación funcionará? ¿No es mejor usar un arma en lugar de ideas? Bastaría una sola bala y la pesadilla terrible de la Segunda Guerra Mundial no existiría —pensó en voz alta.

Asesinar al adolescente era más fácil que educarlo. Tal vez Hitler fuera irremediable o resistente a cualquier intervención educacional. El profesor, angustiado por la duda fatal, se llevó las manos a la cabeza. Le parecía que iba a explotarle. Inseguro, no sabía si debía entrar en la sala sin pedir permiso y suplicar al profesor de la escuela de Viena que aceptara al joven Hitler como pintor, o emboscar al joven en algún lugar de la ciudad.

Se acordó del texto de uno de los libros que había escrito: «El dinero mal usado forma siervos; la educación, los emancipa. Las armas eliminan la vida; la educación, la preserva. Por eso soy profesor, el más humilde y revolucionario de los profesionales. Y, como profesor, creo en la educación, y por vivirla tengo un poder que ningún dinero puede comprar y ninguna arma puede propiciar. El poder de formar mentes libres...».

Sabía que el general Hermann, el líder del Proyecto Túnel del Tiempo, que también valoraba mucho la educación, si lo aconsejara en aquel momento angustioso, optaría por las armas. Tenía la convicción de que *quien no es fiel a lo que cree tiene una deuda impagable consigo mismo, una deuda que contraería su sentido existencial; dormiría, pero no descansaría; sonreiría, pero su alegría sería un disfraz.*

Apoyó la oreja contra la puerta de la sala donde entrevistaban al muchacho que desconcertaría al mundo. Oyó que el profesor rechazaba a Hitler. Lo oyó minimizar sus cualidades y maximizar sus errores, algo que un profesor jamás debería hacer... Golpeó tres veces y sin esperar permiso entró en la sala.

36

¿LA GRAN ESPERANZA O LA GRAN FRUSTRACIÓN?

Julio Verne no sabía el nombre del profesor que entrevistaba al joven Hitler. Se apresuró a pedir disculpas por la invasión.

Rígido, el profesor de artes plásticas mostró su desagrado. Enseguida pidió al intruso que se identificara. Incómodo, pero astuto, el viajero del tiempo dijo:

—Soy Julio Verne, profesor de historia de arte contemporáneo de Inglaterra, amante de las artes plásticas.

Miró la expresión facial de Hitler. Parecía que detestaba las actitudes y las palabras del invasor y del profesor que lo evaluaba.

—Y usted ¿qué hace aquí? —indagó el entrevistador de Hitler.

—Me enteré de su fama como ilustre maestro en bellas artes. Pedí permiso para conocerlo. Y, si me concede el honor, me gustaría conocer su método de evaluación de nuevos talentos, pues en mi país también estamos seleccionando nuevos alumnos.

Lisonjeado, el profesor vienés pidió a Julio Verne que se sentara. Continuó haciendo una serie de preguntas a Hitler sobre sus proyectos, intenciones y expectativas en la Escuela de Viena.

Hitler no era sociable, no cautivaba. Sólo demostraba que apreciaba la pintura y quería perfeccionar sus técnicas. Decepcionado, el maestro de artes plásticas le aplicó un test práctico para evaluar sus habilidades. Minutos después lo analizó y, taxativo, lo reprobó.

—Eres muy común. Nada creativo. En esta institución no hay espacio para ti.

Julio Verne, desesperado, intervino.

—Discúlpeme, profesor, pero ¿no le parece que esos trazos pueden indicar un joven talento?

—Percibo que usted no es capaz de evaluar ni una perla. No veo creatividad expresiva en este muchacho.

E hizo la última prueba. Pidió en tono áspero a Hitler que tomara un lápiz y dibujara sobre un papel lo que le acudiera a la mente.

Enseguida éste hizo unos trazos y dibujó una persona muerta y un asesino a su lado. Aunque no era retratista, Hitler parecía haber indicado que el asesinado era el profesor y el asesino, un muchacho, tal vez él mismo. Julio Verne se puso pálido al interpretarlo. Los rasgos psicóticos de Hitler ya se hacían presentes. Su intolerancia a las contrariedades ya se había instalado en él.

—No tiene condiciones. Rechazado —dijo categóricamente el profesor.

Julio Verne intentaba de todas maneras evitar la formación de una ventana Killer doble P, un núcleo traumático, pero el accidente psíquico ya estaba formado. El profesor del siglo XXI sabía que esa ventana jamás sería, por sí sola, responsable de formar la sociopatía de Hitler y transformarlo en un monstruo, un asesino de masas, pero podía ser un importante ladrillo en la base de su personalidad enferma. Contribuiría a que fuera un individuo radical, impulsivo, pesimista y más intolerante aún a las contrariedades.

Hitler recogió sus papeles, los arrojó al suelo y salió disgustado de la sala de entrevistas. Dio un portazo. Afligido, Julio Verne hizo un nuevo intento de disuadir al profesor de Viena.

—Por favor, dele una oportunidad a ese joven.

—No. Sólo aceptamos grandes talentos —expuso el maestro, taxativo.

—Es un mármol en bruto. Si lo incluyen, en lugar de excluirlo, podrán pulirlo, desarrollar sus talentos.

—Con respecto al talento, o se nace con él o no se tiene.

Una vez más el prejuicio y la exclusión social producían sus desastres. Julio Verne, en un acceso de impaciencia, gritó:

—¡La mente humana es una obra de artes plásticas! Más que la pintura. ¡Puede desarrollar sus habilidades!

—¡Baje su tono de voz! Está invadiendo mi territorio —replicó, enfadado, el maestro de bellas artes, un hombre que desconocía la tela del psiquismo humano.

Julio Verne respiró hondo e intentó calmarse.

—Discúlpeme, pero le imploro que acepte a Hitler como alumno suyo. Si accede, hará un gran favor a la historia de la humanidad.

—¡Usted está loco!

El ambiente era pesado, Julio Verne ya no sabía qué decir. Quería abrir el cerebro del profesor de pintura. Agotando sus argumentos, rebatió:

—No, no estoy loco. Si usted lo acepta, Hitler tal vez se quede en Viena. Tal vez nunca vaya a Múnich y no desarrolle el partido nazi, no seduzca a Alemania y no promueva la Segunda Guerra Mundial.

El maestro de la pintura se quedó perplejo con las palabras de Julio Verne. El siglo XX se iniciaba, nunca había oído hablar de guerras mundiales.

—¡Salga ahora mismo de mi aula! No ha habido siquiera una Primera Guerra Mundial, y ¿usted dice que ése va a iniciar una Segunda? Salga de inmediato.

El destino del mundo estaba en las manos de aquel frágil

muchacho. Resultaba casi imposible creer que sería el protagonista del mal.

—Saldré. Pero antes permítame contarle la historia de Piter y de uno de los mayores errores de mi vida.

Y contó con rapidez lo sucedido con Piter y cómo él había fallado como profesor. Explicó cómo se había formado una ventana Killer doble P en el psiquismo de su alumno, cómo había encarcelado su Yo en esa ventana y desarrollado una fobia social que le impedía hablar en público y trabajar en equipo. Después de conocer de manera sucinta la teoría de las ventanas de la memoria y el error de Julio Verne, el profesor vienés se quedó pensando. Reflexionó, meditó, pero, por desgracia, fue incapaz de reconocer su propia falta.

—¡No estoy equivocado! ¡No cambiaré mi actitud! Váyase, o llamaré a la policía. —Y expulsó a Julio Verne de la escuela. Pero, antes de salir, el profesor sentenció:

—Si lo aceptara, tal vez tendríamos un artista plástico mediocre, pero existiría la posibilidad de no generar uno de los mayores criminales de la Historia.

Julio Verne salió. Y salió deprisa, porque necesitaba encontrar al adolescente Adolf en las calles de Viena y hacer algo. Tal vez apoyarlo, alentarlo y ayudarlo a proteger su emoción. Anduvo desesperado buscándolo, pero nada. Caminó durante horas, hizo incontables preguntas a los que pasaban por la calle, describiendo la imagen del muchacho, pero ninguna información lo llevaba a encontrarlo. Mientras caminaba, quería no pensar en estrangularlo con sus manos o silenciarlo con un arma. Por momentos, rescataba las palabras del general Hermann y sentía que la opción militar era la más segura. Se sintió perturbado, se castigó por pensar así. Había optado por la educación e iría a buscar al joven Hitler y usaría su método hasta agotarlo.

Dos días después, por la noche, cansado y estresado, finalmente lo encontró en un lugar húmedo y mohoso, dibujando unos carteles de propaganda para sobrevivir. Cuando Adolf lo vio, lo reconoció enseguida y le dio un ataque de furia.

—¡Váyase!

—¿Por qué esa agresividad?

—Usted me arruinó la entrevista.

—¿Yo? —dijo Julio Verne, asustado ante la incapacidad del joven para interpretar la realidad—. Fue el profesor de bellas artes quien no lo aceptó. Yo hasta intenté hacerlo cambiar de idea.

—Váyase. No necesito favores de extraños.

—Vine a decirte que tienes talento. Y puedes desarrollarlo todavía más.

—Claro que tengo talento. Es ese profesor estúpido quien no lo tiene.

—Vamos a hablar.

—¡Váyase! No quiero hablar.

—Un ser humano que no sabe dialogar crea sus propias verdades, no es digno de la madurez psíquica.

—No sé a qué se refiere.

—Me refiero a otro arte, al margen del mundo de la pintura. Te hablo del arte de las relaciones sociales, cuyo pincel es la palabra. Si no usamos la palabra para intercambiar experiencias y descubrir el valor de cada ser humano, incluido el nuestro, nos volvemos animales, no humanos.

—Salga de aquí, le he dicho. No quiero oírlo. —Y Adolf se tapó los oídos.

El profesor se marchó, abrumado por la capacidad del adolescente Adolf Hitler para distorsionar la realidad del intelecto. Entre los conflictos más relevantes de su personalidad, los que más sobresalían eran su impulsividad, el radicalismo interpretativo, la incapacidad de ponerse en el lugar de los demás y de pensar antes de reaccionar. Para el profesor, el destino era una cuestión de elección, no algo inevitable, pero parecía que las elecciones ya se habían hecho y la Historia seguía su curso de forma irreversible. Conmocionado, cuestionó por primera vez la vía educacional, aun sabiendo que harían falta días o quizá semanas para intentar educar la emoción del tímido, mimado y agresivo adolescente.

Hitler ya tenía características que transformaban su psique en un caldero de ansiedad, individualismo y egocentrismo. Julio necesitaba estrategias para acercarse a él de algún modo. ¿Tendría éxito? Era una tarea dantesca. Sabía que toda mente es un arca, que no hay mentes impenetrables, sino llaves equivocadas. Debía usar las llaves correctas para abrir la mente de ese psicópata en gestación. ¿Cuáles? ¿Cómo?

37

LA GRAN MISIÓN:
¡EL COLECCIONISTA DE ESPERANZAS!

El profesor no tenía dónde dormir. No tuvo coraje para pedir a Hitler un espacio para descansar su cuerpo agotado, a pesar de saber que la hipótesis de que accediera era casi nula. Hitler lo había arrojado de su espacio. Y, aun cuando accediera, Julio Verne no confiaba en el joven austriaco. «Tal vez decida atentar contra mi vida.» Era mejor marcharse, descansar en otro sitio.

Salió sin rumbo, sin saber adónde ir. No tenía dinero para alojarse en una posada. Fue a dormir a la calle, un espacio que iba convirtiéndose en su morada oficial. Lo tenía todo y no tenía nada. Era un caminante en el tiempo, un intelectual despojado de su orgullo, que vivía en épocas difíciles. Eran las diez de la noche. Casi toda la población de Viena ya se había retirado a descansar aquella noche de 1905.

En aquel tiempo el hambre era intensa; la ciudad vivía saturada de mendigos. Algunos habitantes de Viena creían que esos desdichados sin abrigo contaminaban la hermosa ciudad.

Trataban de expulsarlos de las plazas y las vías públicas. No pocas veces recurrían al uso de la fuerza. A algunos les pegaban, a otros los mataban o los sacaban a rastras de la ciudad.

El frío le cortaba el cuerpo como un cuchillo. Cuando intentaba conciliar el sueño en un banco de piedra de una plaza, el profesor fue abordado por unos hombres que querían limpiar la ciudad de mendigos. Lo ataron y empezaron a arrastrarlo con un caballo. Él suplicaba:

—Déjenme en paz. No he hecho nada.

Pero nadie le prestó atención.

—Tengo asuntos importantísimos en esta ciudad —afirmaba.

Para aquellos justicieros, ser un miserable bastaba para considerarlo un criminal. Rescató de entre sus recuerdos su propia misión, y se resistió. Y esa resistencia precipitó una agresión.

Eran seis hombres fuertes que pegaban a un héroe frágil y debilitado. Una vez más, lo dejaron casi desmayado. Luego lo pusieron en una carreta, lo transportaron sobre ella a lo largo de varios kilómetros y, por fin, lo arrojaron al borde de un camino vecinal, en la zona rural. Un lugar donde depositaban basura a cielo abierto. Vivió otra madrugada terrible. Tras pasar largas horas gimiendo de dolor, consiguió adormecerse unos minutos. En ese período tuvo un sueño más.

Esta vez no fue una pesadilla, sino su sueño más increíble.

Soñó con su hijo. Presenció el parto de Kate. La besaba mientras ella tenía contracciones dolorosas. Tomó al bebé expulsado del útero materno hacia el útero social. Se alegró sobremanera. Lo vio crecer y llamarlo «papá». Lo besaba y se sentía el padre más feliz del mundo. Su hijo creció y comenzó a dar los primeros pasos y a sufrir las primeras caídas.

Poco a poco, el niño empezó a afianzar sus pasos y correr por los campos. Julio Verne jugaba con él por entre los árboles. Le enseñaba a montar en bicicleta, a jugar al fútbol y al baloncesto. Era un padre paciente que transfería el capital más excelente, el capital que muchos reyes no transmitieron a sus hijos: el capital de sus experiencias. Julio Verne hablaba de sus lágrimas para que su hijo aprendiera a llorar las suyas. Le enseñó que la vida tiene curvas imprevisibles y accidentes inevitables. Cada error no era objeto de castigo, sino de elogio, una etapa para crecer. No era un manual de reglas, sino un manual de vida. Era un padre espectacular, por lo menos en su sueño.

El hijo se quedaba fascinado con las historias que le contaba el padre. Le contaba sus aventuras al viajar en el tiempo. Ante un padre relator de historias, al niño no le importaban mucho Internet ni los ordenadores. Era un niño que tenía infancia. Cuando su hijo contaba nueve años, el padre le dijo algo simple, pero inspirador:

—Gracias, hijo, por existir.

—Eres el mejor padre del mundo —afirmó el hijo, para su alegría.

El sueño de Julio Verne fue tan rico que abrió una grieta cósmica. Por primera vez en su historia ésta se abría a causa de un sueño agradable, no estresante. Julio Verne se encontró de nuevo desviado en el tiempo-espacio.

Se hallaba dentro de un establo. Era una tarde de verano. Llovía mucho, pero la lluvia cesó pronto y apareció el sol. Rayos de luz le invadían la cara, de modo que se la protegió con las manos. Pensó que se había dormido y despertado por la mañana. El mugido del ganado y el balido de las ovejas eran serenatas para sus oídos. Minutos después lo encontró una pareja de ancianos, propietarios de la hacienda.

Esta vez no lo agredieron ni lo encararon con desconfianza, sino que lo socorrieron. La pareja no tenía hijos y eran dos personas generosas. Lo que era de ellos era de los demás. Eran los vecinos a quienes todos querían. Le curaron las heridas, le nutrieron el cuerpo debilitado y le confortaron la emoción. No le hicieron muchas preguntas. Antes querían ayudarlo.

—¿Dónde estoy?

—En la zona rural de la pequeña Braunau —dijo el hombre.

—¿Todavía estoy en Austria?

—¡Por supuesto!

Creía que se hallaba cerca de Viena. Pero como ya era un viajero del tiempo experimentado, hizo la pregunta fatal, aun pensando que no se había desviado mucho en el tiempo-espacio.

—¿En qué año estoy?

Compadecida de su confusión mental, la señora le respondió:

—Abril de 1897.

—¿Cómo? ¡Si justo ayer estaba en 1905!

De repente el profesor se iluminó.

—¿Qué ciudad dijeron?

—Braunau... —repuso el señor.

—Braunau... Braunau... ¡No puede ser! ¡Estoy en la ciudad de Alois Hitler!

—Alois. Sí, lo conocemos. De vez en cuando viene a «cazar» colmenas en la hacienda.

El profesor casi se desmayó del susto. El sueño con su hijo lo había llevado al tiempo en que Hitler era niño. Hitler nació el 20 de abril de 1889, y tenía ocho años en 1897.

Se quedó una semana recuperándose de sus heridas y no veía el momento de encontrar al niño que conmovería el mundo. ¿Qué decir? ¿Qué hacer? Su mente era un manantial de preguntas. Mientras se recuperaba, hizo trabajos en la hacienda para ayudar a aquella gente que tan bien lo había recibido. Cuando mejoró, pidió disculpas y dijo que debía partir. Unos hematomas faciales denunciaban que había sufrido un accidente. Con un pequeño atado de ropa y comida que le proporcionó la amable pareja, se fue. Braunau estaba a diez kilómetros de la hacienda. No quiso ir a caballo; quería ir a pie, pensando en lo que haría.

El corazón le latía con más fuerza cuando se acercó a la ciudad. Llegó por la noche. Al día siguiente, bien temprano, fue a buscar la escuela a la que asistía Hitler. No encontró dificultades, pues en la pequeña ciudad había sólo una. Mientras caminaba, comenzó de nuevo a cuestionarse si la educación sería el mejor camino.

Se acordó una vez más del general Hermann. Le parecía que oía su voz que le decía desde el comienzo que el Proyecto Túnel del Tiempo no podía encararse con pasiones. No podía correrse ningún riesgo. El niño Hitler sería un blanco mucho más fácil.

El profesor se había opuesto de forma radical a esa propuesta, pero ahora, después de todo lo sufrido, ya no le parecía tan inviable. Al aproximarse a la escuela, sudaba intensamente, como jamás sudó un profesor ante sus alumnos.

La escuela tenía seis aulas, un inmenso patio y una pequeña biblioteca. En la entrada había una escalera de cinco escalones.

«¿Qué hacer? —se preguntó—. Un millón de niños y adolescentes judíos murieron masacrados por el adulto que se esconde tras ese niño.»

Sintió rechazo y punzadas de odio.

«¿Está ahí dentro un psicópata en gestación? ¿Un monstruo o un niñito pequeño e inocente?», se cuestionaba.

Recordó a la dócil Anne y a Moisés. Todavía no habían nacido, pero cuando lo hicieran su existencia sería prematuramente cercenada por los inhumanos nazis. Su mente comenzó a poblarse de imágenes de las atrocidades patrocinadas por Hitler y Himmler. Se llevó las manos a la cabeza y exclamó:

—Ese niño no puede vivir. ¡No puede!

De pronto, cincuenta metros más adelante, una mujer empezó a subir los escalones con lentitud. La miró con suma atención.

320

Le resultaba familiar. De repente, ella volvió el rostro como si buscara a alguien. Sus ojos encontraron al fin a quien buscaban: el profesor. El profesor le devolvió la mirada. Ambos quedaron atónitos, casi petrificados de emoción. Sin contenerse, ella exclamó:

—¡Julio Verne, querido!

Perplejo, como si hubiera salido del público y entrado en la escena de una película, él gritó:

—¡Kate! ¡Eres tú!

Y ambos corrieron a abrazarse. Se besaron como si fuera la primera vez. El tiempo se detuvo. No les importaba quién los observara. Y un espectador especial los miró mientras subía la escalera: el niño Adolf. El niño y sus compañeros se mostraron sorprendidos por el comportamiento «escandaloso» de la extraña pareja.

Julio Verne se quedó sin voz. Todo le parecía tan surrealista como en sus pesadillas, pero enseguida Kate le explicó.

—No soporté más tu ausencia, Julio. Tuve un sueño tan fuerte como los tuyos. Sentí una atracción increíble para entrar en la máquina del tiempo y buscarte. Le supliqué a la científica Angela durante días, hasta que me ayudó. Estoy aquí en completo secreto.

—Pero tanto tú como nuestro hijo habéis corrido grandes riesgos.

En ese momento, ella sintió náuseas debido al embarazo.

El profesor la sostuvo y completó su razonamiento.

—Es difícil controlar el desvío en la máquina del tiempo. Podrías perderte en el tiempo-espacio. Sufrir un aborto. ¿Has pensado en las consecuencias?

Habló en tono algo áspero, pero en el fondo expresaba más bien preocupación por dos personas queridísimas.

—No quiero pensarlo. Pero es extraño. Me pareció que había recibido una llamada para venir a ayudarte, Julio. No me culpes. Mira cuánto te amo.

Julio Verne suspiró y trató de relajarse. Luego, más calmado, comentó:

—Ésta es la escuela donde estudia el niño que va a sacudir los cimientos de Europa.

—Ya lo sé. Llegué ayer e investigué.

Tenían mucho de lo que hablar. Fueron a sentarse a la sombra de un árbol cercano a la escuela. Desde allí podían ver a los niños que jugaban inocentes.

—¿Cuál es la estrategia? —preguntó ella.

Desanimado y muy cansado por todos sus viajes, el profesor respondió:

—Kate, no hay mucho que hacer.

—¿Qué quieres decir?

—Todas mis tentativas han fracasado.

—Pero, Julio, has cambiado la mente de algunas personas.

—Pero eran cambios marginales. El núcleo de la Historia parece inmutable.

—Y ¿qué propones?

—Ese niño no puede existir.

—Y ¿la educación? Y ¿todo en lo que crees?

—Ya no sirve, Kate. Estoy pensando en la opción del general Hermann.

—¿Piensas quitarle la vida a ese niño?

Él se limitó a responder que sí con un movimiento de la cabeza, aunque se sentía perturbado.

—Julio, querido, recuerda que sólo la educación puede transformar el mundo. Tú creías en eso. Las armas eliminan síntomas, pero no resuelven las causas.

Julio Verne, después de todas las presiones, pérdidas, sufrimientos y fracasos vividos, ya no era el mismo. Auschwitz, en especial, lo había cambiado para siempre.

—Es más fácil y más seguro —dijo, cogiéndose la cabeza con las manos y exhalando largos suspiros.

—Disparar un arma es más fácil que educar, pero no es más seguro.

—Piensa, Kate... Se trata de eliminar a un niño para salvar la vida de millones.

—No es cuestión de matemáticas, sino de abandonar el principio fundamental que de verdad transforma una sociedad. En nuestro tiempo, la juventud mundial tiene acceso a las informaciones y las redes sociales como ninguna otra generación, pero la autonomía, las opiniones propias y la conciencia crítica se tambalean. Sin educación, no pensamos como familia humana, nos ponemos enfermos, no protegemos la emoción. Sin educación, otros Hitlers seducirán las masas en nuestro siglo. Siempre lo has dicho, Julio.

—¡Lo sé! ¡Lo sé! Pero...

—Espera, Julio. Déjame contarte algo sobre el Maestro de los maestros.

—¿Jesús? Admiro a Jesús, pero no creo que él sea el mesías. Soy judío, ¿recuerdas? —repuso él entono exasperado, algo rarísimo en la relación con su esposa.

Kate era cristiana ortodoxa, pero no hablaba de religión.

—Sé quién es el hombre con el que me casé y siempre he respetado tus creencias, pero no hablo del Mesías, sino del mayor educador de la Historia.

—¡El mayor educador de la Historia! ¡Una vez más la educación! ¡Estoy cansado de la educación! ¡Cansado!

La esposa de Julio Verne era profesora de psicología social y tenía una mente libre y sensible. Era el tipo de persona a quien siempre valía la pena escuchar. Su coherencia y profundidad con frecuencia resultaban cautivadoras, y Julio Verne lo sabía muy bien.

—Discúlpame, Kate. Habla.

—Hace dos mil años, el mayor educador de la Historia corrió riesgos muy serios al elegir a un grupo de jóvenes alumnos de Galilea que sólo le daban dolores de cabeza. Tenían la necesidad neurótica de poder, de controlar a los demás y de reclamar la atención social. Eran radicales, conformistas y muy poco altruistas y tolerantes. Tampoco sabían ponerse en el lugar de los otros y ver lo intangible.

Julio Verne se recostó contra el tronco carcomido del árbol y se dispuso a escucharla atentamente. La psicóloga social agregó:

—Y para empeorar el altísimo riesgo de su elección, al final de su historia, el más culto de sus alumnos, Judas Iscariote, de la tribu de los zelotes, habría de traicionarlo. Y el más audaz y transparente, Pedro, habría de negarlo. El resto se desbandaría de manera vergonzosa. Sin embargo, incluso a las puertas de la muerte y dramáticamente frustrado, jamás desistió de la educación. Se valió de estrategias inimaginables para abrirles la mente.

Ante tales palabras, el profesor recordó la famosa tesis que defendía, pero que había relegado a los sótanos de su mente. Dijo:

—Toda mente es un arca, no existen mentes impenetrables, sino llaves equivocadas.

—Exacto. Él necesitaba enseñarles las últimas lecciones, en especial que los fuertes abrazan, pero los débiles condenan, que los fuertes apuestan todo lo que tienen por aquellos que tienen poco, pero los débiles sólo apuestan por quienes les proporcionan ganancias.

—¿Qué estrategias usó para educar la emoción? —indagó, curioso, Julio Verne.

—Tuvo el coraje de coger una toalla y un cuenco de agua y

arrodillarse a los pies de sus alumnos. Gritó en el silencio. Cada gota de agua era como un río que regaba el egocentrismo, la insensibilidad, la competencia predadora, en fin, sus neurosis. Empleó, por tanto, una dinámica y una metáfora poderosas para reeditar la película del inconsciente y generar en el centro de la memoria de esos hombres una ventana *light* doble P, capaz de estructurarlos para que se volvieran autores de su propia historia.

Julio Verne, inteligente como era, se estremeció con el comentario de Kate. Se acordó de la ventana Killer doble P que había generado en Piter y que lo encarceló. Recordó asimismo que el profesor de la escuela de Bellas Artes de Viena había hecho lo mismo con Hitler, aunque ese trauma, por sí solo, jamás había justificado su monstruosidad, el asesino de masas, pero sin duda era un ladrillo más en la construcción de su sociopatía.

—*Nunca un profesor tan grande se hizo tan pequeño para convertir a sus pequeños alumnos en grandes seres humanos* —concluyó el propio profesor, que se frotó la cara con las manos y agregó—: Estoy emocionalmente enfermo, Kate, por la experiencia de Auschwitz, por las palizas que sufrí y por los viajes agotadores en la máquina del tiempo. Pero tú has refrescado mis convicciones. Apuesto por la educación.

—Vamos juntos a ocupar un espacio en esta escuela y educar la emoción de esos niños, incluido el pequeño Adolf. Vamos a usar metáforas y técnicas para enseñar las funciones más complejas de la inteligencia: respetar a los diferentes, el altruismo, el placer de exponer y no imponer las ideas, el arte de la duda y la capacidad de pensar como humanidad.

Y así fue. Como eran notables profesores en el siglo XXI, no tuvieron dificultades para convencer a un director de una escuela de finales del siglo XIX para que los contratara. Utilizaron algunas estrategias interesantes para estimular el pensamiento crítico de los niños. En una, los separaron en grupos de dos e indicaron al niño Hitler que formara pareja con un compañero judío.

Les pidieron que se dieran la mano derecha con fuerza, con el pulgar hacia arriba. A continuación les pidieron que cada uno tratara de dominar el pulgar del otro. Cada vez que uno dominara el pulgar del otro, ganaría un punto. El ganador sería quien lograra más puntos. Realizaron ese juego durante un minuto.

—¿Quién ha ganado? —preguntó Kate.

El niño judío ganó al pequeño Hitler 7 a 5. Otros lograron un 10 a 8, un 6 a 4... Hitler se quedó contrariado. Pero Julio Verne dijo:

—No habéis entendido el juego. El que gana no es el que domina el pulgar del otro más veces, sino el que coopera con el otro. En este juego ganan los dos. Intentadlo de nuevo.

Entonces comprendieron la dinámica del juego. Hitler y el niño judío lograron un 20 a 20. Se sintieron felices. Con ese y otros entretenimientos lúdicos los estimularon a interiorizarse y desarrollar un raciocinio complejo. Aprendieron, por consiguiente, las primeras lecciones sobre que los fuertes abrazan, pero los débiles condenan. Los fuertes extienden las manos a los diferentes, mientras que los débiles los excluyen. Fueron dos días fenomenales. Pero el cielo despejado y calmo no tardaría en anunciar sus tempestades.

38

LA CONTAGIOSA FELICIDAD DE LOS MIEMBROS
DEL PROYECTO

Al tercer día, animados con la reacción de los alumnos, fueron ansiosos a la escuela. Pero, por desgracia, ocurrió un hecho dramático. En cuanto llegaron, vieron a un hombre que apuntaba un rifle con mira en dirección a los niños. A su lado había otro hombre. Desesperados, se acercaron a los extraños personajes para interrogarlos. Pensaron que se trataba de policías que realizaban un entrenamiento. De pronto quedaron perplejos. Eran rostros conocidos.

—¡General Hermann! ¡Bernard! —gritó Julio Verne.

—¿Profesor? ¿Qué hace aquí? —indagó el general, sobresaltado.

—Intento cambiar la Historia —respondió el profesor.

—Bien, Bernard y yo también. Después del debate con los psiquiatras sobre la personalidad enferma de Hitler, también nos sentimos atraídos y capacitados para controlar la máquina del tiempo. Y, de ese modo, cumplir la meta fundamental de nuestro proyecto.

—Pero ¿y esa arma? —inquirió Kate.

Bernard fue lacónico.

—Esta arma es nuestro método —afirmó el científico.

—Y ¿la educación? —cuestionó el profesor.

—La educación es su método —argumentó el general Hermann. Y agregó—: Nosotros entramos en la máquina del tiempo, arriesgamos nuestra vida, porque sabíamos que si usted estuviera de verdad ante su punto de mutación, ante el niño «nazi», no utilizaría las balas, sino las ideas.

—No podemos arriesgarnos más —opinó Bernard.

—Pero estamos dando clases a los niños sobre educación emocional y social. Denos una oportunidad, por favor.

—Por favor —intervino Kate—. Los niños están reaccionando bien.

De repente, un grupo de profesores pasó junto a ellos. Parecían felices con el arte de enseñar. En ese momento el general Hermann y Bernard se miraron y retrocedieron. Quedaron en encontrarse por la noche, en un lugar solitario. La pareja pensó que tal vez entonces se mostraran más razonables.

—Nuestra opción es militar. No hay garantías de que la educación vaya a funcionar —reafirmó el general, sin medias palabras, nada más verse horas más tarde.

—Pero... —empezó Julio Verne. Y antes de que completara su pensamiento, el general metió las manos en su bolso. Julio Verne creyó que iba a empuñar un arma y sacrificar a dos personas más. Pero en realidad él cogió unas esposas, que Julio alcanzó a ver cuando el otro abrió el cierre.

—Sin peros. Lo lamento mucho. No podemos fallar...

Con un golpe rápido, Julio Verne gritó «¡No!» e intentó arrancarle el bolso al general. Éste le asestó un golpe en el pecho que lo derribó. Kate corrió a socorrerlo, pero Bernard la empujó y la hizo caer.

—¡Mi hijo...! —gritó Julio Verne, preocupado por su mujer.

El bolso se abrió y cayeron las esposas. En ese ínterin, el general empuñó una pistola, muy pequeña, que llevaba escondida en la chaqueta, que paralizaba la musculatura. Julio Verne no conocía ese tipo de arma, tan poderosa que podría provocar que Kate abortara. En el preciso momento en que Hermann iba a apretar el gatillo, ante los ojos perplejos de Kate y Julio Verne, se produjo un gran estruendo. Una luz intensa invadió el ambiente, y casi los enceguéció a todos... Se abrió una nueva grieta cósmica.

Julio Verne se debatía en una cama. Luchaba consigo mismo entre el sueño y el despertar. De repente, un niño de dos años y medio subió a la cama y después se montó sobre su cuerpo. Animado, decía:

—¡Vamos, caballito!

El profesor se despertó sobresaltado, pero, al mismo tiempo, fascinado con la felicidad del niño. Se acordó de Kate y la llamó ansioso:

—¡Kate!

El pequeño insistía en jugar.

—¡Vamos, caballito!

De pronto alguien tocó el timbre del apartamento donde se hallaban.

—Kate, ¡atiende la puerta!

Pero ¿de verdad Kate estaba allí? ¿En aquel tiempo? ¿Estaba viva? Su semblante cambió al no ver en ella reacción alguna.

El sonido del timbre no se interrumpía. El profesor salió del cuarto con el niño en brazos y fue a abrir la puerta. Era un hombre muy anciano.

—¿Usted es Julio Verne?

—¡Sí!

—Vamos, caballito —insistía el crío, que se movía sin parar en sus brazos.

—Hace mucho que lo busco.

—Pero ¿quién es usted?

—Soy tataranieto de un profesor de la escuela de Bellas Artes de Viena.

—¿Escuela de Bellas Artes de Viena? ¿Es una broma?

—Mi tatarabuelo dejó entre sus reliquias un cuadro para que se le entregara a usted.

—¿A mí?

—Así es. Y había una nota extraña en un sobre, en la parte de atrás de la tela.

A mis descendientes. Les pido que encuentren a un profesor de Historia que vive en Londres y en un futuro muy distante del mío, en los años cuarenta del siglo XXI. ¿Locura? Tal vez. ¡Nunca vi a un loco tan inteligente! Se llama Julio Verne. Denle de regalo este cuadro de uno de mis alumnos.

Y la nota contenía una parte dirigida al propio profesor.

Lo escuché, profesor Julio Verne. Aquí tiene el cuadro de un pintor medio, por no decir mediocre, pero que tal vez tenga menos probabilidades de ser un peligro para la sociedad...

El profesor miró espantado el mensaje escrito a mano en un viejo papel descolorido y amarillento. Le parecía estar viendo un fantasma.

—Lo busqué en Londres, pero al fin lo encontré en Berlín. Internet me sirvió de ayuda.

Sin embargo, Julio Verne no lo oía. Mientras leía la nota, el niño le alborotaba el pelo y hacía travesuras. Pero al parecer él no se alteraba. El anciano que le entregó el cuadro le preguntó:

—¡Qué niño tan guapo! ¿Es su hijo?

—¡No! ¡No! No sé... —No obstante, de repente miró al pequeño y se vio en él.

330

El anciano creyó que ciertamente estaba loco.

—Es evidente que es su hijo. Tiene su cara.

Y le entregó el cuadro. El profesor lo recibió, observó la firma y casi soltó al niño de la sorpresa. La firma era de *Adolf Hitler.*

Indignado, criticó al hombre que le había dado el regalo.

—¿No le da vergüenza llevar un cuadro de un asesino de masas? ¿Del hombre que provocó la Segunda Guerra Mundial?

—¿Segunda Guerra Mundial? ¿Qué Segunda Guerra Mundial?

De repente el profesor cayó en la cuenta y se echó a llorar, pero de alegría... y se preguntaba de manera incontrolable:

—¿Es posible? ¿Es posible?

Dejó al hombre hablando solo. Con el niño en el regazo, fue a consultar sus libros de Historia y buscó con desesperación en las páginas. El pequeño continuaba alborotándole el pelo. Quería que el mundo se detuviera, quería jugar. Julio Verne no lo creía. Perplejo, en esos momentos exclamaba:

—¡Imposible...! ¡Imposible...!

En los libros no figuraba mención alguna a los extensos y dramáticos episodios de la Segunda Guerra Mundial. Ansioso, entró en su ordenador, pero en Internet no había ninguna información sobre el colapso de Europa. Nada de campos de concentración, de Auschwitz ni de las atrocidades auspiciadas por los nazis.

El maestro que vivía en busca de un sentido más noble para su vida no cesaba de derramar lágrimas. Besaba al niño y lloraba. El pequeño también comenzó a derramar lágrimas.

Con rapidez abrió la ventana y vio a judíos ortodoxos con su kipá en la cabeza andando lado a lado con alemanes, musulmanes y personas de otras nacionalidades. Todos mostraban un aire feliz y armónico. Parecían enamorados de la familia más increíble y conmovedora: la familia humana. El hombre que le había llevado el obsequio ya había partido.

Julio Verne tomó al niño y salió como un demente por las calles. Saltaba de alegría.

Preguntaba a los que pasaban:

—¿Ha oído hablar de la Segunda Guerra Mundial?

Pero nadie sabía nada de aquel infierno.

De alegría, Julio lanzó a su hijo por los aires para volver a cogerlo. El niño reía a carcajadas y su padre gritaba sin parar:

—¡La educación funcionó! ¡La educación funcionó!

Atrás de él, una hermosa mujer empezó a corear:

—¡Sí, la educación funcionó! ¡La educación es la esperanza! Pero vas a hacer caer a nuestro hijo.

Era Kate, que venía de una panadería con ingredientes para preparar un delicioso café. Un júbilo incontenible embargó a la pareja mientras se dirigían a su apartamento.

—¡Nuestro hijo! ¡Mi hijo! ¡Mi hijo!

Fue una emoción enorme para Kate observar a Julio Verne besando al niño.

—¡Hijo, te quiero!

—¡Tenía que ser hijo tuyo! Es tan inquieto... —dijo ella en tono alegre.

De pronto ocurrió otra sorpresa. Alguien les tocó los hombros. Se volvieron y oyeron:

—Mis sinceras disculpas. La educación penetra más profundamente que las armas... —Era el general Hermann, con lágrimas en los ojos. Se apresuró a darles explicaciones sobre las esposas y el arma que paralizaba la musculatura. Ellos le creyeron, porque era un hombre transparente.

Por primera vez en muchos años, el general lloró. Y con humildad pidió permiso para tomar en brazos al hijo de la pareja. Sostenía al niño, un hijo de la humanidad, un representante del futuro de nuestra especie.

Julio Verne y Kate se besaron como enamorados al principio

del romance, mientras Hermann sostenía entre sus brazos al alegre e inquieto pequeño.

Los científicos Eva, Angela, Bernard y otros miembros del Proyecto Túnel del Tiempo aparecieron de repente y, sin lograr decir palabra, se les unieron, profundamente conmovidos. Estaban todos en una hermosa y florecida plaza de Berlín.

Los transeúntes se detenían a ver qué sucedía.

Un general uniformado que lloraba de alegría con un niño radiante entre sus brazos, frente a una pareja enamorada y algunos amigos que también vertían lágrimas de júbilo. La escena era tan impactante que se formó un gran corro de personas de muchas nacionalidades —chinos, árabes, japoneses, norteamericanos, latinos, judíos y africanos— alrededor de aquellos extraños personajes.

Sin saber por qué, sus ojos también se humedecieron.

Rara vez las lágrimas reemplazaron con tanta nobleza los más elaborados discursos... En un mundo digital, donde parece que estamos tan cercanos, aunque en realidad estamos muy aislados, aquel grupo de personas había arriesgado la vida por haber tenido un raro romance, un romance con la humanidad... Rara vez la vida cobró un sentido tan noble. La felicidad de esas personas era tanto inteligente como contagiosa...

REFERENCIAS Y NOTAS

1. WILLIAMSON, Gordon, *A SS: o instrumento de terror de Hitler* [Las SS: El instrumento de terror de Hitler], San Pablo: Escala, 2006.

2. FEST, Joachim, *Hitler*, volumen II, Río de Janeiro: Nova Fronteira, 2006; KERSHAW, Ian, *Hitler*, San Pablo: Companhia das Letras, 2010.

3. El Tratado de Versalles fue impuesto a Alemania por los vencedores de la Primera Guerra Mundial; entre otras cosas, exigía el control de las fuerzas armadas y el pago de indemnizaciones.

4. KERSHAW, Ian, *Hitler*, Companhia das Letras, San Pablo, 2010; COHEN, Peter, *Arquitetura da Destruição* [Arquitectura de la destrucción], Versátil Home Vídeo, Suecia, 1992.

5. KERSHAW, Ian, *Hitler*, San Pablo: Companhia das Letras, 2010.

6. FEST, Joachim, *Hitler*, volumen II, p. 770, Río de Janeiro: Nova Fronteira, 2006.

7. FEST, Joachim, *Hitler*, volumen II, p. 770, Río de Janeiro: Nova Fronteira, 2006.

8. FERGUSON, Niall, *A ascensão do dinheiro* [La ascensión del dinero], San Pablo: Planeta, 2009.

9. KANT, Immanuel, *Crítica da razão pura* [Crítica de la razón pura], San Pablo: Vozes, 2012.

10. ROUSSEAU, Jean-Jacques, *Discurso sobre a origem e os fundamentos da desigualdade entre os homens* [Discurso sobre el origen y los fundamentos de la desigualdad entre los hombres], San Pablo: Martins Fontes, 2005.

11. Cury, Augusto, *A fascinante construção do Eu* [La fascinante construcción del Yo], San Pablo: Planeta, 2011.

12. Fromm, Erich, *Anatomia da Destrutividade Humana* [Anatomia de la destructividad humana], Río de Janeiro: Guanabara, 1987.

13. Williamson, Gordon, *A SS: o instrumento de terror de Hitler*, San Pablo: Escala, 2006.

14. Williamson, Gordon, *A SS: o instrumento de terror de Hitler*, San Pablo: Escala, 2006.

15. Cury, Augusto, *Armadilhas da mente* [Trampas de la mente], Río de Janeiro: Arqueiro, 2013.

16. Fest, Joachim, *Hitler*, volumen II, Río de Janeiro: Nova Fronteira, 2006.

17. Kershaw, Ian, *Hitler*, San Pablo: Companhia das Letras, 2010.

18. Los *Kapos* también podían ser prisioneros en quienes los nazis confiaban, elegidos especialmente por su brutalidad.

19. Baranowska, Olga; Dzienio, Eliza; Sosnowska, Katarzyna, *Lugares de extermínio*, Polonia: Parma Press, 2011. Pelt, Robert Jan Van; Dwork, Deborah, *Auschwitz*, Nueva York: Yale University Press, 1996.

20. Baranowska, Olga; Dzienio, Eliza; Sosnowska, Katarzyna, *Lugares de extermínio*, Polonia: Parma Press, 2011. Pelt, Robert Jan Van; Dwork, Deborah, *Auschwitz*, Nueva York: Yale University Press, 1996.

21. Kershaw, Ian, *Hitler*, San Pablo: Companhia das Letras, 2010.

22. Delaforce, Patrick, *O arquivo de Hitler* [El archivo de Hitler], p. 94, San Pablo: Panda Books, 2010.

23. Baranowska, Olga; Dzienio, Eliza; Sosnowska, Katarzyna, *Lugares de extermínio*, Polonia: Parma Press, 2011. Pelt, Robert Jan Van; Dwork, Deborah, *Auschwitz*, Nueva York: Yale University Press, 1996.

24. Baranowska, Olga; Dzienio, Eliza; Sosnowska, Katarzyna, *Lugares de extermínio*, Polonia: Parma Press, 2011. Pelt, Robert Jan

Van; Dwork, Deborah, *Auschwitz*, Nueva York: Yale University Press, 1996.

25. Baranowska, Olga; Dzienio, Eliza; Sosnowska, Katarzyna, *Lugares de extermínio*, Polonia: Parma Press, 2011. Pelt, Robert Jan Van; Dwork, Deborah, *Auschwitz*, Nueva York: Yale University Press, 1996.

26. Crüsemann, Frank, *A Tora* [La tora], SP: Vozes, 2008.

27. Salmo 23, <http://www.bibliaonline.com.br/acf/sl/23>.

28. Kershaw, Ian, *Hitler*, San Pablo: Companhia das Letras, 2010.

29. Kershaw, Ian, *Hitler*, San Pablo: Companhia das Letras, 2010.

30. Kershaw, Ian, *Hitler*, San Pablo: Companhia das Letras, 2010.

31. Frankl, Viktor E., *Man's search for meaning* [El hombre en busca de sentido], Estados Unidos: Beacon Press, 2006.

32. Baranowska, Olga; Dzienio, Eliza; Sosnowska, Katarzyna, *Lugares de extermínio*, Polonia: Parma Press, 2011. Pelt, Robert Jan Van; Dwork, Deborah, *Auschwitz*, Nueva York: Yale University Press, 1996.

33. Baranowska, Olga; Dzienio, Eliza; Sosnowska, Katarzyna, *Lugares de extermínio*, Polonia: Parma Press, 2011. Pelt, Robert Jan Van; Dwork, Deborah, *Auschwitz*, Nueva York: Yale University Press, 1996.

34. Revista *Ultimato*, Edición 327, Viçosa: noviembre/diciembre 2010.

35. Revista *Ultimato*, Edición 327, Viçosa: noviembre/diciembre 2010.

36. Revista *Ultimato*, Edición 327, Viçosa: noviembre/diciembre 2010.

37. Cury, Augusto, *Os segredos do Pai-Nosso* [Los secretos del padrenuestro], Río de Janeiro: Sextante, 2006.

38. Fest, Joachim, *Hitler*, volumen II, Río de Janeiro: Nova Fronteira, 2006.

39. Szpilman, Marcelo, *Judeus* —suas extraordinárias histórias e con-

337

tribuições para o progresso da humanidade [Judíos. Sus extraordinarias historias y contribuciones al progreso de la humanidad], Río de Janeiro: Mauad, 2012.

40. DURANT, Will, *História da Filosofia* [Historia de la Filosofía], San Pablo: Record, 1996.

41. *O Estado de San Pablo*, edición del 26 de agosto de 2012.

42. SZPILMAN, Marcelo, *Judeus —suas extraordinárias histórias e contribuições para o progresso da humanidade*, Río de Janeiro: Mauad, 2012.

43. WILLIAMSON, Gordon, *A SS: o instrumento de terror de Hitler*, p. 292, San Pablo: Escala, 2006.

44. ABRAHAM, Ben, *A Segunda Guerra Mundial*, San Pablo: Sherit Hapleita, 1985.

45. ABRAHAM, Ben, *A Segunda Guerra Mundial*, San Pablo: Sherit Hapleita, 1985.

46. WILLIAMSON, Gordon, *A SS: o instrumento de terror de Hitler*, p. 292, San Pablo: Escala, 2006.

47. WILLIAMSON, Gordon, *A SS: o instrumento de terror de Hitler*, p. 292, San Pablo: Escala, 2006.

48. KERSHAW, Ian, *Hitler*, p. 723, San Pablo: Companhia das Letras, 2008.

49. KERSHAW, Ian, *Hitler*, p. 723, San Pablo: Companhia das Letras, 2008.

50. KERSHAW, Ian, *Hitler*, p. 181, San Pablo: Companhia das Letras, 2008.

51. FEST, Joachim, *Hitler*, volumen II, Río de Janeiro: Nova Fronteira, 2006.

52. Fest, Joachim, *Hitler*, volumen II, Río de Janeiro: Nova Fronteira, 2006.

53. Fest, Joachim, *Hitler*, volumen II, Río de Janeiro: Nova Fronteira, 2006.

54. En alemán, *Blitzkrieg*.

55. Fest, Joachim, *Hitler*, volumen II, Río de Janeiro: Nova Fronteira, 2006.

56. Cury, Augusto, *Armadilhas da mente*, Río de Janeiro: Arqueiro, 2013.

57. Fest, Joachim, *Hitler*, volumen II, Río de Janeiro: Nova Fronteira, 2006; Kershaw, Ian, *Hitler*, San Pablo: Companhia das Letras, 2010.

58. American Psychiatric Association, *Diagnostic and Statistical Manual of Mental Disorders: DSM-III-R* [Manual diagnóstico y estadístico de los trastornos mentales], Estados Unidos: 1987.

59. Delaforce, Patrick, *O arquivo de Hitler*, p. 32, San Pablo: Panda Books, 2010.

60. Delaforce, Patrick, *O arquivo de Hitler*, p. 32, San Pablo: Panda Books, 2010.

61. Delaforce, Patrick, *O arquivo de Hitler*, p. 32, San Pablo: Panda Books, 2010.

62. American Psychiatric Association, *Diagnostic and Statistical Manual of Mental Disorders: DSM-III-R*, Estados Unidos: 1987.

63. Edición especial de la revista *Superinteressante, Nazismo - O lado oculto do Terceiro Reich*, Abril, San Pablo, junio de 2013.

64. Delaforce, Patrick, *O arquivo de Hitler*, San Pablo: Panda Books, 2010.

65. Delaforce, Patrick, *O arquivo de Hitler*, San Pablo: Panda Books, 2010.

66. Delaforce, Patrick, *O arquivo de Hitler*, San Pablo: Panda Books, 2010.

67. Delaforce, Patrick, *O arquivo de Hitler*, p. 30, San Pablo: Panda Books, 2010.

68. Delaforce, Patrick, *O arquivo de Hitler*, p. 30, San Pablo: Panda Books, 2010.

69. Delaforce, Patrick, *O arquivo de Hitler*, San Pablo: Panda Books, 2010.

70. FEST, Joachim, *Hitler*, volumen II, Río de Janeiro: Nova Fronteira, 2006.

71. DELAFORCE, Patrick, *O arquivo de Hitler*, San Pablo: Panda Books, 2010.

72. American Psychiatric Association, *Diagnostic and Statistical Manual of Mental Disorders: DSM-III-R*, Estados Unidos: 1987.

73. FEST, Joachim, *Hitler*, volumen II, Río de Janeiro: Nova Fronteira, 2006.

74. DELAFORCE, Patrick, *O arquivo de Hitler*, p. 34, San Pablo: Panda Books, 2010.

75. WILLIAMSON, Gordon, *A SS: o instrumento de terror de Hitler*, San Pablo: Escala, 2006.

76. FEST, Joachim, *Hitler*, volumen II, Río de Janeiro: Nova Fronteira, 2006.

77. FEST, Joachim, *Hitler*, volumen II, Río de Janeiro: Nova Fronteira, 2006.

78. FEST, Joachim, *Hitler*, volumen II, Río de Janeiro: Nova Fronteira, 2006.

79. FEST, Joachim, *Hitler*, volumen II, Río de Janeiro: Nova Fronteira, 2006; KERSHAW, Ian, *Hitler*, San Pablo: Companhia das Letras, 2010.

80. FEST, Joachim, *Hitler*, volumen II, Río de Janeiro: Nova Fronteira, 2006; KERSHAW, Ian, *Hitler*, San Pablo: Companhia das Letras, 2010.

81. FEST, Joachim, *Hitler*, volumen II, Río de Janeiro: Nova Fronteira, 2006; KERSHAW, Ian, *Hitler*, San Pablo: Companhia das Letras, 2010.

82. DELAFORCE, Patrick, *O arquivo de Hitler*, p. 94, San Pablo: Panda Books, 2010.

83. FEST, Joachim, *Hitler*, volumen II, Río de Janeiro: Nova Fronteira, 2006.

84. CURY, Augusto, *A fascinante construção do Eu*, San Pablo: Acade-

mia de Inteligência, 2011. Cury, Augusto, *Armadilhas da mente*, Río de Janeiro: Arqueiro, 2013.

85. Cury, Augusto, *Padres brillantes, maestros fascinantes*, Barcelona: Zenith, 2007.

86. Delaforce, Patrick, *O arquivo de Hitler*, p. 34, San Pablo: Panda Books, 2010.

NOTA DEL AUTOR

Un profesor, por muy humilde que sea y por muy anónimamente que viva, con una de sus manos escribe en una pizarra mientras que con la otra puede cambiar la Historia de la humanidad cuando cambia el mundo de un niño. Escribí esta obra profundamente emocionado y preocupado por el futuro de la humanidad. E, incentivado por esa preocupación, no me inclinaría ante un rey, una celebridad o una persona multimillonaria, pero sí me inclino con humildad ante todos los educadores de todas las naciones y ante todo ser humano que cree que la educación es el motor fundamental para transformar la sociedad. Sin la educación nuestra mente será estéril, nuestros inviernos emocionales no predecirán las primaveras, nuestras lágrimas no regarán la sabiduría... Sin una educación capaz de contemplar las funciones más importantes de la inteligencia cultivaremos siervos y no pensadores, nuestra especie será enferma, formará personas enfermas para un sistema enfermo...

NOTA DEL EDITOR

Los dos volúmenes de esta obra, *El coleccionista de lágrimas* y *El sentido de la vida*, fueron escritos durante varios años por un psiquiatra e investigador, el doctor Augusto Cury, uno de los pocos pensadores de la actualidad que ha elaborado una nueva teoría sobre la formación del Yo, el complejo proceso de construcción de pensamientos y el proceso de formación de pensadores. Investigó en los sótanos de la Historia para escribir dos novelas inusuales, histórico-sociológico-psiquiátricas que pueden ayudar a muchos pueblos.

La editorial Planeta, una de las mayores casas editoras del mundo, agradece a todos los lectores, padres, jóvenes, profesores, psicólogos, médicos, historiadores y profesionales de todas las áreas que han considerado esta obra de gran relevancia intelectual y social y la han divulgado en escuelas, universidades, empresas, instituciones sociales, etcétera. Nada propicia un sentido tan noble para la existencia como aprender a ser autores de nuestra Historia y tener un romance con la humanidad...

CONOZCA EL PROGRAMA EI:
EDUCACIÓN DE LA EMOCIÓN

Conozca la EI (Escuela de la Inteligencia/Emoción Inteligente), que es un programa que trabaja en el plano educativo la «Educación de la Emoción» como incentivo de las funciones más complejas de la inteligencia: capacidad de ponerse en el lugar del otro, pensar antes de reaccionar, filtrar estímulos estresantes, gestionar los pensamientos, desarrollar el altruismo, la solidaridad, la tolerancia y la capacidad de elaborar pérdidas y frustraciones, y también la resiliencia, el raciocinio complejo y el pensar como humanidad. ¿Ha reflexionado sobre los beneficios de una escuela psicológicamente saludable?

Durante más de quince años el doctor Augusto Cury proyectó este programa, que cuenta con la colaboración de notables psicólogos y pedagogos. Hay más de cien mil alumnos en el programa y decenas de países interesados en aplicarlo. A dicho programa se dedica una hora semanal de las asignaturas escolares, con un nutrido material ilustrado, vídeos y audio. Los propios profesores de la escuela reciben capacitación y acompañamiento para aplicarlo. Además, se ofrece a los padres cursos específicos, como «Hábitos de los padres brillantes». Les encanta.

El doctor Cury renunció a los derechos de autor de la EI para que el programa disponga de recursos para desarrollarse, tenga un costo muy accesible y también para que se lo aplique de forma gratuita en orfanatos y para jóvenes en situación de riesgo.

Los resultados son sorprendentes. Los alumnos no ven la hora de llegar a la clase semanal de EI. Además de las importantes funciones de la inteligencia ya mencionadas, los alumnos también mejoran el raciocinio, el debate de ideas y el desempeño en las pruebas, de modo que se los prepara para que sean buenos actores sociales y profesionales. Solicite que la escuela de su hijo conozca la EI. Nuestro gran objetivo no es formar «repetidores de información», sino pensadores con una mente libre y una emoción sana.

Para más información, puede acceder a: <www.escoladain teligencia.com.br>.